Global Governance of Refugee Problem

難民問題の
グローバル・ガバナンス
―― Yumi Nakayama ――
中山裕美

東信堂

目　次／難民問題のグローバル・ガバナンス

序章 ……………………………………………………………………… 3

第Ⅰ部　難民問題をめぐる国家間協調 ………………… 11

第1章　重層化する難民ガバナンス ………………………… 13

1. 難民とは何か ……………………………………………………… 13
   (1) 難民の定義の変遷(13)
      (ⅰ) 国境の画定と越境移動の管理(13)
      (ⅱ) 難民の発生要因と難民の定義の精緻化(14)
   (2) 多様な難民ガバナンスの対象者(17)
      (ⅰ) 長期化難民(protracted refugees)（17）
      (ⅱ) 庇護申請者(asylum seekers)（18）
      (ⅲ) 国内避難民(internally displaced peoples)（18）

2. 難民問題と国家 …………………………………………………… 18
   (1) 難民ガバナンスが扱う諸問題と国家の属性(18)
   (2) 難民問題のもつ多義性(20)
      (ⅰ) 人権・人道問題としての難民問題(20)
      (ⅱ) 関係国の安全保障を脅かす難民(21)
      (ⅲ) 移民化する難民(22)

3. 難民ガバナンスとは何か ………………………………………… 23
   (1) 難民ガバナンスの概要(23)
   (2) 難民ガバナンスの目的(24)
      (ⅰ) 難民の国際的保護と難民問題の恒久的解決(24)
      (ⅱ) 緊急援助と中長期的援助(24)
      (ⅲ) 難民問題の根本的な要因の解決(25)

4. 難民ガバナンスの重層化 ………………………………………… 26
   (1) 他領域を扱うガバナンスのもとでの難民問題への協調(26)
   (2) 地域的ガバナンスの勃興(26)
      (ⅰ) 地域統合の進展(26)
      (ⅱ) 地域的難民ガバナンスの発展(27)

(3) 重層化した難民ガバナンスの性格(28)
　　　(i) レジーム複合体の分類に関する議論(28)
　　　(ii) 冷戦期の入れ子型難民ガバナンス(29)
　　　(iii) 多様なガバナンスの登場と水平型難民ガバナンスの成立(30)
　5. 小括 ……………………………………………………………… 30

第2章　難民ガバナンスへの理論的アプローチ ………… 33
　1. 難民ガバナンスに関する理論的説明の試み……………… 33
　　(1) 人権・人道規範の優先と主権の相対化(33)
　　(2) 大国の利益に基づくガバナンスの形成と運用(34)
　2. 難民ガバナンスにおける協調の問題と先行研究の欠損……… 36
　　(1) 人権規範の成熟度と協調への影響(36)
　　(2) 大国の選好と内戦下の難民(41)
　3. ガバナンスによる利益対立の克服と協調の促進 ……………… 43
　　(1) 本書のアプローチ(43)
　　(2) 難民ガバナンスにおける協調のための工夫(44)
　　　(i) ソフトローの採用(44)
　　　(ii) インフォーマルなガバナンス(45)
　　　(iii) イシューリンケージの利用(46)
　　(3) 国際機構・地域機構とガバナンス(47)
　　　(i) 国家間の協調に対する補助的役割(47)
　　　(ii) 国際機構・地域機構による主体的なガバナンス運営(50)

第Ⅱ部　国際的な難民ガバナンスの形成と発展 ………… 55

第3章　冷戦期の難民ガバナンス ………………………… 57
　　　　──国家主導型ガバナンスとUNHCRの役割──
　1. 難民ガバナンスの萌芽期における制度基盤の形成 ……… 57
　　(1) ソフトローの性格を持つ高等弁務官の設置(57)
　　(2) 難民問題を扱う国際機構の創設(59)
　　(3) 大国の政治的動機とのリンケージの画策(59)

2. 緩やかな協調システムとしての難民ガバナンスの形成 ……… 61
   (1) 国家主導型のUNHCRの設立(61)
   (2) 反共ツール及びソフトローとしての1951年難民条約(63)
3. 国家の属性の変化と難民ガバナンスの変容 …………………… 65
   (1) 非ヨーロッパ地域への難民発生地域の移行(65)
   (2) UNHCRの活動の拡大と国家の裁量権の保持(65)
   (3) 旧宗主国によるUNHCRの非政治性への評価(66)
   (4) 第三国によるイシューリンケージと正当化機能の戦略的利用(67)
   (5) ガバナンスにおける非ヨーロッパ諸国の台頭(68)
   (6) 他の国際組織との調整役としてのUNHCR(71)
4. 冷戦中後期の難民問題の政治化と人道化 …………………… 72
   (1) 冷戦の影響による非ヨーロッパ地域での大規模な難民の発生(72)
   (2) インドシナ難民と国際的な負担分担の模索(72)
   (3) 大国間政治に晒されたアフガニスタン難民(74)
   (4) 一次庇護国によるリンケージの試み(74)
   (5) 西欧諸国による難民の締め出しと東欧諸国の歩み寄り(76)
   (6) 国家主導による協調の行きづまりとUNHCRの台頭(77)
5. 小括 ………………………………………………………………… 79

第4章　ポスト冷戦期の難民ガバナンス ……………………… 83
――UNHCR主導によるガバナンスの拡充――

1. 新たな難民問題の登場による難民ガバナンスの変革 ………… 83
   (1) 新たな難民問題の登場(83)
       (i) 難民の大規模な帰還の実現(83)
       (ii) 内戦の増加と難民の発生(84)
   (2) UNHCRの機能拡充(85)
2. 大国によるガバナンスの戦略的利用の終焉 …………………… 88
   (1) 欧米諸国による国境管理の厳格化(88)
   (2) 欧米諸国による資金的貢献を通じた裁量権の維持(90)
   (3) UNHCRによる大国への協調の要請(91)
   (4) UNHCRによる新たな規範の提示とイシューリンケージによる協調(92)

(5)アジア・アフリカ諸国によるガバナンスの利用(94)
　3. 21世紀の新たな協調枠組みの進化 …………………… 95
　　　(1) 2000年以降の国際社会の変化と新たな難民問題の課題(95)
　　　(2) UNHCRによる新たな政策パラダイムの構築(95)
　　　(3)欧米諸国による協調体制の好転とUNHCRの利用(97)
　　　(4) UNHCRによる一次庇護国への利益供与(100)
　4. 小括 …………………………………………………… 102

第Ⅲ部　地域的ガバナンスの勃興 …………………… 107

第5章　ヨーロッパ …………………………………… 109
　　　——EC／EUにおける排他的難民ガバナンスの構築——
　1. ヨーロッパにおける協調をつかさどる原則 ………… 109
　　　(1)平和と経済的発展の追求と人権規範への傾斜(109)
　　　(2)伝統的な「共同体方式」と「補完性原理」(principle of subsidiarity)(111)
　　　(3) EUの拡大(112)
　2. ヨーロッパにおける域内協調の始まりと難民問題の処遇 …… 113
　　　(1)大戦による大規模難民とグローバルな難民ガバナンスへの注力(113)
　　　(2)冷戦期におけるヨーロッパ難民問題の位相(114)
　　　(3)地域的移民ガバナンスの形成(114)
　　　　(i)域内の自由移動に向けた協調の始まりと国家の利害関係の対立(114)
　　　　(ii)域外アクター主導による域外への移動に関する協調の進展(115)
　　　　(iii)域外からの移動者に対する協調(116)
　　　　(iv)各国の出入国管理の厳格化と域内における負担分担の模索(117)
　　　(4)共通政策とイシューリンケージによる難民問題への対応(118)
　　　　(i)農産品に関する共通市場を用いた難民援助(118)
　　　　(ii)途上国政策の発展と難民援助への拡大(119)
　3. ヨーロッパにおける統合の深化と難民政策の共通化 ………… 121
　　　(1)ポスト冷戦期におけるヨーロッパの難民問題(121)
　　　　(i)冷戦の終結と難民の流入の増加(121)
　　　　(ii)各国の国境管理の厳格化(122)

(2) 自由移動政策の発展と難民問題への拡大(123)
　　　(i) EC／EUにおける統合の深化と拡大(123)
　　　(ii) 域内移動の自由化の進展と難民流入管理の厳格化(124)
　　(3) 個別政策の収斂による欧州共通庇護制度の成立(126)
　　　(i) 加盟国間の負担分担の模索と難民問題への管轄権の拡大(126)
　　　(ii) ソフトローから法的拘束力をもつ共通庇護制度への発展(127)
　　(4) 対外政策とのリンケージによる域外アクターとの連携の模索(130)
　　　(i) コソボ危機以降の難民政策と外交政策の接近(130)
　　　(ii) 難民のための基金の設立と域外国援助へのシフト(131)
 4. 小括 …………………………………………………… 132

第6章　東南アジア …………………………………… 139
　　——ASEANを用いた協調と重層的ガバナンスの戦略的利用——

 1. 東南アジアにおける協調をつかさどる原理原則 ………… 139
　　(1) 「ASEAN Way」にみる緩やかな協調(139)
　　(2) 内政不干渉原則と域内問題に対する中立性(140)
 2. インドシナ難民問題とASEANの変革 ………………… 142
　　(1) インドシナ半島の政治的混乱と大規模難民の発生(142)
　　(2) 強化された域内安全保障措置と難民問題の接近(143)
　　　(i) 安全保障分野へのASEANの拡大と手続き強化(143)
　　　(ii) 安全保障問題と難民問題の接近(144)
 3. インドシナ難民問題と難民ガバナンスの戦略的利用 …… 146
　　(1) ベトナム難民への消極的関与によるUNHCRの中立性の維持(146)
　　(2) UNHCRによるインドシナ難民への関与とASEANの対応(147)
　　　(i) UNHCRの中立性に対する懸念(147)
　　　(ii) ASEANにおける対話メカニズムの醸成と難民問題への利用(148)
　　(3) ASEAN加盟国による難民ガバナンスの利用(150)
　　　(i) 難民ガバナンスへの不参加によるASEAN加盟国の責任回避(150)
　　　(ii) 加盟国による利益の追求と西側諸国の政治的思惑の合致(151)
 4. ポスト冷戦期における重層的ガバナンスの戦略的利用 …… 153
　　(1) グローバルな難民ガバナンスの戦略的利用(153)
　　　(i) インドシナ難民問題の収束と国際的な帰還事業の実施(153)
　　　(ii) ASEANを用いた対外アピールの継続と二国間交渉の併用(154)

(2) ミャンマー難民問題とASEANにおける協調(155)
　　　　　(i) 長期化するミャンマー難民(155)
　　　　　(ii) 内政不干渉原則と政治的中立性に基づく協力の忌避(155)
　　　　　(iii) 域外アクターとの協調関係の構築(156)
　　　(3) 他の領域を扱うインフォーマルな対話メカニズムの利用(158)
　　　　　(i) 経済領域における統合の深化と移民問題への難民問題の置換(158)
　　　　　(ii) 域外アクターを含む安全保障領域における協調の深化(160)
　　　　　(iii) 非公式会談における難民問題の争点化の試み(161)
　5. 小括 ………………………………………………………………… 162

第7章　アフリカ──AU・ECOWASにおける域内協調の模索── … 167
　A. 大陸全土にまたがる協調の枠組み ……………………………… 167
　1. アフリカ大陸における協調をつかさどる原則 …………… 167
　　　(1) 「アフリカ性」の追求という共同体規範(167)
　　　(2) 内政不干渉原則と緩やかな連帯の採用(168)
　　　(3) アフリカ国家の脆弱性(170)
　2. OAUにおける難民問題に対する協調の促進と停滞……… 170
　　　(1) アフリカ各地で深刻化する難民問題(170)
　　　(2) 規範設定者としてのOAUと難民に特化した法制度の整備(171)
　　　(3) 域内協調の停滞と外部対話チャンネルとしての役割(173)
　　　　　(i) OAUの限界とソフトローと二重基準による協調の維持(173)
　　　　　(ii) 増加する難民とOAUを用いた国際的な負担分担の模索(174)
　3. ポスト冷戦期における地域機構の強化と
　　 難民ガバナンスの拡充 ……………………………………… 176
　　　(1) OAUにおける難民問題への対応(176)
　　　　　(i) 冷戦の終結とアフリカ難民問題の変化(176)
　　　　　(ii) 難民問題に対する域内協調の模索と対外的アピールの継続(177)
　　　　　(iii) 安全保障手続きの強化と難民問題への対応(178)
　　　(2) 強化されたAUを用いた域内協調の促進(179)
　　　　　(i) AUにおける独立性の向上と安全保障領域における手続きの強化(179)
　　　　　(ii) 難民に関する法制度の強化とAU主導による域内協調促進の試み(180)
　　　　　(iii) 安全保障措置を用いた難民問題への関与(182)

B. 経済統合体である準地域機構における協調 …………………………………… 183

4. 西アフリカにおけるECOWASの形成と協調の停滞 ………… 183
   (1) 大国主導によるECOWASの成立と植民地遺制の併存 (183)
   (2) 安全保障領域への拡大と協調の停滞 (185)
   (3) 冷戦期における西アフリカ地域の難民問題と地域的協調の不在 (185)
5. ポスト冷戦期における地域機構の活性化と
   難民に対する協調の進展 ……………………………………… 186
   (1) 多発する内戦と難民の増加 (186)
   (2) 安全保障枠組みを用いた難民問題に対する協調の試み (187)
     (i) 大国主導による安全保障手続きの強化 (187)
     (ii) 安全保障に関する手続きを用いた難民問題への協調 (189)
   (3) 経済的措置を用いた難民に対する協調の試み (191)
     (i) 経済領域における脱宗主国依存と域内協調の促進 (191)
     (ii) イシューリンケージによる経済制度の難民問題への転用 (191)
6. 小括 …………………………………………………………………… 194

終章：重層化する難民ガバナンスのゆくえ …………… 201

1. ガバナンスの重層化をもたらすさまざまな要因 ……………… 201
2. 多様なガバナンス機能による国家主権問題の克服 …………… 202
3. 大国主導のガバナンスにおける負担分担の試み ……………… 204
4. 難民ガバナンスにおける規範の意義 …………………………… 205
5. 国際機構・地域機構によるガバナンスの拡充 ………………… 207
6. 持続的なガバナンス構築への期待 ……………………………… 208

あとがき ……………………………………………………………………… 211
引用・参考文献 ……………………………………………………………… 214
索　　引 ……………………………………………………………………… 222

略語表

＊は本書中で便宜的に用いる略称。

AASM（Associated African States and Madagascar）：アフリカ・マダガスカル連合諸国
ACP（Africa, Caribbean and Pacific Group of States）：アフリカ，カリブ海および太平洋諸国
AFTA（ASEAN Free Trade Area）：ASEAN自由貿易地域
AMISOM（African Union Mission in Somalia）：アフリカ連合ソマリア・ミッション
APC（Inter-governmental Asia-Pacific Consultations on Refugees, Displaced Persons and Migrants）：難民，避難民および移住者に関するアジア太平洋政府間協議
ARF（ASEAN Regional Forum）：ASEAN地域フォーラム
ASEAN（Association of South-East Asian Nations）：東南アジア諸国連合
AU（African Union）：アフリカ連合
BR（Bureau for Refugees）：難民局
BPEAR（Bureau for the Placement and Education on Refugees）：難民の居住地と教育に関する事務局
CCAR（Coordinating Committee on Assistance and Protection to Refugees, Returnees and Internally Displaced People）：難民と帰還民、国内避難民の援助と保護に関する協力委員会
CIP（Comprehensive Implementation Plan for Protection Activities in Africa）：包括的実行計画
CPA（Comprehensive Plan of Action）：包括的行動計画
EAEC（European Atomic Energy Community）：欧州原子力共同体
EASO（European Asylum Support Office）：欧州庇護支援事務所
ECA（the Economic Commission for Africa）：国連アフリカ経済委員会
ECOMOG（ECOWAS Ceasefire Monitoring Group）：ECOWAS停戦監視団
ECOWAS（Economic Community of West African States）：西アフリカ諸国経済共同体
ECSC（European Coal and Steel Community）：欧州石炭鉄鋼共同体
EDF（European Development Fund）：欧州開発基金
EEC（European Economic Community）：欧州経済共同体
EERT（ECOWAS Emergency Response Team）：ECOWAS緊急対応チーム
ERT（Emergency Response Team）：緊急対応チーム
EU（European Union）：ヨーロッパ連合
ExCom（Executive Committee）：高等弁務官計画執行委員会
FRONTEX（European Agency for the Management of Operational Cooperation at the

External Borders of the Member States of the European Union）：欧州域外国境管理協力機関
ICARA I（the First International Conference on Assistance to Refugees in Africa）：第1回アフリカ難民援助国際会議
ICARA II（the Second International Conference on Assistance to Refugees in Africa）：第2回アフリカ難民援助国際会議
ICEM（Intergovernmental Committee for European Migration）：欧州移住政府間委員会
ICM（Intergovernmental Committee for Migration）：移住政府間委員会
IFAD（International Fund for Agricultural Development）：国際農業開発基金
IGC（Intergovernmental Consultations on Asylum, Refugee and Migration Policies in Europe, North America and Australia）：北米、欧州および豪州における庇護、難民および移民政策に関する政府間協議
IGCR（Intergovernmental Committee on Refugees）：政府間難民委員会
ILO（International Labour Organization）：国際労働機関
IOM（International Organization for Migration）：国際移住機関
IRO（International Refugee Organization）：国際難民機関
JHA（Justice and Home Affairs）：司法内務協力
LRCS（League of Red Cross Societies）：赤十字社連盟
MCPMR（Mechanism on Conflict Prevention, Management and Resolution）：紛争予防・管理・解決メカニズム
MSC（Mediation and Security Council）：ECOWAS調停安全保障理事会
OAU（Organization of African Unity）：アフリカ統一機構
ODP（the Orderly Departure Programme）：合法出国計画
PAPS（Office of the Commissioner for Political Affairs, Peace and Security）：ECOWAS政治・安全保障担当委員
PICMME（the Provisional Intergovernmental Committee for the Movement of Migrants from Europe）：欧州からの移住のための政府間暫定委員会
PKO（Peacekeeping Operations）：国連平和維持活動
PMC（Post-Ministerial Conference）：ASEAN拡大外相会議
UNDP（United Nations Development Programme）：国連開発計画
UNHCR（United Nations High Commissioner for Refugees）：国連難民高等弁務官事務所
UNREF（United Nations Refugee Fund）：国連難民基金
UNRRA（United Nations Relief and Rehabilitation Administration）：連合国救済復興機関
UNRWA（United Nations Relief and Works Agency for Palestine Refugees in the Near East）：国連パレスチナ難民救済機関

UNTAC（United Nations Transitional Authority in Cambodia）：国連カンボジア暫定統治機構
ZOPFAN（Zone of Peace, Freedom and Neutrality）：平和・自由・中立地帯
第1回インドシナ難民会議＊（the Coordination Council for Indo-Chinese Refugees and Displaced Persons）：東南アジアにおける難民と避難民に関する国際会議
第2回インドシナ難民会議＊（the International Conference on Indo-Chinese Refugees）：インドシナ難民に関する国際会議
メカニズム議定書＊（Protocol relating to the Mechanism for Conflict Prevention, Management, Resolution, Peace-keeping and Security）：紛争予防・管理・解決・平和維持・安全保障メカニズム議定書
自由移動に関する議定書＊（Protocol Relating to Free Movement of Persons, Residence and Establish-ment）：人の自由移動ならびに居住と営業の権利に関する議定書
1951年難民条約＊（United Nations Convention Relating to the Status of Refugees）：難民の地位に関する条約
1967年難民議定書＊（Protocol Relating to the Status of Refugees）：難民の地位に関する議定書
OAU難民条約＊（Convention Governing the Specific Aspects of Refugee Problems in Africa）：アフリカにおける難民問題の特殊な側面を規定するアフリカ統一機構条約
AU国内避難民条約＊（the AU Convention for the Protection and Assistance of Internally Displaced Persons in Africa）：アフリカにおける国内避難民の保護と援助に関するアフリカ連合条約

難民問題のグローバル・ガバナンス

序　章

　20世紀初頭の2つの世界大戦やヨーロッパ各国における政変はヨーロッパに居住する人々を生命の危機に晒し、世界規模の人口移動を引き起こした。第二次世界大戦が終結したのちも、東西冷戦とそれに伴う代理戦争に象徴されるように、世界各地で大小さまざまな紛争が断続的に発生し、大規模な難民の流出をもたらした。冷戦の終結を経て、平和と共生に向けた新たな世紀の幕開けと期待される21世紀を迎え早くも10年以上もの歳月が流れた。しかしながら、9.11テロやイラク戦争に象徴される暴力との戦いや、世界各地の権威主義国家体制のもとで生じる人道危機や人権侵害の問題など、世界はいまだ多くの困難に直面している。これらの暴力的紛争や人道危機は、その渦中にある人々の生命を脅かし、それに付随して世界規模で生じている難民問題は解決の兆しを見せていない。

　他方で、世界各地で生じている難民問題に対処するため、多様なガバナンスのもとで国家間の協調が試みられている。現在、それらのガバナンスの中核をなすのは、1947年に設立された国連難民高等弁務官事務所（United Nations High Commissioner for Refugees：UNHCR）と1951年「難民の地位に関する条約」[1]（United Nations Convention Relating to the Status of Refugees、以下、1951年難民条約と表記）及び1967年「難民の地位に関する議定書」[2]（Protocol Relating to the Status of Refugees、以下、1967年難民議定書と表記）である。

　そもそも、難民問題に対する国際協調の歴史は、1648年のウェストファリア条約の締結以降、近代主権国家体制に基づく国際関係の発展と共に始まった。近代的な国際関係のもとで生じた難民の起源は、1685年「ナントの勅令」（the Edict of Nantes）の廃止によって、当時フランスから国外へと逃亡

することを余儀なくされたユグノー（Hugurenots）ら新教徒である。当時の受入国政府はユグノーの流入に対して寛容な態度をとり、難民問題は出身国と受入国間の外交関係に何ら影響を及ぼすものではなかった。しかしながら、1789年のフランス革命を端緒とするヨーロッパにおける絶対王政への挑戦とそれに基づく国際秩序の動揺は、難民の受入れ政策に政治的意義を付与し、難民への対応は受入国の政治的動機を反映するようになった。他方で難民問題は出身国と難民の流出先である隣接する受入国の二国間の問題とされ、各国は独自に対応した。

　難民に対する本格的な国際規模でのガバナンス形成に向けた取り組みは、20世紀に入り難民が急増し国際的な関心を集めたことに端を発している。この時期に難民が急増した原因の1つに、武力紛争が大規模化する中で軍人と民間人の区別が消失したことが挙げられる[3]。その結果、無差別暴力による破壊が横行し多くの民間人が危機に晒されたことにより、人々は大量の難民となって国外へと流出することを余儀なくされた。2つ目の原因はヨーロッパにおける帝国の崩壊と国民国家への移行であった[4]。こうして発生した大規模な難民は通信技術や交通手段の発達と相まって、遠隔地への移動を開始した。とりわけロシア革命によって生じた難民は、隣接するヨーロッパ諸国だけでなく、遠くアメリカや中国へと飛来し、多国間協調のための枠組み形成の契機となった。続いて1930年代のドイツにおけるユダヤ人迫害に伴って大量に発生したユダヤ難民や第二次世界大戦中の混乱の最中に戦禍を逃れて国外へ移動した大量の「避難民」（displaced persons：DPs）もまた、高い国際的関心を集めた。そして第二次世界大戦終結後は戦時中に発生した難民の処遇を巡り多国間協調のための枠組みの必要性が広く認識され、複数の時限付き国際機構の設立に至り、今日の難民ガバナンスへと結実していく。

　ところが、初期の難民ガバナンスが想定していた難民問題がヨーロッパ地域からの難民に限定されていたのに対し、1950年代以降アジアにおける中国共産党支配や各国における軍事政権の樹立によって、1960年代以降アフリカにおける植民地独立闘争や独立後の権力闘争によって、非ヨーロッパ地域において大規模な難民流出が生じるようになった。その結果、1964年の

時点でアジア・アフリカ地域それぞれの難民の数は一時的にヨーロッパにおける難民の数を上回る事態となった。その後1960年代後半に再びヨーロッパにおける難民の数が最も多い時期が続いたが、1970年に再びアフリカにおける難民の数がヨーロッパを上回った。またアジアにおいても、1971年のバングラディシュの独立闘争や、1975年に始まったインドシナ半島における共産主義政権樹立に伴う政治的混乱によって、1970年代以降大規模な難民流出が続いた。そして、1976年にはアジアの難民の数がヨーロッパの難民の数を上回り、以後アジア・アフリカが難民問題の中心となった[5]。非ヨーロッパ地域における難民の発生は、地域固有の要因に加え冷戦の代理戦争など国際政治環境の影響を強く受けていた。それゆえ、1979年のソ連によるアフガニスタン侵攻を機に再び東西冷戦の緊張が高まり、1980年代にアジア、アフリカ、中南米など世界各地で冷戦の代理戦争が再燃すると、それに伴って難民の数も急増し、1975年に280万人だった難民の数は1980年代末には1500万人近くにまで達した[6]。こうして難民問題の中心地がヨーロッパからアジア・アフリカ地域へ移行していくのと並行して、ガバナンスのもとで協調を行なう国家も世界中に拡大していくこととなった。

そんな中、1989年12月の冷戦終結は難民問題に大きな変化をもたらした。まずアジア・アフリカなど世界各地で繰り広げられていた冷戦の代理戦争と呼ばれる各種紛争が終結を迎え未曽有の規模で難民が帰還を開始したことにより、国際社会はこれまでとは異なる対応を迫られることとなった。冷戦によって発生した難民問題が帰還事業によって収束に向かう一方で、ヨーロッパ地域では冷戦終結後の東欧諸国における政治的混乱とそれに付随する多くの紛争が深刻な難民問題を新たに引き起こした。さらにアジア・アフリカ地域では民族対立の先鋭化や反政府勢力の蜂起、国内の武装勢力間の権力闘争などにより内戦が激化し、大量の難民を発生させた。これらの紛争は難民の拡散を通じ、問題の当事国のみならず隣接する地域にも影響を及ぼすこととなった。また、同地域に多数存在する権威主義国家では少数民族への弾圧が激しさを増し、難民を流出させた。2000年代に入り難民そのものの数は減少傾向を見せているものの、依然として世界全体には多くの難民が存在し、

主権国家体制を揺るがす問題となっている。2009年末の時点ではヨーロッパにおける難民が全体に占める割合はわずかであるのに対し、アジア・アフリカ地域の難民は全体の90％を占めるまでになった[7]。

概観してきたように、難民問題の発生要因は第二次世界大戦や冷戦に関わる紛争から民族対立や権力闘争をめぐる紛争など難民の出身国の国内情勢や地域の安全保障問題へと性質を変え、難民問題をめぐる国際環境は大きな変化を経験することとなった。それにもかかわらず、国際社会はおよそ60年前にその礎をもつ協調の枠組みを維持させており、依然として1951年難民条約は難民問題を扱ううえでの指針となっている。また、当初時限付の国際機関として設立されたUNHCRは期限延長を経て現在も存続し、世界各地の難民問題に対する国際的な保護・援助の中核として機能している。また、難民ガバナンスは保護や援助の対象、任務内容を拡大しながら発展を続け、さらに難民問題は、開発や安全保障の領域においても重要な課題として認識されるようになった。すなわち、難民への関与の在り方が多様化し対象が拡大する過程において、難民問題への国際的な関与の枠組みは必ずしも難民のみを対象としない多様な枠組みの中で実践されるようになったのである。

他方で、冷戦終結以降に難民の発生要因が地域化したことに伴って、難民ガバナンスが地域ごとに差異化する傾向をみせている。ヨーロッパ地域ではヨーロッパ連合(European Union：EU)を中心に地域統合が進展し、加盟国がさまざまな領域において統一的政策を採用する中、難民問題に関しても共通政策の導入が進められている。また、堅固な国家主権意識が残存するアジア地域においても、冷戦終結以降、東南アジア諸国連合(Association of South-East Asian Nations：ASEAN)を中心に様々な形態で政治経済領域における地域統合が進展し、その影響は難民問題の領域にも及ぼうとしている。さらに、脆弱な国家を抱えるアフリカ地域においても、アフリカ連合(African Union：AU)や西アフリカ諸国経済共同体(Economic Community of West African States：ECOWAS)など大小さまざまな地域機構を用いた地域固有の難民ガバナンスが構築されつつある。

このように難民問題に対する国家間の協調枠組みは重層化し複合的に交錯

しており、難民ガバナンスは再び転換期を迎えている。一方で、難民問題は国際社会を構成するあらゆる国家の相互性のもとで生起する安全保障問題や経済問題と異なり、地理的範囲などによって問題の影響が直接及ぶ当事国が限定される。加えてガバナンス初期と比較して問題の当事国はヨーロッパ諸国からアフリカやアジア諸国へと移行しており、難民問題は必ずしも国際社会の構成員すべてに共通の関心事項とはならない。それにもかかわらず、本章で俯瞰してきたとおり、難民ガバナンスは難民問題の変化に伴って変容を繰り返しながら、当事国以外の国家を内包する形で現在まで発展を続けてきた。こうした点に着目し、本書は主権国家体制のもとで、国家がいかにして難民問題に対する国際的な協調関係を構築し、関係を維持してきたのかに焦点を当てる。難民ガバナンスはいかなる目的で形成され、その変容の過程において国家間の協調関係はいかにして維持されてきたのであろうか。

まず第Ⅰ部では難民ガバナンスに関する諸概念について整理しつつ、難民ガバナンスの実態と直面する問題を明らかにする。第1章「重層化する難民ガバナンス」では、ガバナンスの対象者やガバナンスが扱う問題が複雑化するプロセスと、それに付随して重層化したガバナンスの全体像を明らかにする。次に第2章「難民ガバナンスへの理論的アプローチ」では、難民ガバナンスの形成・発展要因を国家間のパワー闘争や人権規範の浸透に求める先行研究の欠損を明らかにする。そのうえで、それらを補うために本書が採用する自由主義的制度論アプローチに基づきガバナンスの形成・発展を可能にするガバナンスの諸機能についての仮説を提示する。

続く第Ⅱ部では大国間政治の影響が顕著に表れるグローバルレベルのガバナンスにおける協調の動態とそこでのUNHCRの役割に焦点をあてる。第3章「冷戦期のガバナンス－国家主導型ガバナンスとUNHCRの役割－」では、冷戦期の大国間政治の中で難民ガバナンスがどのように変容を遂げたのかについて、難民問題に関わる国家間の利害関係の変化、国際機構への権限移譲の過程に着目しながら考察が行なわれる。自国の利益のためにUNHCRを利用する一方、自国の利害に直接関係のない他地域の難民問題に掛かる負担や責任の回避を図ろうとする先進国と、新たに難民の受入国となり域外諸国

にも負担の肩代わりを求めるアジア・アフリカ諸国が、権限を強化されたUNHCRのもとで調整を繰り返してきた過程が明らかにされる。第4章「ポスト冷戦期のガバナンス－UNHCR主導によるガバナンスの拡充－」では、冷戦終結以降、難民問題を取り巻く国際政治環境が大きく変化し、大国主導によるガバナンス運営からUNHCR主導のガバナンス運営へと転換した点が分析の俎上に載り、UNHCRの権限の強化と国家間協調の関係が検証される。その結果、UNHCRが合意形成のための仲介者、サービスの代行者、規範設定者などの機能を果たし、国家間の協調を維持しガバナンスを主導してきた過程が明らかにされる。

　第Ⅲ部では大国間政治の影響が直接及ばない地域的難民ガバナンスの動態に焦点をあて、地域間比較を行ないながら、人権規範にとどまらない複合的な要因がガバナンスの生成に影響を与えていることを明らかにする。第5章「ヨーロッパ－EC／EUにおける排他的難民ガバナンスの構築－」では、高度な地域統合が進むEUを取り上げ、高い人権規範を有する国家間の協調について検証する。特にヨーロッパ諸国が難民問題の当事国から非当事国となる過程で域内諸国に経済的利益をもたらす関与の在り方を追求し、さらに冷戦後はEUにおける移民政策と難民政策の統合に向けた動きの中で、域外難民の排除というガバナンスの本来の目的に逆行する形で地域的難民ガバナンスの構築が進行する過程が解明される。第6章「東南アジア－ASEANを用いた協調と重層的ガバナンスの戦略的利用－」では、長期化難民の問題に直面するASEANを分析の射程とし、強力な国家主権意識を有する東南アジア諸国がいかにして協調を行なっているのかが考察される。特にインドシナ難民問題がASEANで争点化され同機構が域外アクターとの連携を達成する媒体として機能した一方、加盟国であるミャンマーなどの今日の難民問題については争点化が回避されつつ域外アクターとの直接的な関係の構築を選択することで地域統合が脅かされることを防いだ過程が解明される。第7章「アフリカ－AU・ECOWASにおける域内協調の模索－」では、深刻な難民問題に直面するアフリカのAUとECOWASという二つの地域統合が採り上げられ、難民問題に対する統合の波及効果が分析される。冷戦後のアフリカの周

縁化を機に、国家機能の脆弱性が指摘される加盟国が地域機構の強化に努めつつ、両機構が安全保障・経済協力を扱う枠組みを難民問題に援用することで複合的な地域的ガバナンスの構築に向かう過程が解明される。

以上の実証を踏まえ、終章では国家主権や大国の利害関係、規範の変化によるガバナンスの膠着を回避してきた難民ガバナンスの特性を明らかにしつつ、そこから導かれる持続可能なガバナンスの在り方について展望する。

註

1 United Nations, 1951, "Convention Relating to the Status of Refugees," *Treaty Series,* 189, p. 137.
2 United Nations, 1967, "Protocol Relating to the Status of Refugees," *Treaty Series,* 606, p. 267.
3 Loescher, 2001, pp. 22-23.
4 *Ibid.,* pp. 22-23.
5 国連難民高等弁務官事務所、2001、310頁.
6 前掲書、105頁。
7 UNHCR, 2010b.

第Ⅰ部

難民問題をめぐる国家間協調

第1章　重層化する難民ガバナンス

　一国や一部の地域内で発生した難民に付随して生じる様々な問題は、難民の規模の大きさや発生要因の政治的影響力も相まって、国際社会の関心の及ぶところとなる。その結果、難民問題の当事国のみならず、あらゆる国家によって難民問題に対する世界規模の協調関係が構築される。

　本章では難民発生の歴史を遡って、政治的道具としての難民、人権問題としての難民、移民としての難民など、さまざまな顔を持つ難民の実態に迫り、難民に対し国家や国際社会がいかなる対応を取ってきたのかを概観する。そのうえで難民ガバナンスを構成する組織やレジーム、その他の各種取り組みが難民問題の変化やそれを取り巻く外部環境の変化に伴って次第に増加し、さらにはその性格も多様化している現状を整理し、重層化した難民ガバナンスの全体像を明らかする。

1. 難民とは何か

(1) 難民の定義の変遷
(i) 国境の画定と越境移動の管理
　有史以前より、人々はその生の営みの中で移動を繰り返してきた。人類がアフリカ大陸で誕生して以来、ユーラシア、アジア、アメリカ、オセアニアへと数十万年の歳月をかけて、気候変動へ対応するため、あるいは豊富な資源やより良い環境を求めて、人々は移動という手段を戦略的に選択し世界中へと拡散したのである。現代においてもなお移動は人々にとって重要な生存戦略として機能しており、今日の情報革新や技術革新を伴ったグローバル化

の進展は国境を越えた人の移動を一層容易で流動的なものへと変化させている。

　他方で、国家の誕生とそれに伴う国境の画定は人々から自由な移動の機会を奪うこととなった。すなわち国籍を有する者は国籍国によってさまざまな保護や権利を享受することができるが、国境を越えて移動する人々は移動先の国家の領域内において国民とは異なる政策体系のもとに置かれるようになったのである。そうした政策上の区別は、一定の領域内に居住する国民を構成要素とする国民国家が自国民の利益の最大化を目的としていることの当然の帰結として生じる。流動的な人の移動は経済の活性化や人的交流による新たな知識や技術の創造といった様々な効用をもたらす反面、送出国・受入国双方の社会経済に打撃を与えるほか、文化的な摩擦や人身取引などの越境犯罪の増加などの負の影響をもたらす。その結果、国境を跨ぐ移動は国家の管理下に置かれ、19世紀末以降、旅券と査証による移動の管理が制度化されていくこととなった[1]。

(ii) 難民の発生要因と難民の定義の精緻化

　国境を越えて移動する人々は移動の動機に基づき自発的移動（voluntary migration）と強制移動（forced migration）に大別される。自発的移動とは経済的・政治的・社会的影響などのプッシュ要因とプル要因の組み合わせによって生じると考えられており、移動者が主体的に移動を選択した結果として生じるものである。それに対し、強制移動とは国家や同等の機能をもつ何らかの社会的制度によってもたらされる移動であり、移動者には移動するかしないかについての選択肢がない状況を指す[2]。人々に越境を強いる現象としては人権侵害や紛争のほか、飢饉や水害などの自然災害、貧困や不平等などさまざまなものが想起されるが、そのうち本書が取り上げる難民とは人権侵害や紛争から逃れるため国境を越えた人々である[3]。また、難民の発生要因について送出国におけるプッシュ要因が重視される傾向がある一方で[4]、受入国の政策もまたプル要因として難民の移動経路に影響を与えることが示唆されている[5]。

すなわち、難民とは強制移動の一形態として多義的な解釈の余地を残した概念であるが、戦前からの積み重ねによって定義が精緻化されてきた。現在の難民ガバナンスの中核となる1951年難民条約は、難民について「1926年5月12日の取極、1928年6月30日の取極、1933年10月28日の条約、1938年2月10日の条約、1939年9月14日の議定書又は国際難民機関憲章により難民と認められている者」（1951年難民条約第1条A(1)）および「1951年1月1日前に生じた事件の結果」、「人種、宗教、国籍もしくは特定の社会的集団の構成員であることまたは政治的意見を理由に迫害を受けるおそれのある」ために「国籍国の外にいる者」（同上第1条A(2)）と定義している（**表1**）。

さらに難民は地域的な取り決めによっても定義される。例えばアフリカ諸国が加盟する「アフリカにおける難民問題の特殊な側面を規定するアフリカ統一機構条約」[6]（Convention Governing the Specific Aspects of Refugee Problems in Africa、以下、OAU難民条約と表記）は難民とは「1951年難民条約の第1条A(2)の定義に該当する者、また、外部からの侵略、占領、外国の支配または出身国若しくは国籍国の一部若しくは全体における公の秩序を著しく乱す事件の故に出身国または国籍国外に避難所を求めるための常居所地を去ることを余儀なくされた者」と定義した（OAU難民条約第1条2項）。また中南米諸国が1984年に採択した「カルタヘナ宣言」（Cartagena Declaration on Refugees）[7]は「この地域において採用が勧告される難民の定義とは、1951年の難民条約と1967年の同条約の議定書の定義の要素に加え、暴力が一般化・常態化した状況、外国からの侵略、内戦、重大な人権侵害や公の秩序を著しく乱すその他の事情によって、生命、安全または自由を脅かされたため自国から逃れた者をも含むものである」と定義した[8]。

こうした難民の定義の精緻化のプロセスは、難民の発生が国際関係の変動とグローバル化の進展に連動していることを示唆している。すなわち難民はグローバル化の過程で生じる社会革命・政治共同体の再編によってもたらされると考えられているが[9]、初期の難民の定義からは難民が20世紀初頭の帝国の崩壊によって発生したことが明らかとなる。さらに植民地支配の終焉や経済のグローバル化による途上国の政治体制の変容は地域における固有の難

表1　1951年難民条約第1条A(1)が規定する難民

1926年5月12日「ロシア難民及びアルメニア難民への身分証明書の発給に関する取極」	1 ロシア出身の者で、ソビエト政府の保護を現に享受していないか又は最早享受しておらず、かつ他の国籍を取得していないすべての者 2 以前オスマントルコ帝国の臣民であったアルメニア出身の者でトルコ政府の保護を現に享受していないか又は最早享受しておらず、かつ他の国籍を取得していないすべての者
1928年6月30日「ロシア難民及びアルメニア難民のためのある種の措置を他の範疇の難民へ拡大するための取極」	1 アッシリア又はアッシリア・カルデア出身の者、及びそれらの者と同一に扱われるシリア又はクルド出身の者で、その者が以前所属していた国の保護を現に享受していないか又は最早享受しておらず、かつ他の国籍を取得していないすべての者 2 以前オスマントルコ帝国の臣民であったトルコ出身の者で、1923年7月24日のローザンヌ議定書に従ってトルコ共和国の保護を現に享受していないか又はそを享受しておらず、かつ他の国籍を取得していないすべての者
1933年10月28日「難民の国際的地位に関する条約」	1926年5月12日の取極で定義されたロシア難民、1928年6月30日の取極で定義されたアルメニア難民、及び同類の難民
1938年2月10日「ドイツからの難民の地位に関する条約」	1 ドイツ国籍を有しているか又は有していた者で、他の国籍も有しておらず、かつドイツ政府の保護を法律上も事実上も享受していないことが立証される者 2 以前の条約又は取極が適用されない無国籍者で、ドイツ領定住後にそこを去り、かつドイツ政府の保護を法律上も事実上も享受していないことが立証される者
1939年9月14日「ドイツからの難民の地位に関する追加議定書」	1 かつてオーストリア国籍を有していたが、現在はドイツ国籍を除き他のいずれの国籍も有していない者で、ドイツ政府の保護を法律上も事実上も享受していないことが立証される者 2 以前の条約又は取極が適用されない無国籍者で、かつてオーストリアを構成していた領域に定住後にそこを去り、ドイツ政府の保護を法律上も事実上も享受していないことが立証される者
国際難民機関憲章	1 国籍国又はかつての常居所国を去ったか又はその国外にいる者で、その国籍を留保しているか否かにかかわらず、次の各項のいずれかに該当する者 　(1) ナチ政権若しくはファシスト政権、又は第二次世界大戦中それらの側についた連合国にそれらが敵対するのを援助した反逆政権若しくは同様の政権の犠牲者 　(2) スペイン共和国国民及びスペインのファランヘ政権の犠牲者 　(3) 第二次世界大戦勃発前に、人種、宗教、国籍又は政治的意見を理由に難民とみなされていた者 2 国籍国又はかつての常居所国にいる者で、第二次世界大戦勃発後の事件の結果としてその国籍国政府又はかつての国籍国政府の保護を享受することができないか又は享受することを望まない者 3 ドイツ又はオーストリアに居住していた者で、ユダヤ出身者か外国人又は無国籍者を問わず、ナチの迫害の犠牲者となり、敵対活動又は戦況の結果、いずれか一国に抑留されていたか又はそこから逃れることを余儀なくされた者、又はその後そこへ帰還させられたものの未だそこに再定住するには至っていない者 4 戦争孤児又は両親が行方不明となった16歳以下の子供で、その出身国外にあるもの

出典：League of Nations, *Treaty Series* より作成

民の定義の誕生をもたらした。とりわけ地域的な難民の定義の特徴である暴力や紛争について、ウェイナー（Weiner, 1996）はそれらの形態を反植民地主義闘争である国家間紛争、独立後の国家における民族間の権力闘争やマイノリティへの迫害・虐殺などを指す民族紛争、弱体な中央政府に対し武装勢力が挑戦するような非民族由来の市民紛争、権威主義的支配や革命による混乱の4つに分類し、紛争自体も時代と共に変化してきたことを指摘している[10]。

(2) 多様な難民ガバナンスの対象者
(i) **長期化難民**（protracted refugees）

難民ガバナンスが難民の恒久的解決を目的に掲げる背後で、2002年にUNHCRが発表した『難民保護への課題』（*Agenda for Protection*）の中で解決の道が閉ざされ一次庇護国に長期間滞在する難民の存在が指摘されて以降、長期化難民は難民ガバナンスが取り組むべき主要な課題として関心を集めた。長期化難民とは、パレスチナ難民救済機関（United Nations Relief and Works Agency for Palestine Refugees in the Near East: UNRWA）のマンデート下に置かれているパレスチナ難民を除き、国籍国外の途上国に5年以上滞在する2万5000人以上の難民集団を指す[11]。この定義に従えば、2003年末の時点で世界中に620万人にのぼる長期化難民がいるとされ、38の状況が確認されている。そのうちアフリカでは最多となる22の状況が確認され、その数は230万人を数える。それに対し、中央アジア・南西アジア・北アフリカおよび中東では8つの状況が確認され、長期化難民の数は270万人にのぼり、単位当たりの難民の多さが際立つ。その他にも、上記以外のアジア地域やヨーロッパ地域のバルカン半島にも長期化難民が存在する。これらの長期化難民が難民全体に占める割合は、1993年の45％から2003年には90％へと増加しており、滞在期間の平均値も1993年の9年から2003年には17年へと延びており、問題の深刻さがうかがえる。

さらに、これらの長期化難民の73％は依然としてUNHCRをはじめとする国際的な援助の下にある。それゆえ難民ガバナンスには帰還に関する出身国との調整役や、第三国定住の受入れに対して非協力的な態度を堅持する先

進諸国の翻意を促す場としての役割だけでなく、新たな解決策を立案し実行する機能が期待されることとなる。

(ii) **庇護申請者** (asylum seekers)
　難民ガバナンスのもとでの保護や援助が供される難民とは、前項で確認した難民関連法規の定義に該当すると認定された者である。而してその認定権者は難民の受入国であり、難民認定待ちの者は庇護申請者に分類される。多くの国家は難民として認定されるまで庇護申請者に対する責任を負わないとの立場をとっているが、難民ガバナンスは各国に対し庇護申請者への対応に関する基準を示し、アクター間の協調を促している。

(iii) **国内避難民** (internally displaced peoples)
　国内の人権侵害や人道危機によって移動を余儀なくされる者のうち国境を越えなかった者は、本来難民ガバナンスの対象とはならない。しかしながら人権侵害や人道危機の渦中にあって国籍国政府から保護や援助を受けることが事実上困難である場合、彼らもまた国際的な保護や援助を必要とする。彼らは国内避難民と呼ばれ、難民ガバナンスの中で対応が検討されることとなるが、明確な定義が存在しない[12]。
　現在、国内避難民はUNHCRの援助対象者となっているが、その活動は国際法源を持たない。そのような状況の中、2009年にアフリカ諸国が採択した「アフリカにおける国内避難民の保護と援助に関するアフリカ連合条約」（the AU Convention for the Protection and Assistance of Internally Displaced Persons in Africa、以下、AU国内避難民条約と表記）は[13]、国内避難民に対する国際機関の活動に法的根拠を提供する試みであるといえる。

2. 難民問題と国家

(1) 難民ガバナンスが扱う諸問題と国家の属性
　ひとたび難民が発生すると、国際社会は難民の保護や援助あるいは解決の

方法、それらにかかる費用や負担の分担の問題に直面する。それらの難民問題に対して協調を行なう多様な国家は難民ガバナンスの中核をなす1951年難民条約と1967年難民議定書のいずれかあるいは両方に加盟している国の数は、2006年現在、計146カ国にものぼるほか、UNHCRの職員は126カ国で難民援助活動に従事している[14]。上記の数字が示すように、難民をめぐる国家間協調の枠組みには、現に難民が発生している地域の国家のみならず、難民の発生地から遠く離れた地域に位置する国家まで、多数の国家が含まれている。

　すなわち難民の流出および流入に直接関与する「出身国」(state of origin)および「受入国」(accepting country)と、難民の流出や流入の影響を受けないその他の国家群に大別される。さらに難民の受入国は自国の裁量の有無に基づいて2つに大別され、1つは出身国の周辺地域に位置し難民の最初の流入先となる「一次庇護国」(asylum country)であり、難民の流入に対し自国の裁量を働かせることが困難な国家である。それに対し出身国から地理的に隔絶されている国家は、第三国定住(resettlement)を受入れる「第三国」(third country)となる場合や、出身国から遠隔地に飛来する少数の難民から直接庇護申請を受けることで難民の受入国となるが、難民の受入れの可否やその数、対象者について自国の裁量を発揮しコントロールすることが可能な国家であるといえる。また上記にあてはまらない国家も資金拠出や技術供与を介して協調を行なっており、それらは「ドナー国」(donor country)と呼ばれる。ドナー国は出身国や一次庇護国のみならず、難民問題に従事する国際機関に対しても資金や物資の提供を行なっている。

　上記に示した国家の属性は難民問題の変容に伴い必然的に変化を遂げる。例えば初期のガバナンスにおいて出身国および一次庇護国はいずれもヨーロッパ諸国であった。以後ヨーロッパ難民の数は減少の一途をたどり、ヨーロッパ諸国は主に第三国定住の受入国あるいはドナー国として非ヨーロッパ地域で発生した難民問題に協調していた。しかし1990年代のバルカン半島における混乱や2000年代の中東の民主化に伴う混乱により、再び一次庇護国となっている。また初期のガバナンスでは難民問題に対して当事者性を有

さなかったアジア・アフリカ諸国は、1960年代以降難民問題の当事国となり、現在もなお出身国や一次庇護国、あるいは双方を兼ね備えたアクターとして難民ガバナンスに携わっている。

(2) 難民問題のもつ多義性
(i) 人権・人道問題としての難民問題

　難民関連法規が国際人権法に分類されることから明らかなように、難民問題は人権・人道領域の問題群であると広く理解される。人権規範の世界的拡大の端緒となった「世界人権宣言」は第14条第1項で「すべて人は、迫害を免れるため、他国に避難することを求め、かつ、避難する権利を有する」と定め、難民の権利について明記した[15]。さらに難民に対しては各種国際人権法が定める一般規範やルールが適用されるべきであるとされている[16]。

　人権・人道ガバナンスの構成国は国内に人権侵害や人道危機を抱える国家とそれ以外の国家に分類できる。当事国は政策や立法によって作為的に、又は適切な政策や立法を行なわず不作為に既存の人権侵害や人道危機状態を存続させるが、前者においては該当する政策や立法の廃止、後者においては適切な政策・立法措置を通じて危機を解消することが人権・人道ガバナンスへの協調に資する。他方で、人権侵害や人道危機の非当事国は国内で人権侵害等を発生させないだけでなく、他国の人権侵害や人道危機に介入しその状態を解消させることによって人権・人道ガバナンスの実効性を高めている。

　難民の出身国は作為不作為にかかわらず難民を発生させる主体であり、出身国内で発生した戦闘などの暴力のほか、国内における人権侵害や人種差別、権威主義的支配下で行なわれる抑圧などの非人道的状況が大規模な難民流出の誘因となる。それに対し一次庇護国は不可避的に問題に関与するが、他方で国内における難民の処遇を決定する権限を有する。一次庇護国の多くが難民を辺境の隔離区域に居住させ、移動などの権利に一定の制約を課しており、難民の庇護が国家の権利であり、まして難民個人に由来する権利ではないとする姿勢が表れている。それに対し第三国は難民を受入れ自国領域内での居住の権利を認めることにより、出身国や一次庇護国において生じている難民

の人権侵害・人道危機的状況を解消することに貢献する。またドナー国は、資金的貢献や人的貢献を介して出身国や一次庇護国における難民を取り巻く人道的状況の改善に貢献することができる。

　以上のように国家の裁量が認められる一方で、人権ガバナンスが定める人権規範や原則は受入国が難民に与える処遇の基準となり、例えば難民の拘禁は各種人権法の規定に基づいて実施されなければならない。さらに国際的な人権規範の発展や拡大は、難民ガバナンスにも影響を与える。たとえば、ジェンダー規範の拡大は、受入国の難民収容施設においてジェンダーに基づく暴力の根絶に向けた取り組みを後押しした[17]。またカナダやアメリカではジェンダー規範を難民の定義に援用し女性による難民申請を受理するケースが相次ぎ、ガイドラインの作成が進められている[18]。

(ii) 関係国の安全保障を脅かす難民

　近年、難民問題が脚光を浴びる局面として、安全保障問題との関連が取り沙汰されている。難民の多くは国家間あるいは国内の暴力的紛争や政治的混乱によって発生するが、難民を取り巻く環境は難民とともに周辺地域へ拡散するため、一次庇護国にとって国境管理政策や難民の隔離・保護は自国の安全保障戦略の一環として非常に重要な位置を占めることとなる。例えば難民が出身国における混乱の当事者である場合、難民の流入は出身国と周辺に位置する一次庇護国間の安全保障上の緊張関係を生じさせる。とりわけ国家間紛争や国家間の対立が難民発生の主な要因であった冷戦期、出身国と受入国はしばしば対立関係にあり、難民の受入れは紛争当事者間で道具的に利用された。しかしながら、近年の紛争の要因や紛争当事者の複雑化に伴って、難民の出身国と受入国の関係は従前のような二項対立という単線的な構図では説明しきれなくなっている。現在の紛争の背景にある小型武器の蔓延や紛争の泥沼化は民間人と兵士の別を曖昧にし、難民の越境は時に紛争の越境を引き起こすようになった。それゆえ難民は一次庇護国の安全保障を脅かす存在となり、その管理は一次庇護国の安全保障戦略にとって一層重要な位置を占めることとなる。

それに対して、難民問題は第三国やドナー国の安全保障政策に直接影響を及ぼす事案ではない。なぜなら、難民の受入れの決定に自国の裁量を発揮できる第三国は自国の安全保障上の脅威となり得るような難民の受入れを拒否するであろうし、ドナー国に至っては難民問題の直接的影響を受けないことがその属性を決定する前提条件となっているからである。しかしながら第三国やドナー国は対外的な安全保障戦略と関連させて難民ガバナンスへ協調する場合がある。

　難民問題と安全保障領域における国家間協調との接近は、国連平和維持活動(Peacekeeping Operations：PKO)の中でも顕著に表れており、難民を対象とした活動は紛争中から紛争後にかけて派遣されるPKOの重要なマンデートの1つとなっている。そもそもPKOは冷戦中に国連憲章に規定された集団安全保障措置が機能不全に陥ったことから登場した手続きであったが、国際環境の変化や対象とする紛争の質の変容に伴いその任務内容も変化や拡大を遂げてきた。その過程でPKOの任務内容には難民を対象とした活動が含まれるようになり、PKOは難民ガバナンスが標榜する難民の保護や難民に対する援助、難民問題の解決という目的の達成に寄与することとなったのである。

(iii) 移民化する難民

　さらに、近年の難民問題の特徴としてしばしば議論される論点が難民と移民の相違に関する問題である。確かに早くから国際移住機関(International Organization for Migration：IOM)が難民の帰還や第三国定住に関わっており、難民問題は当初から移住の要素を伴っていた。グローバル化の進展に伴って、越境を伴う人口移動の機会が増加したことは難民と移民の境界を不明瞭にし、難民と移民の別を外形上判断することが困難な事態が生じている。従来型の難民が国籍国の政治体制や政治的混乱を要因として発生していたのに対し、近年の深刻な経済的困窮もまた人口移動を引き起こし、かつて難民と移民の間に存在した明確な境界が希薄化している現状にあることは否めない。また、従来型の難民がしばしば政治難民として特徴づけられるのに対し、経済難民

や環境難民などに象徴されるように、様々な事象が人口移動を引き起こす可能性を秘めている。

　上記のような状況下において、難民ガバナンスの対象となる難民の選定は、難民の認定権者でもある各国政府の大きな政治的関心を集める。人口移動の発生要因の複雑化や受入国における法制度の厳格化の結果、庇護申請者の中には、難民認定を受けることができずに不法移民となって避難先の国家にとどまるもの多く存在し、難民と移民の境界は益々曖昧化していくこととなるのだ。

3. 難民ガバナンスとは何か

(1) 難民ガバナンスの概要

　国家が難民問題へ対応することを目的として協調を行なうガバナンスとはいかなるものであろうか。ローズノウ（Rosenau, 1992）はグローバル化の進展に伴い国家主体の世界から非国家アクターを含む世界へと変化し国家の権威が相対化したことを受け、現代世界の秩序となる「政府なき統治」（governance without government）というガバナンスの概念を提起した[19]。グローバル・ガバナンスとは、特定の目的のために行為主体間の利害関係を調整し協調に導く一連のプロセスであり、フォーマルな組織やレジーム、インフォーマルな枠組みなど多岐に渡る[20]。なお、レジームとは「国際関係の限られた特定の政策領域において国家の期待が収斂するような明示的または暗示的な原則、規範、規則、意思決定手続きの総体」と定義される[21]。

　上記の定義に従えば、難民ガバナンスとは「難民は国際的に保護されるべき」であり「難民問題は解決されるべき」であるという国際的に共有された規範の達成のための協調に向けた一連のプロセスである。その中には様々な国際法や各種規則、国際組織・地域機構、政府間交渉などが含まれ、難民ガバナンスのもとでは前節第1項で確認したような多様な国家間の利害関係が調整され、一見協調が困難かと思われる国家間での協調が可能となる。

(2) 難民ガバナンスの目的
(i) 難民の国際的保護と難民問題の恒久的解決

　UNHCR事務所規程はUNHCRの活動目的として難民の「国際的保護」と難民問題の「恒久的解決」(durable solutions) を挙げている (UNHCR事務所規程6条)。国際的保護とは、難民は通常の外国人とは異なり国籍国の保護が受けられないため、難民が再び国籍国から保護を受けられるまでの間、国籍国外において一時的に与えられるものである[22]。すなわち国際的保護は国家の領域主権に基づく領域的庇護の形態を採る。同時に国家は「難民を生命または自由が脅威にさらされるおそれのある国は追放または送還してはならない」(1951年難民条約第33条) というノン・ルフールマン (non-refoulement) の原則に従う義務を負う。また恒久的解決の方法としては、自発的帰還 (repatriation)、一次庇護国定住 (local integration)、第三国定住 (resettlement) の3つの方策がある。自発的帰還とは難民が自身の出身国へ帰還することであり、一次庇護国定住とは難民が出身国を逃れて最初に入国した国においてそのまま定住すること、第三国定住とはいったん一次庇護国において保護を享受した難民が手続きを経て新たな第三国に受入れられ、その国内において定住を認められることをいう。国連難民高等弁務官は国家に対し国際条約の締結および批准を促進、またその適用の監督を通じて難民の国際的保護の推進を図るほか、難民問題の恒久的解決に向けた国家および民間の努力を支援する任務を負っている (UNHCR事務所規程8条)。

(ii) 緊急援助と中長期的援助

　難民問題の恒久的解決に至る前段階として、難民援助は2つの段階を踏むことが想定されている。まず難民発生初期段階において重要となるのが緊急援助である。すなわち難民にとって緊急性の高い問題やニーズを把握し、難民の生命と基本的な福利厚生を確保するために利用可能な資源に基づいて対応することが求められている。具体的には難民キャンプの設営といった難民の所在地の確保に加え、食糧、水、保健、衛生といった難民の生命にかかわるニーズの充足が必要となる。またこうした緊急援助には当事国、国連諸機

関、民間団体などさまざまなアクターが関与することとなり、とりわけ国連システムにおける調整役の任務がUNHCRに求められる。

　以上のような初期段階を経て、難民援助は避難生活の長期化とともに中長期的な援助へと移行していく。この段階における援助は難民問題への解決の道が開かれた難民の国籍国への帰還後の自立を促すため、学校教育や職業訓練が行なわれる。これらの事業には庇護国政府のほか国連諸機関や非国家主体が従事することになるが、他方でドナー国からの資金援助に大きく依存することとなる。

(iii) 難民問題の根本的な要因の解決

　上記のような難民発生後の対症療法的な援助の必要性は自明のことであるが、難民問題への対応としては十分とは言えない。難民問題の抜本的な解決のため難民を発生させる根本的な要因に向き合う必要があることが1980年代以降盛んに言及されるようになり[23]、非同盟諸国や社会主義諸国は、新植民地主義やグローバルな経済的不平等、アパルトヘイト体制ほか同様の社会的紛争などを根本的な要因として指摘した[24]。さらに今日では、グローバリゼーションと共に登場した新たな問題との関連で根本的な要因に関する議論が展開されており、世界人口の安定、人権の回復や民主化の強化、地域紛争の平和的解決、環境破壊の中止、経済成長の継続、貧困の緩和、債務負担の救済、開発援助の増加、国連における協調の強化、地域的・グローバルな平和の維持などが難民問題の恒久的解決にとって重要であるとされる[25]。

　こうした根本的な要因への関心の高まりは出身国に難民発生の責任を求めるものであり、難民の発生を事前に予防するという新たな難民ガバナンスの目的を誕生させ、1990年代以降UNHCRの重要な任務の1つとしてさまざまな試みが蓄積されていくこととなった。

4. 難民ガバナンスの重層化

(1) 他領域を扱うガバナンスのもとでの難民問題への協調

　前節で整理したように、難民ガバナンスとは難民問題に対して共通の目的をもったアクター間における協調関係を可能にするための手続きの総体と言えるが、それらの手続きには難民問題に特化したものと、難民のみを対象とせずより一般化された規範や他の問題領域を扱うために構成されたものが存在する。前者は1951年難民条約及び1967年難民議定書とUNHCRで構成されるものであるのに対し、後者は個々の領域で形成されたガバナンスが難民に対して適用されることによって生じる。すなわち、他の領域を対象とするレジームや組織が標榜するより一般的な規範が難民問題の直面する課題と密接に関係している場合や、他のレジームや組織が追求する目的の達成のために必然的に難民問題への関与が要求される場合、さらには対象領域が異なるものの難民問題との間に手続き上の重複や類似性が見られる場合に、それらは難民ガバナンスの一翼を担うことになる。具体的には、人道規範や安全保障規範のほか経済統合を規範として標榜するレジームや組織など、様々な規範を有するレジームや組織が難民問題を扱っており、グローバルな構成国を擁するものとして人道規範を標榜する国際赤十字委員会や安全保障のための平和構築制度などが存在する。

(2) 地域的ガバナンスの勃興

(ⅰ) 地域統合の進展

　近年のグローバリゼーションの進展は、あらゆる問題領域におけるグローバルなガバナンスの発展と併行して特定地域を包含する地域統合やさらに限定された地域内小地域を包含する準地域統合の進展をもたらし、国際秩序に多大な影響を及ぼした[26]。そもそも地域統合の第1の波と呼ばれる経済的な地域統合が進展したのは1950年代から1970年代にかけてのことである。当時の地域統合は域内経済の発展に重点をおき、先進国間あるいは途上国間で構成される均質な国家による協調の試みであった。それに対し、1980年代

以降1990年代にかけての地域統合の第2の波は、アメリカの経済的覇権の衰退や冷戦の終結、開発途上国における民主化と市場経済の導入による南北関係の変化、世界的な経済的相互依存の増大など、国際的な政治経済環境の変化によってもたらされた[27]。さらに近年の傾向として、多角的な協調の枠組みにおける利害関係の調整の煩雑さを回避する手段として、地域統合の第3の波と称される二国間関係の強化が進められている[28]。

(ii) **地域的難民ガバナンスの発展**

　そもそも難民ガバナンスの地域化は、初期の難民ガバナンスが1950年代のヨーロッパの難民問題を反映していたために、その後に非ヨーロッパ地域で続発する難民に対して十分な協調の枠組みを提供することができなかったことに起因する。それゆえ冷戦期間中の難民ガバナンスにみられた地域化は地域固有の問題に対処するための難民問題に特化した法制度化の進展を求める傾向があり、アフリカでは地域条約であるOAU難民条約の採択の試みに加え地域機構内において難民問題を専門的に扱う組織形成が進展し、ラテンアメリカではカルタヘナ宣言が採択された。

　冷戦終結以降の難民は地域固有の要因、すなわち民族対立や宗教間の対立、さらにはそれに付随する権力闘争によって発生しており、グローバルなガバナンスでは対処しきれない複雑性を孕んでいる。それに対し、地域的難民ガバナンスはグローバルなガバナンスの不備を補うにとどまらず、国家に協調行動を提案し各国の履行を確保する、より強固なガバナンスへと変化している。さらに地域的難民ガバナンスは難民問題に対し迅速な対応が可能となる点においても近年プレゼンスを増大させているほか、域外からの難民流入に対する統一的な対応を提示し域内協調を促進している。その牽引者は第一の地域統合の波に乗じて地域内の経済統合および経済的発展を目的として組織された機構であり、ヨーロッパにおいてはEU、アフリカにおいてはAUやECOWAS、東南アジアにおいてはASEANなどがそれにあたる。こうした地域的難民ガバナンスの充実は国家が意図的に目指した結果ではなく、経済や安全保障、政治など様々な領域において顕著に統合が進行したことによる

地域機構の活性化に追従して生じている。それゆえ地域的難民ガバナンスは地域機構において他の領域を扱うために形成された手続やルールが難民問題に拡大適用あるいは転用される形で成立しているという特徴を有している。

(3) 重層化した難民ガバナンスの性格
(i) レジーム複合体の分類に関する議論

難民ガバナンスは専門領域や地理的範囲を異にする複数のレジームが混在するレジーム複合体の体裁を成している。そこで難民ガバナンスの全体像を理解するために、ここではレジーム複合体の議論を参照する。同じ領域を複数のレジームが扱う場合、レジーム複合体はレジーム間に上下関係がなく問題領域と規範・ルールを異にする水平的(horizontal)関係と、レジーム間に上下関係が存在する垂直的(vertical)関係に分類される[29]。後者においては上位レジームが基本的な規範・ルールを設定し下位レジームは上位レジームの規定に整合する範囲で独自の規範・ルールを設定するが、その中でも特に具体的な行為を律するルールに関する複合体は入れ子型と呼ばれる。

また、レジーム複合体はレジーム間の相互関係の有無により大別でき、さらに相互関係がある場合は、相互補完(synergetic)と相互矛盾(disruptive)に細

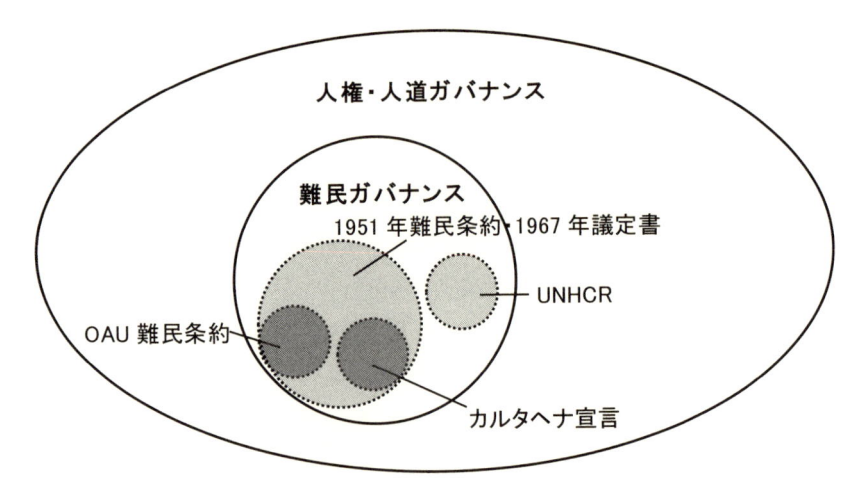

図1　冷戦期の難民ガバナンス概念図（入れ子型）

分化される[30]。

(ii) 冷戦期の入れ子型難民ガバナンス

難民問題に対象領域を特化した初期の難民ガバナンスには、国際条約やUNHCRなどのグローバルなものとメンバーの一部が各地域で採択した地域的難民条約を中核とした地域的なものがある。両者は難民を社会的弱者と見做し、難民に対する保護の供与と難民問題の解決方法を模索するという点において、規範を同じくする垂直関係にあるといえる。

また、グローバルな国際法規や国際機構が一般的なルール設定を行なっているのに対し、冷戦期に誕生した地域的な取り決めは難民問題の発生要因の地域的特性をもルールに盛り込むことによりグローバルレベルのガバナンスを補完する。他方で、グローバルレベルのガバナンスの構成国は地域的ガバナンスの規定する補完的ルールに拘束されないため、両者の関係は入れ子型であるといえる(**図1**)。

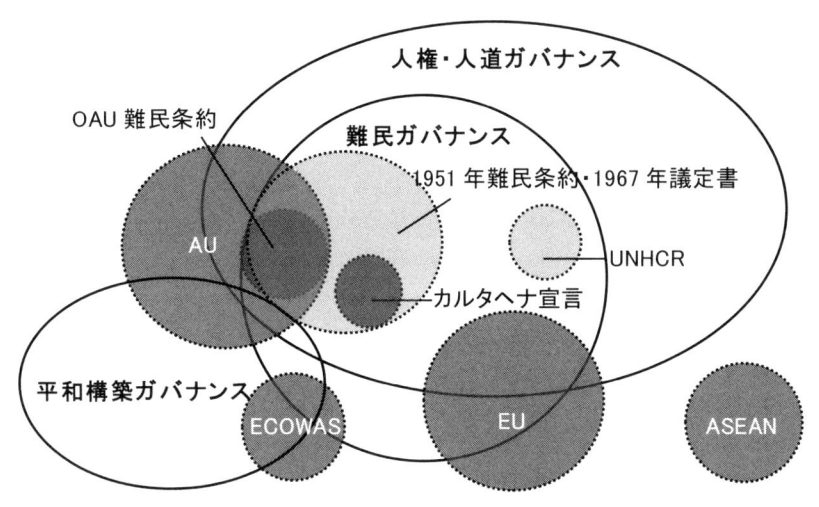

図2　ポスト冷戦期の難民ガバナンス概念図(水平型)

(iii) 多様なガバナンスの登場と水平型難民ガバナンスの成立

　現在の難民ガバナンスには難民以外の領域を扱うために形成されたガバナンスが含まれる。さらに各地域においても他の領域を扱う地域機構が難民問題を扱っている。これらの規範や地理的範囲を異にする多様なガバナンスは、難民に特化したガバナンスとの間で水平的関係をなしている（**図2**）。すなわちUNHCRが標榜する難民の保護という規範と人権規範を標榜する赤十字委員会の活動は相互に矛盾するものではなく、両者は行動を共にし、加盟国は双方が提供する枠組みのもとで協調行動をとることが可能となる。

　しかしながら、規範を異にするガバナンス間ではそれぞれの規範が競合し、さらには衝突する場合が存在し、そのような場合にガバナンス間で相互矛盾が生じる。たとえば一次庇護国において難民収容施設を設置し難民を施設内に居住させることは、難民ガバナンスが掲げる難民保護の規範には資するが、人権ガバナンスが掲げる人権規範には反する場合が認められる。上記のような規範の衝突は、しばしばガバナンスの膠着をもたらす。したがって、水平型複合体の性質を持つ今日の難民ガバナンスには、規範やルールの衝突を回避しながらガバナンス間関係を調整し、協調関係を維持できるようなメカニズムが必要とされる。

5. 小括

　本章で見てきたように、難民とそれに付随する問題は国際政治の歴史と共に複雑に変化しながら、国際的な協調をもたらす難民ガバナンスの発展を促した。難民ガバナンスは出身国、一次庇護国、第三国、ドナー国という利害関係を異にする多様な国家間による協調を可能にする手続きの総体であり、グローバルなものと地域的なものの双方を含んでいる。そして難民ガバナンスは難民問題に特化した国際機構や国際法規からなる入れ子型から、難民以外の多様な領域を対象とする複数のレジームや国際機構・地域機構、その他からなる水平型へと発展を続けながら、複雑化する難民問題に対し多様なアプローチのもとで柔軟に対応しているのである。

註

1 前田、2009、132頁。
2 Petersen, 1985, p. 261.
3 Betts and Loescher eds., 2011, p. 1.
4 Kunz, 1973. 一方、難民のプッシュ要因は国内的要因に限定されず、紛争などにおいては国外アクターの関与の存在を示唆する研究もある。(Zolberg, Suhrke and Aguayo, 1986.
5 Zolberg et al., 1986.
6 United Nations, 1969, "Convention Governing the Specific Aspects of Refugee Problems in Africa," *Treaty Series,* 1001, p. 45.
7 Americas – Miscellaneous, *Cartagena Declaration on Refugees, Colloquium on the International Protection of Refugees in Central America, Mexico and Panama,* 22 November 1984.
8 国連難民高等弁務官事務所、2007.
9 Zolberg et al., 1986.
10 Weiner, 1996.
11 UNHCR, *Protracted Refugee Situations,* 10 June 2004.
12 なお、国連の「国内避難に関する指導原則」(Guiding Principle on Internal Displacement)は「国内避難民は、特に武力紛争や常態化した暴力状態、人権侵害、自然災害または人災の結果、またはそれらを避けるために、住居あるいは常居所から逃れることもしくは離れることを強いられたか余儀なくされた人又は集団であり、国際的に認知された国境を越えていない者」と定義している。
13 African Union, *Invitation: AU Contribution to Refugees, Returnees and IDPs,* 25 June 2010.
14 UNHCRホームページ http://www.unhcr.org/pages/49c3646c80.html より (2012年1月7日閲覧)
15 UN General Assembly, *Universal Declaration of Human Rights,* 10 December 1948.
16 市民的及び政治的権利に関する国際規約 (B規約)、子どもの権利条約、ヨーロッパ人権条約、米州人権条約、人および人民の権利に関するアフリカ憲章などがあげられる。
17 UNHCR, *Refugee Protection and Sexual Violence,* 8 October 1993.
18 高見、2001。
19 Rosenau, 1992.
20 グローバル・ガバナンス委員会はグローバル・ガバナンスを「私と公、個人と組織を問わず、共通の問題に取り組む多くの方法の集合である。それは対立する、あるいは多様な利害関係を調整し、協力的な行為がとられる継続的なプロセスである。そこには遵守を強いる権限を持つフォーマルな組織やレジームのほか、人々や組織が同意したか、彼らの共通利益に合致すると認識されたインフォーマルな枠組みも含まれる」と定義する。Commission on Global Governance, 1995, pp. 2-3.
21 Krasner, 1982.

22　国連難民高等弁務官事務所、2000.
23　United Nations, Economic and Social Council, *Study on Human Rights and Massive Exoduses,* 31 December 1981.
24　Suhrke and Newland, 2001, p. 289.
25　Widgren, 1990, p. 766.
26　山本武彦、2005、3頁。
27　山本吉宣、2008、222頁。
28　同上書、226頁。
29　Young, 1996.
30　山本吉宣、2008、143頁。

第2章　難民ガバナンスへの理論的アプローチ

　難民問題の地政学的性質や問題の多義性ゆえに、しばしば難民ガバナンスのもとでの国家間協調は困難な事態に陥ってしまう。本章は先行研究を紐解き、構成主義や現実主義という2つの国際関係理論に依拠しながら、人権規範・大国間政治などの諸要因がガバナンスの形成や運用にいかなる影響を与えてきたのかについて整理する。次に難民ガバナンスが直面する協調の阻害要因について検討し、先行研究の欠損を明らかにする。

　そのうえで、本書が採用する自由主義的制度論アプローチに基づき、難民ガバナンスが採用しているガバナンスの態様およびガバナンスが採用する手続き上の工夫、さらにはガバナンスの一翼を担う国際機構・地域機構の役割についての仮説を提示する。

1. 難民ガバナンスに関する理論的説明の試み

(1) 人権・人道規範の優先と主権の相対化

　難民ガバナンスの目的は第1章で示したとおり難民に対する国際的保護の供与や難民問題の恒久的解決、人道的配慮に基づいた中長期的援助、人権侵害状況の改善といった難民問題の根本的な要因の解決であるが、これらの目的のための協調行動は既にみてきたとおりさまざまな困難に直面する。それにもかかわらず、国家はなぜ難民ガバナンスのもとで協調するのであろうか。

　難民問題を含む人権問題・人道問題を扱うガバナンスの形成について、構成主義的(constructivism)アプローチは人道危機に対し国際的に共有された規範や認識によってもたらされる現象であると説明する[1]。構成主義的アプ

ローチは説得(persuasion)や学習(education)を介して規範やアイデアが浸透することによって協調が促進されると論じ、そのプロセスにおける非国家アクターの重要性を強調する。例えばフィネモアとシッキンク(Finnemore & Sikkink, 1998)は国際的な人権ガバナンスへの協調はNGOなどの非国家主体による脱国家的なネットワークによってもたらされると説明した[2]。また、グッドマンとジンクス(Goodman & Jinks, 2004)は、周辺国の信条や行動パターンによりもたらされる文化変容(acculturation)によっても国家の規範遵守が促されると指摘した[3]。

　難民ガバナンスに関しても利他的(altruistic)な側面が強調されている。シュルケ(Suhrke, 1998)は難民問題に対する国家の協調は国際法が定める道徳的・人道的義務に対する遵法姿勢の表れであると論じた[4]。また難民ガバナンスの構成要素の1つであるUNHCRについて、ウェイナー(Weiner, 1998)はUNHCRが活動の根拠とする規範は難民ガバナンス固有の規範に加え、各種人権法やUNHCR自身が創りだした規範など複数存在するため、それらが衝突する危険性を指摘する。すなわち冷戦期間中は難民ガバナンスが社会主義諸国からの難民に重点を置き難民の多くが第三国において定住を受入れられたため、規範の衝突は回避された。しかしながら、冷戦終結以降の内戦による難民の増加は一次庇護国において人道規範と自国の安全保障規範の衝突を引き起こし、大国が難民問題に関与する動機を失ったことによりドナー国において介入に伴うコストと人道規範が衝突するなど、難民ガバナンスは複数の規範の間でジレンマに直面するという[5]。また、バーネット(Barnett, 2011)はUNHCRの父権主義的(paternalistic)な性格について論じた[6]。すなわち、UNHCRは成立当初限定的な機能を付与されていたにもかかわらず、人道規範という大義のもとにその活動を拡大させながら次第に権威ある難民専門機関となり、国家による信頼を勝ち得ることによって、加盟国に対し恩恵を与える機能を果たすようになったという。

(2) 大国の利益に基づくガバナンスの形成と運用

　他方で、難民ガバナンスの成立と変容には大国間政治の強い影響が及

んでいることが指摘されている。たとえばレッシャー（Loescher, 2001）はUNHCRが東西冷戦下の国際政治の産物であり東西陣営それぞれが難民をパワーの一要素として捉えていたことを指摘した。そして、特にガバナンス初期に見られたヨーロッパ偏重は欧米諸国の外交政策を反映したものであると説明する[7]。さらに、マーティス（Mertus, 1998）が指摘するように、冷戦終結により主導者たる覇権国不在となった難民ガバナンスは変容を迫られることとなった。

以上のような大国主導によるガバナンス運営は、国際関係を説明する理論の1つである現実主義的（realism）アプローチによって裏付けられる。現実主義はパワーを有する覇権国の利益となるようなガバナンスが形成される可能性を論じるが[8]、その前提にあるのはアナーキーな国際観であり、国家は生存を目的としパワーを追求するために行動すると考えられている。そこでは覇権国は他国の行動を統制することにより自国の利得を最大化することができる。一方で、覇権国主導の国際公共財は他国によるただ乗り（free ride）の問題を誘発するが、他方でより多くの国家から協調を引き出すことに貢献する。人権・人道ガバナンスにおいても国際的なパワーの配分が重視され、カー（E.H.Carr）やモーゲンソー（Morgenthau）らは国家が人権を含む自由主義的イデオロギーを地政学的な利益の追求に用いると主張する[9]。また、クラズナー（Krasner, 1993）は人権・人道ガバナンスの発展はパワーを持つ国家の利益を反映し、規範の遵守はパワーを有する国家によって主導されると説明する[10]。グッドマンとジンクス（Goodman & Jinks, 2004）は制度には強制力が必要であり、人権侵害や人道危機の当事国に対する対外援助の停止などがそれにあたると述べた[11]。

大国は第三国やドナー国として途上国の難民問題へと関与するが、スナイダー（Snyder, 2011）によれば、難民ガバナンスのもとでの大国の介入行為もまた、難民問題に介入することで得られる国家の私的利益と介入コスト、平和の不可分性に左右される[12]。そのうえでスナイダーは難民それ自体を紛争の構成要素と捉え、難民と共に紛争が拡散する可能性や難民援助が紛争の悪化をもたらす危険性について言及した。とりわけ難民の出身国と一次庇護国

の間で緊張が高まることが懸念されるという[13]。

2. 難民ガバナンスにおける協調の問題と先行研究の欠損

(1) 人権規範の成熟度と協調への影響

1990年代以降のグローバル化の進展に付随する人権規範や民主主義の普遍化に向けた取り組みは新たな国際秩序をもたらしたが、依然として国家が主体となり作為、不作為に人権侵害や人道危機を引き起こし難民を発生させるケースが散見される。2012年のフリーダムハウスの指標によれば、自由な国 (Free Countries) は90カ国で全体の46%であるのに対し、部分的に自由な国 (Partly Free Countries) が58カ国 (30%)、自由でない国 (Not Free Countries) が47カ国 (24%) となっており[14]、依然として十分な自由が確保されていない国家が多数存在することを示唆している。

東南アジアではASEAN加盟国9カ国のうち自由な国はインドネシアのみであり、同地域には依然として権威主義的支配が残存している。東南アジア諸国は開発独裁のもとで高度経済成長を果たした実績のもと欧米的人権観の普遍性を前提とする欧米諸国の人権外交に反発し、人権侵害の要因を国際的な経済格差に求めるだけでなく、人権尊重を条件とする開発援助政策が内政不干渉原則へ抵触することを訴えている[15]。難民ガバナンスとの関係においても、1951年難民条約への加盟がフィリピン (1981年)、カンボジア (1992年) にとどまるなど、消極的な姿勢を見せている。しかしながら、同地域ではインドシナ難民への対応を余儀なくされた経験があるだけでなく、現在もなお東ティモール難民やミャンマー難民の問題が山積しており、人権規範に由来するものとは本質的に異なる目的で難民ガバナンスを戦略的に用いることにより対応を試みていることが示唆される (**表2**)。

一方アフリカにおいては1963年にアフリカ諸国の連帯のために作られたアフリカ統一機構 (Organization of African Unity: OAU) がその目的の1つに人権の尊重を掲げ、1981年には「人及び人民の権利に関するアフリカ憲章 (バンジュール憲章)」(The African Charter on Human and Peoples' Rights) を採択する

など、早くから人権に対する認識を共有していた。難民問題に関しても、アフリカ連合全加盟国54カ国のうち2013年の時点で1951年難民条約及び1967年難民条約のいずれも非加盟なのはリビア、エリトリア、コモロ、モーリシャス、西サハラに加え、2012年に独立したばかりの南スーダンの計6カ国に過ぎず、問題への関心の高さがうかがえる。こうした難民ガバナンスへの積極的な協力姿勢の背景には、アフリカ諸国が独立以降、内戦や国内における人権侵害や非人道的危機に伴う大規模な難民問題に直面し、現在も多くの難民の受入れを余儀なくされていることが挙げられる（**表3**）。すなわち、地域統合下での人権の尊重に向けた取り組みは同地域における人権規範の浸透には結び付いておらず、難民ガバナンスのもとでの解決に向けた取り組みが必要であることを示唆している。

　他方で、ヨーロッパ諸国は高い人権規範を有することで知られており、1950年に欧州人権条約を採択して以降、同地域における人権規範の浸透に努めるのみならず、人権外交などを通じて世界的な人権規範の拡大を牽引してきた。同地域における人権規範の普及を反映して、1951年難民条約および1967年難民議定書の双方又はいずれかの締約国の数は、EU全加盟国28カ国にのぼる。しかしながらヨーロッパ諸国による難民の受入れに関する負担の分担は十分であるとはいえない。それどころか、ヨーロッパ諸国は域外から難民の締め出しを行なうなど[16]、必ずしも人道的観点から難民ガバナンスに協調しているとはいえない状況が見受けられる。1960年代以降の脱植民地化の動きの中で登場した非ヨーロッパ地域の難民は当初発生地域にとどまっており、1970年代前半までヨーロッパに庇護を求めてやってくる難民は年平均で1万3000人程度であったが、1980年代末には年平均19万5000人と15倍にも増加した[17]。それに対し、ヨーロッパ諸国は受入れに伴う負担を軽減させる施策を講じたため、負担の分担の在り方に南北格差が生まれた。発展途上国による庇護は2012年の時点で全体の80％にも上り、10年前の70％から割合を増加させている。さらに各国の負担状況を比較すると、1人当たり実質GDP1USドルあたりの難民受入れ数は非ヨーロッパ地域で大きくなっており、上位3カ国ではパキスタンで552人、エチオピアで303人、

表2　ASEAN諸国における難民受入れ状況（2012）

庇護国	難民				庇護申請者
	条約難民	難民状態にある人々	小計	UNHCRの援助を受けている人々	
ブルネイ・ダルサラーム	-	-	-	-	-
カンボジア	77	-	77	-	24
インドネシア	1,819	-	1,819	1,819	6,126
ラオス	-	-	-	-	-
マレーシア	89,210	975	90,185	90,185	11,650
ミャンマー	-	-	-	-	-
フィリピン	141	-	141	18	32
シンガポール	3	-	3	-	-
タイ	84,479	-	84,479	84,479	14,580
ベトナム	-	-	-	-	-

出典：UNHCR, *Global Trend 2012* より抜粋

表3　地域別アフリカにおける難民受入れ状況（2012）

庇護国	難民				庇護申請者
	条約難民	難民状態にある人々	小計	UNHCRの援助を受けている人々	
中部アフリカ・大湖地域	479,256	-	479,256	413,515	21,383
東部アフリカ・アフリカの角地域	1,866,700	26,021	1,892,721	1,812,948	90,333
南部アフリカ地域	134,736	-	134,736	52,942	272,454
西部アフリカ地域	267,750	8	267,758	257,542	8,825
中東・北アフリカ地域	1,519,027	74,830	1,593,857	912,082	53,868

出典：UNHCR, *Global Trend 2012* より抜粋

第 2 章　難民ガバナンスへの理論的アプローチ　39

帰還民	UNHCRの保護・支援を受ける国内避難民	帰還した国内避難民	UNHCRのマンデート下の無国籍者	その他	合計
-	-	-	21,009	-	21,009
-	-	-	-	-	101
35	-	-	-	-	7,980
-	-	-	-	-	-
-	-	-	40,001	80,000	221,836
-	430,400	-	808,075	-	1,238,475
-	1,159	336,215	6,015	68	343,630
-	-	-	-	-	3
-	-	-	506,197	-	605,256
-	-	-	11,500	-	11,500

帰還民	UNHCRの保護・支援を受ける国内避難民	帰還した国内避難民	UNHCRのマンデート下の無国籍者	その他	合計
121,328	2,799,696	340,029	1,302	235,759	3,998,753
23,555	3,853,933	136,742	20,000	4,986	6,022,270
19,748	57,926	-	-	24,016	508,880
102,439	272,930	96,010	700,000	2,258	1,450,220
158,119	3,593,055	503,120	505,274	1	6,407,294

表4　難民の受入れに伴う負担状況の比較（GDP比負担の上位40カ国）

庇護国又は地域	1人当たり実質GDP 1USドルに対する 難民受入れ数	1000人当たりの 難民受入れ数	1000km^{2}あたりの 難民受入れ数
パキスタン	552.3	9.4	1,868.5
エチオピア	303.1	4.5	332.7
ケニア	301.2	13.9	966.1
南スーダン	208.9	19.6	..
チャド	199.8	33.3	293.2
コンゴ民主共和国	153.4	1.0	27.8
ウガンダ	129.7	5.9	816.5
バングラデシュ	112.1	1.6	1,686.3
イエメン	98.4	9.9	563.4
シリア・アラブ共和国	90.2	23.3	2,556.6
リベリア	87.7	16.5	684.5
ブルンジ	70.1	5.0	1,544.7
スーダン	65.3	4.4	60.6
イラン	64.4	11.7	534.9
タンザニア	62.1	2.3	106.8
ニジェール	56.0	3.3	42.5
インド	48.3	0.2	58.7
ヨルダン	48.0	48.9	3,359.4
ネパール	42.1	1.9	382.1
ルワンダ	41.2	5.5	2,299.2
カメルーン	38.8	5.0	211.3
モーリタニア	34.8	23.3	77.1
中国	32.6	0.2	32.1
ブルキナファソ	27.0	2.4	142.5
コンゴ共和国	21.0	24.4	286.8
トーゴ	20.3	3.9	411.0
イラク	20.2	3.1	223.2
トルコ	17.3	3.7	342.1
エジプト	16.6	1.4	111.7
アフガニスタン	15.9	0.5	25.2
中央アフリカ共和国	15.4	3.2	22.5
ドイツ	15.2	7.2	1,656.5
ベネズエラ・ボリバル共和国	14.7	7.0	222.5
ザンビア	14.0	2.0	34.0
エクアドル	13.3	8.6	481.1
マリ	12.6	0.9	11.1
アルジェリア	12.2	2.7	40.6
タイ	9.0	1.2	163.4
レバノン	8.8	31.7	12,968.6
ギニア	8.6	1.0	42.2

出典：UNHCR, *Statistical Yearbook 2012* より抜粋

ケニアで301人にのぼる(**表4**)。また人口当たりの難民の数や面積あたりの難民の数を見ても、途上国における負担の大きさは歴然である。条約難民の受入れ数でパキスタンのおよそ164万人、イラクのおよそ87万人に続いて3番目となるおよそ59万人を受入れるドイツでさえ面積当たりの受入れ数が10位、人口当たりの受入れ数が19位、GDP比に至っては32位となっており、先進国による負担分担は十分とは言えない。

(2) 大国の選好と内戦下の難民

第1章で示したそれぞれの属性に基づき、各国はガバナンスに対しそれぞれ異なる動機や利益を見出し、それに基づいて選好を決定する。たとえば、一次庇護国は自国の負担軽減を期待するであろうし、第三国やドナー国は自国が本来負う必要のない負担を負ってもなお、難民の受入れや技術供与・資金的貢献を行なう何らかの動機を有しているはずである。

大国の難民問題への関与の在り方は難民の発生要因に大きく左右される。冷戦期間中、難民の多くは抑圧的権威主義的支配や国家間の紛争によって発生していた。とりわけ前者からの難民、すなわち社会主義政権からの難民を西側諸国が第三国として積極的に受入れたことは前節で確認した通りである。また、後者の国家間紛争には植民地独立闘争が含まれ、それらによって発生した難民は旧宗主国によって積極的に受入れられることとなった。

しかしながら冷戦の終結は難民の発生要因を変化させ、抑圧的権威主義的支配や国家間紛争による難民の数が減少する一方で、国内において民族由来の紛争や市民紛争による難民が増加している。紛争の形態別の難民発生数の割合の変化を比較したウェイナー(Weiner, 1996)の研究によると、国家間紛争による難民が難民全体に占める割合は1982年の67.7%から1992年には45.7%へと低下している。それに対し市民紛争によって発生した難民数が1982年には難民総数の10%となり、さらに1992年には22.4%へと増加した(**表5**)。

中でも、市民紛争の増加の原因として中央政府の弱体化への国内勢力の挑戦や、支配権をめぐるグループ間の闘争があげられている。すなわち難民

表5　難民発生要因の変遷

	国家間紛争	民族紛争	市民紛争	抑圧的権威主義支配・革命レジーム
1969年	21.6%	34.7%	0	44%
1982年	67.7%	21.6%	10%	－（ごくわずか）
1992年	45.7%	32%	22.4%	－（ごくわずか）

出典：Mayron Weiner, "Bad Neighbors, Bad Neighborhoods: An Inquiry into the Causes of Refugee Flows," International Security, Vol. 21, No. 1 (Summer, 1996), pp. 5-42.

を発生させるような紛争当事国では領域主権が十分に機能していないと考えられる。それらの国家はザートマン（Zartman, 1995）やロトバーグ（Rotberg, 2003b）によって国家機能に基づき「崩壊国家」（collapsed state）や「弱い国家」（weak state）、「失敗国家」（failed state）などに分類される[18]。そうした概念を指数化したアメリカのシンクタンクである「平和基金」（Fund for Peace）が公表する失敗国家指数ランキングからは、上位国の多くで大規模な難民および国内避難民に関する指標が高い数値を示していることがわかる（**表6**）[19]。

　これらの国家は法の支配や治安維持といった領域主権を十分に発揮できないため、大規模な難民の発生を引き起こす混乱に対し有効な対処法を講じることができない。同様に難民の一次庇護国もまた領域主権が十分に機能していない場合、国内において必要な保護措置を取ることができない。それゆえ国際的・地域的な保護や解決にむけた取り組みに依存せざるを得ない状況に陥っているが、同時に援助を求め外部アクターと交渉するための対外的な機能も低下している。こうした状況において難民ガバナンスは国家が負うべき責任を国家に代わって担うことが期待される。

　以上のような難民の発生要因の変化は大国の選好を変化させ、難民ガバナンスへの協調を消極化させる。しかしながら冷戦が終結したのちも難民ガバナンスは廃止には向かわず、むしろ第1章で概観したように拡大の様相を呈している。すなわち、大国の存在は難民ガバナンスの必要条件とは言えないのである。

表6　失敗国家指数上位10カ国

		計	人口圧力	難民および国内避難民	集団内の不満	長期に渡る人口流出	経済発展の不平等	貧困及び景気の悪化	国家の正当性	公共サービス	人権と法の支配の侵害	治安維持装置	派閥エリートの台頭	外部介入
1	ソマリア	113.9	9.5	10.0	9.3	8.9	8.4	9.4	9.5	9.8	10.0	9.7	10.0	9.4
2	コンゴ民主共和国	111.9	10.0	10.0	9.4	7.1	8.8	8.5	9.6	9.5	9.8	10.0	9.5	9.7
3	スーダン	111.0	8.8	10.0	10.0	8.4	8.5	7.8	9.6	8.8	9.3	9.8	10.0	10.0
4	南スーダン	110.6	8.9	10.0	10.0	6.5	8.9	8.6	9.1	9.8	9.8	9.6	9.8	10.0
5	チャド	109.0	9.5	9.7	8.8	8.0	8.9	8.0	9.7	9.9	9.8	9.4	9.5	7.9
6	イエメン	107.0	9.3	9.2	9.0	7.4	8.1	9.2	9.3	8.7	8.7	9.8	9.5	8.7
7	アフガニスタン	106.7	9.3	9.2	9.2	7.2	7.8	8.2	9.4	8.8	8.4	9.9	9.4	10.0
8	ハイチ	105.8	9.6	8.6	7.0	9.1	9.1	9.7	8.8	9.6	7.6	7.9	9.0	9.9
9	中央アフリカ	105.3	8.6	9.8	8.5	6.1	9.2	7.7	9.0	9.5	9.8	9.7	9.1	9.4
10	ジンバブエ	105.2	9.2	8.7	8.4	8.6	8.6	8.6	9.2	9.1	8.9	8.4	9.7	7.8

出典：Fund for Peace ホームページより抜粋

3. ガバナンスによる利益対立の克服と協調の促進

(1) 本書のアプローチ

　前節で検討したとおり、難民ガンバナンスを人権・人道規範の普及や大国間のパワー政治の産物のいずれかとして捉えるアプローチはガバナンスの実態を明らかにするには不十分である。そこで本書はガバナンスが提供するさまざまな便益が国家による自発的な協調を引き出すと主張する自由主義 (liberalism) というアプローチに立脚し、人道・人権規範や大国の政治的動機が不在であっても難民ガバナンスが有効に機能することを実証する。

　自由主義的制度論によると国家間の互恵的な合意形成はガバナンスのもとで可能となり、国家は自国の利益追求のためにガバナンスを形成する[20]。すなわち、ガバナンスは国家間の合意形成に必要とされる行為者の取引費用の

削減や、信頼醸成にかかわる情報の提供、行為者間の紛争を解決する司法機能などを提供することによって、国家間の合意形成を促進し、国家間協調の深化をもたらすとされている[21]。

　以上の主張に従えば、難民ガバナンスもまた、出身国、一次庇護国、第三国、ドナー国間で互恵的な関係を醸成するためのさまざまな機能を果たし、国家からの協調を引き出していると考えられる。たとえば加盟国によって構成される合議体は集団的な意思決定の場となり、異なる利害関係を有する国家間の合意形成を可能にする。国家間の合意形成に必要な難民問題に関する情報は難民ガバナンスが保有する専門機関や専門スタッフによって提供されるため、情報への信頼性が担保される。さらに国家間の互恵性という観点からは、加盟国には協調によって何らかの利益がもたらされることが予想される。とりわけ一次庇護国が協調によって得られる利益とは受入れに伴う各種負担の軽減であり、1970年代以降、UNHCRを中心に一次庇護国とその他の国家の間で負担を分担するようなさまざまな取り組みがなされている[22]。他方で、第三国やドナー国へと一方的な負担を強いる負担分担はそれらの国々からの協調を減退させてしまう危険性を孕んでおり、難民ガバナンスには第三国やドナー国に対しても利益をもたらす役割が課せられることになる。

(2) 難民ガバナンスにおける協調のための工夫
(i) ソフトローの採用

　国家による協調の確保に際しさまざまな困難に直面する各種ガバナンスは、協調を担保するためにルールや手続き面でハードローとソフトローと呼ばれる形態を使い分けることによってそれらの克服を試みる。ハードローとは、精緻化され、法解釈及び履行に関する権限委譲を定めた法的拘束力を持つ義務のことであり[23]、アクターはハードローを採用することによって協調のための取引費用を削減し、自らの遵守に対する信頼性を向上させ、戦略の選択肢を増大させ、さらには契約の不備を解決することが可能となる。他方で、ハードローはアクターの行動のみならず主権を制限することになり、国家による協調の歯止めともなり得る。それに対し、ソフトローと呼ばれる形態の

ルールは義務、精緻さ、委任関係の面で緩やかに規定されている法的な取り決めである。ソフトローはハードローの欠点を回避することが可能なだけでなく、ハードローに比べて合意が容易であるという利点を有している。さらにソフトロー下ではアクターが繰り返し合意の影響について学習することが可能であるがゆえに不確実性を克服するうえで効果的であるほか、アクターの譲歩を促進することによって異なる利益や価値を有するアクター間や保有するパワーの異なるアクター間などにおける合意形成を可能にする。

　人権ガバナンスを俯瞰してみても、ハードローを採用しているガバナンスとソフトローを採用しているガバナンスの双方が見受けられる。国際人権ガバナンスのように人権の内容が細部に渡って規定され、国家通報制度や国際機構への報告義務など国家の行動ルールを精緻に定めるものが前者のハードローに該当する。同形態を有するガバナンスは、厳格なルールの履行を国家に要求するがゆえに、しばしば国家によるガバナンスからの離脱を引き起こす。それに対し難民問題にその対象領域を特化した初期の難民ガバナンスのように履行監督機関としてのUNHCRが存在するものの、1951年難民条約が定める通り受入国の権利に従って難民の保護の方法や協調の在り方について国家の裁量に委ねられているものは後者のソフトローに該当するといえる。また第5章以下で扱う地域的な難民ガバナンスもまた、履行に関する最低基準の設定や履行を国家の裁量に委ねるなど、ソフトローの採用によって協調を担保している面が見受けられる。

(ⅱ) **インフォーマルなガバナンス**

　レジーム論によるとフォーマルなレジームとは権威などによって決定され施行される成文化された文書や規則を指す。それゆえフォーマルなレジームは明示的な誘因、契約的な文言を要し、原則として国家によって制定されるものである[24]。それに対し、インフォーマルなレジームとは黙示的な認識に基づいたルールであり、明文化された文書や公的な制裁を伴わない、社会規範、慣例、政治的プロセスが含まれる。

　上記の分類を参考に難民ガバナンスを俯瞰してみると、意思決定手続きや

規範の設定方法などの態様によって、フォーマルなものとインフォーマルなものに分けることができる。前者は加盟国の権利義務を定めた1951年難民条約に代表される国際条約のほか、地域が独自に採用した条約やUNHCRなどの国際機構や地域機構のもとでの手続きに則った協調に象徴されるような国家間の意思決定手続きや合意内容の履行に関して明示された規定が存在する場合を指す。他方で国家が従うべきルールや明確な意思決定手続きを定めない、いわばインフォーマルな国家間の協調の形態も存在する。たとえば、「北米、欧州 および豪州における庇護、難民および移民政策に関する政府間協議」(Intergovernmental Consultations on Asylum, Refugee and Migration Policies in Europe, North America and Australia：IGC)などの国家間の外交交渉や政府間対話の枠組みなどがこれに該当する。また第6章で扱うASEAN Wayと呼ばれる独自の意思決定手続きをもつASEANのもとでの難民問題への取組みもまたインフォーマルな手続きをもって難民ガバナンスの一部を構成している。

ⅲ イシューリンケージの利用

イシューリンケージとは、本来交渉の場において個別項目として扱われていた問題領域が国際関係において相互依存が深まる過程で複数の問題領域が相互に関連していると認識され、一連のものとして処理されるようになることであるとハース(Haas, 1980)は指摘する[25]。イシューリンケージによって各アクターは利得を最大化できるほか、利益の分配に関する不確実性を克服するうえでも有効だ。またイシューリンケージは、交渉能力の弱い国家にとって自らの交渉戦術としても有効に機能する点が指摘されている[26]。

第1章で確認したように、難民問題は人権・人道問題としての側面を有する一方で、安全保障や経済といったさまざまな領域に関わる要素を持ち合わせている。しかしながら難民問題の人権・人道的側面に特化して協調に関する交渉を行なった場合、負担分担をめぐる南北格差や出身国や一次庇護国内の人権状況や政治体制などから十分な協調が得られないことが予測される。実際に難民ガバナンスはこれまでしばしば国家間の合意形成に失敗し、有効策を講じられないというガバナンスの膠着状態に陥ってきた。その打開策と

して、難民問題とのリンケージによってもたらされる安全保障上の利益や経済的利益が各国の協調を引き出し、ガバナンスを維持することが期待される。

(3) 国際機構・地域機構とガバナンス
(i) 国家間の協調に対する補助的役割
①国家間の交渉の補助と国家の履行促進

　国際機構・地域機構は加盟国の代表によって構成される合議体を備えている。全加盟国代表によって構成されるもののほか、加盟国から選抜された国家の代表によって構成されるものまでさまざまである。アボットとスナイダル (Abbot & Snidal, 1998) によれば国際機構・地域機構に設置された交渉の場は安定的に機能するほか、定期的に繰り返し開催されることにより評判効果を高める役割を果たしている[27]。それに対して、加盟国はこの合議体を通じて自国の利害関係をガバナンスのもとでの協調行動に反映させることができるほか、国内政策との整合性を図ることが可能となる。難民ガバナンスにおいても定期的な加盟国間の会合に加えて必要に応じて各種会議が開催されており、断続的に発生する新たな難民問題への迅速な対応が可能となっている。

　さらに国際機構・地域機構は通常事務局かそれに類似する組織を併設している。加盟国代表からは独立したスタッフによって組織される事務局は事前調査や情報の収集を通じて、加盟国間の円滑な交渉に寄与する。これらの情報は中立性が担保されており、信頼性の高い情報として、国家間の合意形成を阻害する要因の1つである情報の不確実性の克服に資する。難民ガバナンスにおいても難民の発生状況や出身国や一次庇護国における状況に関する情報が提供され、第三国やドナー国に対して難民への援助や問題解決に必要な措置が何であるかが示されている。

②対立関係の棚上げと行動の正当化

　一般的に国際機構・地域機構は中立性を標榜している。したがって国際機構・地域機構のもとでは、通常では困難と思われる政治的・軍事的に対立する当事者間での交渉が可能となる。例えば難民を発生させる紛争の当事国同

士が直接交渉の場を設けることは困難であるが、国際機構・地域機構によって設けられた会議において両者が交渉のテーブルに着くことが可能となる。その結果、難民の出身国から一次庇護国への移送や一次庇護国から出身国への帰還に関する交渉が行なわれる。

また、国際機構・地域機構は国家間で合意または共有された規範の遂行のために組織される。それゆえ国際機構・地域機構が標榜する規範は正当性を有し、その規範に従った国家の行動は正当なものと判断される。すなわち国家は国際機構・地域機構が示した手続きや計画に則って行動することによって、政策の真の目的に関わらず、自国の行動を正当化することが可能になる。翻せば、国家の単独行動の形態をとった場合に批判されかねない難民政策が難民ガバナンスを介して正当化される場合がしばしば存在し、国家にとってガバナンスへ協調する誘因となると考えられる。

③専門家の養成とルールの精緻化

既に確認した通り、ガバナンスは特定の領域において国家が遵守すべきルールを定め、協調を確保する。それらのルールは加盟国間の合意によって決定されるが、その草案の作成や具体的な運営に関しては専門的な知識が必要となる。その作業には加盟国における閣僚級の会議の前段階として各国の関係当局から派遣された実務者代表のほか、国際機構・地域機構が独自に養成した専門家が従事する。

難民ガバナンスではUNHCRが一次庇護国における具体的な庇護手続きやガイドラインを作成し加盟国に配布しているほか、難民保護や援助、難民問題の恒久的解決のための詳細な計画を立案する役目を担う。さらに難民の定義を定める国際条約の採択に関して、国際機構・地域機構のスタッフが草案を作成している。こうした国際機構・地域機構の行為を介して加盟国は履行すべき具体的な義務内容を確認することができ、協調行動をとることが容易となる。

④履行義務の代行・教育

　しかしながら、ガバナンスにおける合意内容の履行に際し、国家に全責任を負わせることは国家の負担となり、不履行やガバナンスからの離脱を誘発しかねない。それゆえ国際機構・地域機構は合意された履行義務の一部を代行することによって国家の負担を緩和する機能を果たしている。難民ガバナンスにおいても難民に対する緊急援助や中長期的援助の中で国際機構・地域機構が重要な役割を果たすほか、難民問題の恒久的解決に向けた行動においてもその一端を担うことによって国家の負担の緩和を図っている。

　また国内の政治状況・経済情勢によっては、国家が合意内容を履行するうえで十分な能力を有さない場合がある。前節であげた人権規範の未成熟な国家や失敗国家においては難民ガバナンスの合意内容を十分に履行できない状況が散見される。そこで国際機構・地域機構はこれらの国家における難民保護に関する法整備への助言や難民援助事業に関する技術提供を通じてそれらの国家を教育し、履行能力を向上させる役目を担っている。

⑤リンケージの提案と制度設計費用の節約

　イシューリンケージを用いた合意形成の簡便化が図られる際、国際機構・地域機構は顕著なイシューを明らかにしたり、グループ化が可能な問題領域を決定することによって、国家が優先すべき事項の決定を補助する役割を担う[28]。

　たとえば難民ガバナンスにおいても、とりわけ出身国や一次庇護国である途上国からの要請を受け、国際機構は難民問題の解決のための行動の中に開発理念を取り入れている。それに対し、地域機構は元来多数の問題領域を包括的に扱うという性格を有する。したがって、地域機構が既に有している他の領域を扱う手続きやルールを難民問題に転用することによって、問題の解決を図ることが可能となる。こうした方法は、新たに難民問題に特化した手続きやルールの設計のためにかかる費用を節約することにもつながり、国家からの合意が比較的得やすくなる点でガバナンスの維持に資する。

⑥国家間の交渉力格差の是正のための対話機能

　国家間協調の場において、交渉にあたる国家間には軍事力や経済力など様々な能力に差があることは自明のことである。それゆえしばしばガバナンスには大国の利益のみが反映される。そのような状況において、国際機構・地域機構は相対的に力の弱い国家間の連携を補助する役目を担っている[29]。さらに国際機構・地域機構が採用する意思決定手続きにおける一国一票制の採用や委員会における地理的配分が考慮されることによって、途上国グループは国際的な発言力を増すことができ、より協調的な姿勢をとることとなる。

　難民ガバナンスにおいても途上国が大半を占める出身国および一次庇護国と、先進国で占められる第三国やドナー国の間での交渉の機会が十分に設けられない場合に、国際機構・地域機構は対話チャンネルとして機能することによって国家間の交渉を補助している。また地域機構は域外アクターに対し国家の総意を伝達する役目をも担い、途上国の発信力の向上に貢献すると考えられる。

(ii) 国際機構・地域機構による主体的なガバナンス運営
①アジェンダ・規範設定者

　ガバナンスにおける協調は国家の共通利益に基づいている。国家は加盟国代表者の派遣など民主化された意思決定手続きを通して、自国の利益をガバナンスにおいて反映することを試みている。他方で、国家から独立して機能することを求められる国際機構・地域機構には事務局長や代表職が設置されている。彼らは新たに生起した問題に対する交渉の場を設け国家間交渉で扱われるアジェンダの設定者としての役割を果たしているほか、公的な発言や提言を通じて新たな規範を創造し国際的な注意喚起を促している。さらに国際機構・地域機構の役割について、アクターの責任と権限を特定したうえで義務を定め、それに意義や規範的価値を付与することによって国家間の協調を促すと同時に、国際機構・地域機構自体が国家から独立したアクターとして機能し、しばしば国家にとって望ましくない結果をもたらすと指摘される[30]。

難民ガバナンスにおいてはUNHCRの高等弁務官や地域機構の長たる役職者が機構内部のみならず外部に対しても強力なプレゼンスを発揮し、断続的に発生する難民問題に対して機構のマンデートの拡大を図ったり、新たな解決法を国際社会に提案することにより、ガバナンスの目的の達成のために尽力している。

②ガバナンス間の調整役

同一の問題を扱う複数のガバナンスが存在する場合、ガバナンス間の重複の問題が浮上する。ガバナンス間の規範が整合的である場合、国家はより多くの利益をもたらすガバナンスを選択し、対立的である場合、国家は自国の選好に整合するガバナンスを選択する。こうした国家によるガバナンスの選択はフォーラムショッピングと呼ばれ、国家によるガバナンスへの忠誠心を阻害する。難民ガバナンスにおいてもグローバルなガバナンスと地域的なガバナンス間の調整が必要となるが、国際機構・地域機構がその役目を担っており、機構間での協力関係の構築が模索されている。

また問題に対して規範や目的を異にする複数のガバナンスが解決策を講じる場合、各ガバナンス下での行動の調整が必要となる。第1章で指摘した通り難民問題は実に多義的であり、人権・人道ガバナンスと難民ガバナンスの他、安全保障、開発などさまざまなガバナンスとその加盟国および国際機構・地域機構、その他の非国家アクターが行動を共にする。それゆえ多様なアクターの行動を調整し効率化を図る役目が国際機構・地域機構に期待される。

③履行強制者

効果的なガバナンスは国家の履行を監視あるいは強制するメカニズムを併設している。具体的にはガバナンスは制裁などを含む履行義務違反に対するルールを定めたり、国家間で紛争が生じた場合には紛争解決システムを用いて裁定を下すことによって履行を促す役目を担っている。さらにはパワーを有する国家が他の国家に対し履行を強制する役割を担う場合もある。

それに対し制裁のような違反に対するルールを持たない難民ガバナンスにおいては、国際機構・地域機構が報告書の作成や広報などを通じて合意事項に対する国家の履行状況を明らかにし国家の履行を促進する。すなわち国際機構・地域機構の行動は国家の評判に影響し、ガバナンスに対して非協力的な国家に翻意を促す。こうした履行強制はパワーを有する国家の履行違反に対しても有効に機能し、ガバナンスの維持に寄与することとなる。

註

1　ウェント（Wendt, 1999, p. 1）は、協力関係の構造は共有されたアイデアによって決定され、アクターのアイデンティティや選好は共有されたアイデアによって構成されると説明する。さらにスナイダル（Snidal, 2002, p. 86）はアイデアや知識などの規範的な概念がアクターの行動に対しても重要な影響をおよぼすと指摘する。
2　Finnemore and Sikkink, 1998, p. 899.
3　Goodman and Jinks, 2004, pp. 633-634.
4　Suhrke, 1998.
5　Weiner, 1998.
6　Barnett, 2011.
7　Loescher, 2001.
8　キンドルバーガー（Kindleberger, 1973）は覇権国によって提供される安定的な国際金融制度が世界経済の安定をもたらすと論じた。
9　Moravcsik, 2000, p. 221.
10　Krasner, 1993.
11　Goodman and Jinks, 2004.
12　Snyder, 2011.
13　Loescher, 1993, p. 26. こうした事実は現実主義者が主張する「安全保障のジレンマ」、すなわち軍備増強や同盟によって自国の防衛機能を向上させることが敵対する国家における類似の現象を引き起こし、却って自国の安全保障を脅かすという議論と整合性が高い。詳細な議論はHerz, 1950.を参照のこと。
14　Freedom Houseの公式ホームページhttp://www.freedomhouse.org/sites/default/files/Country%20Status%20%26%20Ratings%20Overview%2C%201973-2013.pdfを参照のこと（2014年2月18日閲覧）。
15　黒柳、1995、38－39頁。
16　詳細は本書第5章で検証する。
17　Widgren, 1989.
18　Zartman, ed., 1995; Rotberg, ed., 2003b.
19　Fund for Peaceの公式ホームページhttp://ffp.statesindex.org/を参照のこと（2014年2月18日閲覧）。

20　Keohane, 1984.
21　取引費用とはアクターの合意形成に要する調査、裁判、弁護、運送、通信、会合などにかかる諸経費をいう（鈴木、2000年、188頁）。
22　Suhrke, 1998.
23　Abbott and Snidal, 2000.
24　North, 1990.
25　Haas, 1980.
26　Keohane and Nye, 2001, p. 27.
27　Abbott and Snidal, 1998.
28　Keohane and Nye, 2001.
29　*Ibid.*
30　Barnett and Finnemore, 1999, pp. 700-701.

第 II 部

国際的な難民ガバナンスの形成と発展

第3章　冷戦期の難民ガバナンス
―― 国家主導型ガバナンスとUNHCRの役割 ――

　難民問題をめぐる国家間協調枠組みの形成は戦間期に遡る。大規模な難民問題がヨーロッパの政治的混乱の渦中で生起し、その影響が国際的な拡大を見せ始める中、難民問題をめぐる国家間協調の枠組みはいかにして多国間の枠組みへと変貌を遂げたのであろうか。

　冷戦という激動の時代は、難民ガバナンスが成立期に想定されなかった様々な事態に遭遇し拡大と変容を開始していく時代でもあった。とりわけ同期間中のUNHCRの活動地域の拡大や任務の変容は、大国の利害関係にとどまらない複雑な要因によってもたらされたものである。

　本章は難民ガバナンスが大国間政治に翻弄されながらも、UNHCRという国際機構のもとで新たな難民問題に柔軟に対応しつつ、成長していく過程を明らかにする。

1. 難民ガバナンスの萌芽期における制度基盤の形成

(1) ソフトローの性格を持つ高等弁務官の設置

　難民問題を扱うガバナンスの形成は20世紀に入り難民が急増し、国際的な懸案事項として浮上したことに端を発する。ロシアにおける1917年の革命やその後の飢饉の結果、100万人から200万人にのぼる人々がドイツやフランスなどに流入し、一部は遠く中国やアメリカに達した。さらに1930年代のドイツからの大規模な難民流出もまた、ヨーロッパのみならず、アメリカやカナダ、オーストラリア、メキシコや南米に難民を拡散させた。こうしてヨーロッパの難民問題は世界規模の問題として認識されるようになったの

である。

　そもそも難民に対する協調のための枠組み作りは一次庇護国と第三国間の調整を円滑化する目的で開始された。国際連盟は「ヨーロッパにおけるロシア難民の問題に関わる国際連盟の高等弁務官」(High Commissioner on behalf of the League in connection with the Problems of Russian Refugees in Europe)「ドイツからの(ユダヤ人その他の)難民のための高等弁務官」(High Commissioner for Refugees [Jewish and Other] coming from Germany)をそれぞれ任命し、難民保護と再定住事業に当たらせた。前者に与えられた権限はロシア難民に対する法的地位の確保と第三国における雇用促進や出身国への帰還事業と定められ、国際連盟の資金の使用先もロシア難民に限定された。このような対象範囲の明確化と限定的な権限の付与は、国家主権への配慮の表れである同時に国家の責任の範囲を明らかにすることで第三国やドナー国からの協調を引き出すことに成功した。さらに後者が連盟の公的機関ではなく外部組織として設置され国際連盟からの資金提供を受けなかったことからは[1]、難民の出身国であるドイツ及びドイツとの二国間関係への影響を憂慮する諸国への配慮が窺える。当時強大な軍事力を有していたドイツは、国際連盟から脱退するなど国際社会との対立を深めていたが、同国の強大な軍事力は国際的な脅威となっていた。以上のことから、国際連盟は両高等弁務官の権限を限定することによって広く国家の協調を引き出すことを意図したソフトロー方式を採用したことがわかる。

　それに対し、ロシアのみならず各地で難民問題が深刻化したことを受け、高等弁務官は難民保護と再定住という任務の達成に関連する限りで、自律的にその活動内容や活動対象を拡大させていった。初代高等弁務官であったナンセン(Nansen)は当初活動の対象に含まれていなかった無国籍のロシア難民に対し「ナンセン旅券」(nansen passport)を発行し第三国定住を支援した。さらに援助対象者をブルガリア難民、ギリシャ難民、アルメニア難民へと拡大し[2]、高等弁務官が世界規模に活動するための素地を築いた。こうした権限の拡充は国家間協調を阻害しない限りにおいて政治的中立を標榜する高等弁務官の裁量のもとで漸進的に進められた。

(2) 難民問題を扱う国際機構の創設

ユダヤ難民の流出は国際連盟外部でも問題視され、国際連盟加盟国に影響を及ばさないという前提を維持したまま、他方で国際連盟非加盟国をも取り込んだ一次庇護国と第三国間の直接交渉のための協調枠組みの構築が模索され始めた。ドイツ難民のための高等弁務官は資金不足に陥ったため、ヨーロッパ諸国の間で豊富な資金力を有するアメリカを含めたガバナンス構築への期待が高まった。その結果、それまでヨーロッパの難民問題に対して距離を置いていたアメリカを1938年の「ドイツ系ユダヤ人およびオーストリア系ユダヤ人の再定住に関するエビアン会議」(the Evian Conference)の場に連れ出すことに成功し、一次庇護国であるヨーロッパ諸国のほか、第三国であるアメリカや中南米諸国も参加した同会議の結果、難民問題を扱う初の国際的な組織体である政府間難民委員会(Intergovernmental Committee on Refugees：IGCR)が作られ、ユダヤ難民の再定住のための国家間協調を推進することが確認された。

しかしながらIGCRは設立直後から活動停止に陥った。まず受入国であるイギリスやフランスなどのヨーロッパ諸国が金銭的負担や受入れ数の増加を嫌い、態度を硬化させた[3]。さらにドナー国からの資金的貢献も伸び悩んだ。アメリカもまた難民問題に対して消極的な姿勢を堅持したが、その理由について先行研究はアメリカのIGCR形成の動機が枠組みを作ることそれ自体であったと指摘する[4]。すなわち難民問題が国際化していた状況下においてアメリカは難民問題に無関心でないことを国内外にアピールする必要があると同時に必要以上の負担を望まず、ヨーロッパ諸国との間で緩やかな政府間関係を国際連盟の枠外に作ることが同国の利益に適ったのである。

(3) 大国の政治的動機とのリンケージの画策

第二次世界大戦が勃発するとヨーロッパ各地で戦禍を逃れる大量の避難民が発生し、1943年にアメリカとイギリスの主導で「バミューダ会議」(The Bermuda Conference)が開催され、IGCRの活動の再開と連合国救済復興機関(United Nations Relief and Rehabilitation Administration：UNRRA)の新設につい

て合意された[5]。UNRRAは難民保護・援助活動のほか戦災地の救済と復興を掲げ、連合国の管理下にある地域で活動した。他方で旧ソ連は旧ソ連圏内におけるUNRRAの活動を認めておらず、協調は国家の裁量に委ねられていたことがわかる。戦争が終結しUNRRAの主たる活動が難民の帰還事業に移行すると、5カ月で避難民の総数の4分の3に相当する人々が帰還を果たす一方、旧ソ連や東欧からの避難民は出身国への帰還を拒否した[6]。当時先鋭化しつつあった冷戦という政治的状況を背景に、それらの避難民への対応をめぐる問題は東西陣営間の高度に政治的な問題に変化を遂げ、国際連合内部でも懸案事項となった。さらにアメリカは出身国である東側諸国への復興支援を任務とするUNRRAに対し異を唱え、活動予算の70%を占めていた資金拠出を停止し、UNRRAを機能停止に陥らせた。東側諸国は東欧への経済援助を含む帰還事業に重きを置くUNRRAの存続を希望しており、アメリカによるUNRRAへの資金拠出の停止を東欧への経済援助の否定であるとし、東西対立が表面化した。1947年の国連外部の専門機関である国際難民機関（International Refugee Organization：IRO）の設立にあたって西側諸国はIROのもとで出身国への可能な限りの早期の帰還実現のためのあらゆる手段をとることで両者の合意を図ったが、旧ソ連はIROを西側諸国の政治的道具であるとみなし参加を拒否した[7]。その結果、IROの主たる任務は再定住事業に落ち着き、さらに1948年のチェコスロバキア侵攻により難民が発生すると、援助対象者に共産圏からの難民が加わった。その結果、3年間のIROの援助者数は帰還民が7万3000人に対し、再定住者の数は100万人に達し、その多くがアメリカをはじめとする西側陣営によって受入れられたため[8]、難民問題をめぐり東西対立が先鋭化することとなった。

　以上のように、IROに反共産主義的性格を付与することで、西側諸国は東側諸国をガバナンスから締め出すことに成功した。IROに対するアメリカの負担は活動資金の3分の2にのぼり、第三国としての定住受入れ数も全体の3割以上にものぼったが、アメリカは多大なコストを負担してもなお難民政策を通じた反共体制の構築に利益を見出していたといえる。このような反共産主義と難民問題のイシューリンケージは、後のUNHCRの形成およ

び1951年難民条約の起草にも引き継がれている。さらに一次庇護国であるヨーロッパ諸国における難民の受入れは労働力の供給とヨーロッパの人口過密の解消という経済的利益をもたらした[9]。すなわち、ヨーロッパ諸国は難民ガバナンスの形成に対し冷戦に起因する政治的動機に加え経済的動機をも有しており、さらに複雑に問題をリンケージさせていたことがわかる。

2. 緩やかな協調システムとしての難民ガバナンスの形成

(1) 国家主導型のUNHCRの設立

期限を迎えるIROに代わる新たな機関として、1950年に国連の補助機関であるUNHCRが創設された[10]。難民ガバナンスを西側諸国の政治的道具とみなしていた旧ソ連をはじめとする東側諸国は設立交渉への参加を拒否し、UNHCRは西側諸国の主導の下で組織されることとなった。UNHCRはUNRRAやIROの活動内容を引き継ぎ、第二次世界大戦によって発生したヨーロッパの避難民に対する第三国定住を促進する役割が期待された。UNHCRは高等弁務官をはじめとする専属スタッフを備える常設機関として組織される一方で、高等弁務官は「自由裁量に委ねられる財源の範囲内で、総会の決定により帰国および再定住を含めるその他の活動に従事しなければならない」(UNHCR事務所規程9条) という規定通り、国連総会の承認手続きを介して国連加盟国の管理・統制を受けるよう設計されていた。また高等弁務官の要請に基づき活動を諮問するUNHCR諮問委員会 (the Advisory Committee) は国連経済社会理事会によって選出された国連の非加盟国を含む15カ国で構成されており、そのほとんどが第二次世界大戦後のヨーロッパ避難民問題の当事国で占められていた[11]。すなわちUNHCRにはヨーロッパ諸国の意向を強く反映する手続きが備えられていたといえる。

さらに、UNHCRには財政的な援助活動を行なうことが想定されておらず、年間わずか30万USドルが国連から支給されるに過ぎなかった。また加盟国拠出財源についても、UNHCRには従前の組織とは異なる法的位置づけや手続きが採用されている。そこには西側諸国間の負担分担をめぐる対立

が影響している。一次庇護国であったヨーロッパ諸国、特に東欧からの難民の影響下にあったフランスやベネルクス三国は、強力で多目的な常設機関を希望し、高等弁務官への資金調達など強力な権限の付与を画策した[12]。それに対しヨーロッパの難民問題に関して当事者性を持たないアメリカは関与方針の転換を露わにし、他国のただ乗りを防止し、目的が限定され財政的にも法的にも負担が少なく国家の裁量が発揮しやすい非常設機関を希望した[13]。以上のような見解の相違から協調を破棄するという選択肢を有していたにもかかわらず、双方は交渉による妥結を選択し、UNHCRは国連の補助機関となり、資金的貢献については任意拠出方式が採用された。

両者の妥結の要因は以下の通りである。まずヨーロッパ諸国はアメリカの参加自体に利益を見出し、自らの希望を妥協してでもアメリカの協調の余地を残したガバナンス構築を選択した[14]。対するアメリカはIGCRの設立時と同様に国際機構設立が既定路線である以上、自国の利益に適う機構の設置を望んだ。IRO創設の時点で既に難民ガバナンスは反共化されていたため、UNHCRには自国の負担の最小化と裁量権の保持を望んだ。さらに驚くべきことに、アメリカは1951年難民条約に署名しておらず、国際的な義務や制約に縛られることなく自国の裁量で難民政策を行なわんとする意図が読み取れる。こうしてUNHCRは国家主導型の組織として誕生することとなった。それに対し、UNHCRには任意拠出を求める権限が与えられたが、その要求は国連総会による事前承認を要し、UNHCRに与えられた機能は限定的で、加盟国による監督や制約を受けるものであった。

とはいえ、財源に関しては国連総会による事前承認という条件のもとでの拡大の余地が、高等弁務官の活動に関しては総会の決定という条件のもと財源の範囲内における拡大の余地が残されていたことになり、後のUNHCRの権限拡大の布石ともなった。他方で、国家の強い裁量は資金面において顕著に表れることとなり、とりわけアメリカ連邦議会は東側で活動する国際機関への資金提供禁止法案を可決し、UNHCRへの資金拠出を拒否した[15]。それゆえUNHCRは国連からの運営予算と緊急基金を基に活動することを余儀なくされたが、他方でUNHCRは与えられた権限の中で活路を見出し

ていった。まず資金繰りの問題に関して、UNHCRは民間の援助団体や非政府組織との連携を模索した[16]。このような民間団体との連携はUNHCRに付与された権限の一つであった（UNHCR事務所規程第10条）。さらに1954年にはヨーロッパの難民キャンプに10年以上滞在する避難民の定住促進のため国連難民基金（United Nations Refugee Fund：UNREF）が設置され、同基金に基づきUNHCR初の援助活動が実施された。このようなUNHCRの資金的拡大を監督するため、構成国はUNHCR諮問委員会に変えてUNREF計画執行委員会（UNREF Executive Committee）を設置し、新たに高等弁務官の活動に対し指示を与える権限を付与した[17]。

(2) 反共ツール及びソフトローとしての1951年難民条約

　時期を同じくして採択された1951年難民条約は難民の定義のほか条約加盟国の義務などを規定した。加えて同条約の「1951年1月1日前に生じた事件の結果」、「人種、宗教、国籍もしくは特定の社会的集団の構成員であることまたは政治的意見を理由に迫害を受けるおそれのある」ために「国籍国外にいる者」（1951年難民条約第1条A(2)）という難民の定義は次の3点で東西冷戦構造を反映した。まず「1951年1月1日前」という時間的制約は東欧で起きた政変を暗示している。また「迫害」を難民認定の要件に据えることによって、社会主義体制を逃れてきた者を保護することが正当化された[18]。さらに条約の適応範囲に関して、適用対象をヨーロッパに限定するのか、ヨーロッパ以外の地域をも適応対象とするのかについての選択条項が設けられている（同上第1条B(1)）。本規定は条約の第三の特徴である地理的制約として、条約のヨーロッパ偏重を象徴するものであった。なお、1951年難民条約成立以前の難民は必ずしも国境を超えている必要はなかったが、冷戦構造の中で「国籍国外」要件が登場したとされる[19]。

　本条約もまた上に記した難民の定義からわかるように、地理的要件について締約国の裁量を認めるソフトロー形式が採用されている。そもそも条約の起草過程で将来的な負担の増加を嫌ったヨーロッパ諸国が条約の適用範囲をヨーロッパに限定することを提案した[20]。それに対して、東側諸国からの唯

一の参加国であるユーゴスラビアのほか第二次世界大戦中よりユダヤ難民の第三国定住を受け入れていたメキシコや当時既に印パ戦争（1947—1949）を経験していたパキスタンなどの非ヨーロッパ諸国から反対意見が提出された[21]。その結果、スイスの提案を基に[22]、条約には適用範囲をヨーロッパに限定するのか否かについての選択条項が設けられ、妥結に至ったという経緯がある。

さらに、条約の適用範囲をめぐる駆け引きはパレスチナ難民の処遇との関連で中東諸国間の論争を生んだ。1951年難民条約の起草段階において既にUNRWAが設立されており、パレスチナ難民に対する教育・医療等の援助が行なわれていた。そのような実情を踏まえ、パレスチナ難民の一次庇護国であるレバノンは「パレスチナ難民の帰還の困難さは祖国の不十分さではなく、国連加盟国が行なった決定の結果として生じた問題」であり、国連の重大な課題であり「よりマイナーな問題に格下げされるべきでない」と発言し、起草に参加したエジプトやイラクといったイスラム諸国側も条約の適用をヨーロッパに限定することに賛成した[23]。イスラム諸国の主張はアメリカなどの賛同を得ることとなり、パレスチナ難民は1951年難民条約の対象から外されることとなった（同上第1条D）。

以上のことから、1951年難民条約における難民の定義をめぐっては、東西冷戦対立下にある欧米諸国の思惑だけでなく、その他の非ヨーロッパ諸国によるガバナンスのヨーロッパ偏重に対する抵抗やパレスチナ問題をめぐるイスラム諸国の主張など、加盟国の利害関係の対立はガバナンス成立以前より一層複雑になっていたといえる。

こうして妥結された1951年難民条約に関して、高等弁務官には「国際条約の締結および批准を促進し、その適用を監督し、かつ修正を提案する」任務が与えられているが（UNHCR事務所規程8条(a)）、同条約には国家の不履行に対する罰則規定が存在しない。条約の解釈や適用をめぐって締約国間で紛争が生じた場合は国際司法裁判所への付託が予定されているが、いずれかの紛争当事国の要請によるとされており、締約国にその裁量が委ねられている（1951年難民条約第40条）。また、1951年難民条約には、一部の条項を除いてすべての条項に対し留保を付すことが認められている（同上第42条）。こう

した規定からは本条約が拘束力を持たないソフトローの形式を採用していることがわかる。

3. 国家の属性の変化と難民ガバナンスの変容

(1) 非ヨーロッパ地域への難民発生地域の移行

　形成後まもなく、難民ガバナンスは新たな難民問題に直面することになる。避難民の数が減少しUNREF計画執行委員会の任務の終了を目前にしてハンガリー動乱 (1956) が発生したためである。第二次世界大戦終結後初となる大規模な難民流出は難民ガバナンスにとって大きな試練となった。

　時期を同じくして植民地支配の続くアジア・アフリカでも難民が発生する事態が生じ、難民問題はヨーロッパ固有の問題ではなくなった。これらの地域における難民の多くは植民地独立闘争や独立後の権力闘争、軍事クーデタなどの政治的混乱によって生じた。非ヨーロッパ地域における難民は1960年代半ば以降著しく増加し、1964年にはアジア・アフリカ共に難民の数が100万人を超える事態となった[24]。こうして難民の出身国及び一次庇護国はヨーロッパからアジア・アフリカ諸国へと移行し、難民ガバナンスをめぐる国家の力学は従前のものから大きく変化していくこととなる。

(2) UNHCRの活動の拡大と国家の裁量権の保持

　新たな難民問題の登場はUNHCRの変革を促した。まずハンガリー動乱の翌年の国連総会決議において緊急基金 (emergency fund) の設立が決議され[25]、50万USドルを上限としUNREFからの借款および任意の拠出金によって賄うことが規定された。同時に基金の監督機関として国連または国連専門機関の構成国の中から国連経済社会理事会によって選出された25カ国の代表によって構成される高等弁務官計画執行委員会 (Executive Committee：ExCom) の発足が決議された[26]。従前のUNHCR諮問委員会の構成国がヨーロッパの難民問題の当事国を中心に構成されていたのに対し、ExComの構成国には地理的な配分が考慮され、チュニジアなど非ヨーロッパ地域の難民

問題の当事国が参加することとなった。さらにExComには、高等弁務官の実施する援助活動に対して承認を与える権限と、高等弁務官のあらゆる活動に対し諮問を行なう権限が付与された。こうして設立された緊急基金やExComのもとで、UNHCRは活動を拡大させていく。

またアジアにおける中国難民の問題の深刻化はUNHCRの活動範囲の拡大の契機となり、加盟国は国連総会決議を通じてUNHCRによる香港での難民援助活動を承認した。当該承認手続きは「斡旋」(good offices) と呼ばれ、以後世界各地で生じる難民問題へのUNHCRの活動に対し正当性を付与する仕組みとして機能することとなる[27]。

さらに1959年の国連総会決議は、UNHCRが国連総会の決定なく援助対象者を認定できる権限を付与した[28]。その結果、1960年代半ば以降「難民」の定義に当てはまらない者についても国連総会の中で「UNHCRの関心の対象となる難民」(refugees of concern) として言及されるようになった。たとえば、第27回国連総会決議 (1972年) で国内避難民について、第31回国連総会決議 (1976年) では帰還民について、第45回の国連総会決議 (1980年) では経済移民と難民の区別について触れられている。

(3) 旧宗主国によるUNHCRの非政治性への評価

1950年代のアジア・アフリカにおける難民問題は植民地支配との関係で大国と無関係なものではなかった。1952年に台湾の中華民国政府が香港に逃れた中華人民共和国難民の問題を国連総会で提起すると、香港の本国であるイギリスは中華人民共和国を正式な政府として認めていたことと1951年難民条約の適用範囲を本国に限定していたことから、当該難民はUNHCRの権限下にないと主張した。それに対しUNHCRはイギリスとの交渉の末、香港における難民の調査に着手し、中国難民をUNHCRの権限外の難民ではあるが中華人民共和国政府に保護や再定住の能力がないことから「事実上の難民」(de facto refugees) であると結論付け、問題を国連総会に付託した。その結果、1957年国連総会決議はUNHCRが中国における政治的問題を評価せず中立的な立場で中国難民を援助することを決定し[29]、UNHCRが調

達した資金についても香港の中国難民のために用いられることが認められた。

アフリカにおいても植民地独立闘争が多発し大国が当事者として直接利害関係を有する難民問題が発生した。1954年に始まったフランスに対するアルジェリア独立戦争は隣接するモロッコやチュニジアに大量の難民を流出させたが、ExComのメンバーでもあったフランスはアルジェリアが自国の領土の一部であり当該難民はUNHCRの権限下にないと主張した。それに対し高等弁務官リンツ（Lindt）は非公式に欧米諸国と会談を行ない問題の調整を試みた。イギリスはフランスに同調したが、北アフリカに対する共産主義勢力の伸長を懸念していたアメリカはUNHCRによる介入は米仏関係を損なうことなくアフリカの信用を勝ち取ることができると判断し、UNHCRのイニシアティヴを支持した。またリンツは国連事務総長との非公式会談で得た承認をもとに調査を実施しアルジェリア難民がUNHCRの権限下にあると認定し、フランスとの交渉に臨んだ。1962年にフランスの承認のもと実施されたアフリカ初のUNHCRの活動は赤十字社連盟（League of Red Cross Societies：LRCS）との連携のもとで行なわれた。中立的人道機関を標榜するLRCSとの連携は、西側諸国だけでなくアルジェリアを地政学的に重要視していた旧ソ連をはじめとする東側諸国からの支持をも引き出すことにも貢献した[30]。

以上の事例は難民問題が国家承認や植民地支配など高度に政治的な問題を孕んでいたことを示す。それに対しUNHCR自身が国家間の調整役を果たし問題解決の糸口を探る一方、問題の当事国であるヨーロッパ諸国のほか東西対立の渦中にある両陣営からその非政治性や中立性が評価されたことが、UNHCRへの非ヨーロッパ地域における活動権限の付与につながったといえる。

(4) 第三国によるイシューリンケージと正当化機能の戦略的利用

難民問題の発生地の拡大は、ヨーロッパ諸国の難民問題に対する国家属性を変化させた。すなわちヨーロッパ諸国はヨーロッパの避難民の一次庇護国であると同時に、アジア・アフリカ難民の第三国定住の受入れ先としての側

面も持ち合わせるようになった。その要因には1950年代半ば以降、経済成長を続けるヨーロッパ諸国が深刻な労働力不足に直面しており、解決策として移民政策および難民の受入れ政策を積極的に用いたことが挙げられる。例えばフランスではアルジェリア難民が、ドイツにおいてはポーランドや東ドイツからの難民が労働力として受入れられ、ポルトガルにおいても旧植民地であったアンゴラやモザンビークからの労働力の受入れが実施された[31]。こうした経済的動機に基づく難民の受入れは、難民の出身国や対立する国家の反発を招く危険性を有するが、難民ガバナンスのもとでの難民の受入れは難民の国際的保護という規範のもとで国際的に正当化される。すなわちヨーロッパ諸国は難民ガバナンスを戦略的に利用し経済的利益を得ていたといえる。

　また1970年代には、西欧諸国の第三国としての難民受入れ動機に新たに人権規範が加わった。欧米における人権ガバナンスへの加盟国の拡大を通して人権規範が急速に拡大していた当時、各国は国内外の人権政策に尽力した。中でもアメリカ議会は世界各地の人権侵害状況の聴取を行ない、外交・安全保障政策と人権問題を関連させて議論するようになった。こうした人権に対するアメリカの強い関心は国連人権委員会の創設に結実するとともに、UNHCRとの協力関係のもとで積極的に難民問題の解決に貢献する動機を与えた[32]。例えば1972年にウガンダで発生したアジア系住民の排斥運動により生じた難民の多くは植民地統治との関係でイギリスに逃れたが、アメリカやカナダのほか北欧諸国、さらには南米諸国も受入れの意思を表明し、UNHCRには世界的な協力体制のもとでの調整役の任務が与えられることとなった。

(5) ガバナンスにおける非ヨーロッパ諸国の台頭

　世界各地で難民が発生していたこの時期、UNHCRを評価しその役割に期待していたのは大国ばかりではない。ヨーロッパか非ヨーロッパかを問わず一次庇護国は独立後まもなく、さらには戦後復興途上にあり、十分な難民受入れ能力を持たなかった。また難民の帰還条件が整った場合でも、一次庇

護国と出身国はともに帰還事業を行なう能力に欠けていた。加えて、アジアやアフリカ地域の難民は1951年難民条約に照らして大国による国際的な保護が期待できなかった。そうした状況下で難民問題の当事国は難民問題に対し中立的な立場をとり、豊富な経験や集金能力を有するUNHCRの積極的な介入を望んでいた。

例えば、ハンガリー動乱へのUNHCRの関与は戦後復興途上にあったオーストリア、ユーゴスラビアからの援助要請に端を発する。国連総会決議を根拠に行なわれた関与であったが[33]、1951年難民条約の時間的制約に照らして条約の管轄下にあるのか否かが問題視された。当時の高等弁務官の要請で法的根拠の提示を求められた高等弁務官法律顧問のワイス (Weis) は、ハンガリー動乱が1947年以降の共産党支配の余波、すなわち「1951年1月1日」以前の事件の結果として生じた事件であるとし1951年難民条約の管轄下にあることを示したほか、時間的制約のないUNHCR事務所規程6条Bに基づきハンガリー難民がUNHCRの権限下にあることを明言した。さらにワイスは当該問題となる難民がガバナンスの対象になるかどうかについて疑義が生じた場合に高等弁務官はUNHCR諮問委員会に助言を求めるか国連総会に付託できる旨を改めて確認した[34]。

またUNHCRの活動拡大の契機となったアルジェリア難民への関与の契機は一次庇護国となったチュニジアの要請によるものであった。アルジェリアのみならず、アフリカにおける植民地独立闘争に伴う難民流出はポルトガル統治下のアンゴラやモザンビークのほか、白人支配下の南アフリカやローデシア (現ジンバブエ) など1960年代を通してアフリカ全土で断続的に生じた。加えて、独立を果たした国家においても激しい内戦が繰り広げられ、多数の難民を流出させた。これらのアフリカ難民の一次庇護国のほとんどが独立後間もなく、1万人を超える大規模な難民の受入れに必要な物資や技術、資金、能力を持たず、UNHCRの援助に大きな期待が寄せられた。さらに1970年代以降はアジアでも難民問題が深刻化し始めた。1971年にパキスタンからの分離独立を求める東パキスタンにおける軍事制圧の結果、1か月間で100万人を超える難民がインドに流入する事態に対し、インド政府の要請を受け

た国連事務総長の依頼により、UNHCRは関与を開始した[35]。

　さらに、一般的に出身国は帰還事業に際し難民の移送費や受入れに伴う多大な経済的負担に耐えうる十分な経済力やインフラを持たず、UNHCRによる国際的援助を期待した。例えば1971年にパキスタンから独立したバングラデシュへの難民の帰還事業に対して、高等弁務官の呼びかけのもと1420万USドルの寄付が集まった。そのうち630万USドルが帰還民救援事業および復興資金としてバングラデシュに譲渡され、さらにはUNHCRによりバングラデシュ国内における様々な救援活動が行なわれた[36]。

　加えてUNHCRは出身国とも良好な関係を保っていた。ウガンダのように難民発生の原因が政府自体にある場合においても、出身国政府を非難することなく中立的な第三者としての立場を貫いていた。このようなUNHCRの対応には当時ウガンダがザイールやルワンダなどの周辺国から18万人にのぼる難民を受入れており、一次庇護国と出身国が双方を兼ね備えていたことが影響している。実際にウガンダは政治的中立性を堅持するUNHCRの活動を黙認し、アジア系住民によってウガンダに残された資産に対する賠償手続きにおいて、UNHCRが無国籍者のために交渉手続きに当たることを認めた[37]。このようなUNHCRによる出身国との良好な関係の構築はガバナンスの維持に大きく寄与したといえる。

　一方、難民問題の中心地がアジア・アフリカ地域へと移行する中で、難民ガバナンスのヨーロッパ偏重に対する批判が起こり始めた。ハンガリー動乱では1951年難民条約はUNHCRの活動を制約せずあらゆる難民問題に対処可能であることを確認されたが、アジア・アフリカ地域の難民が増加するに伴い、UNHCRの援助対象者の過半数が1951年難民条約下での国際的保護を受けることができないというガバナンスの歪みが顕在化していった。条約改正派の台頭に対し西側諸国は難民の定義が大幅に変更されることを恐れ、既存の1951年難民条約を基礎とし部分的に修正を加えた議定書案を提出し[38]、1967年難民議定書が承認された。同議定書では時間的・地理的制約が撤廃されており（1967年難民議定書第1条2項・3項）、1951年難民条約が普遍化したようにみえるが、紛争を逃れてきた第三世界の難民は迫害要件を

満たさず依然としてヨーロッパ中心主義の要素を残していた。

　それに対しアフリカでは地域的難民条約の採択に向けた取り組みが進められ、1969年にOAU難民条約が採択された。1963年の時点ですでにアフリカ独自の難民条約の必要性が認識されており、アフリカ独自の動きは上記議定書の採択に向けた国連難民高等弁務官の関心を引き付けた[39]。OAUは地域的な取り組みの過程でUNHCRを起草に招くことで地域条約が国際的な条約の普遍的性格を脅かしかねないという懸念を払拭し、OAU難民条約が1951年難民条約の補足的規定であることを確認した[40]。さらに同条約は1951年難民条約の迫害要件を踏襲しながら、他方で外的侵略や暴力、内戦によって母国を追われた者については迫害要件の有無にかかわらず、庇護を受けることが可能にした[41]。同条約はアフリカにおけるUNHCRの法的活動の根拠となり、UNHCRの活動に正当性を付与した。

(6) 他の国際組織との調整役としてのUNHCR

　前項までに述べてきたUNHCRの活動の拡大は他の国際機関との連携をもたらした。ヨーロッパ難民の第三国定住事業はIOMとの協力のもとで実施され、ハンガリー動乱では赤十字国際委員会およびLRCSとの初の連携が試みられた。また1960年代にアフリカで実施された「地域開発プログラム」は国際労働機関（International Labour Organization：ILO）との協力のもとで実施され、のちに国連開発計画（United Nations Development Programme：UNDP）へと移管された[42]。

　その後1971年に生じたインドへのパキスタン難民の大規模流入により、UNHCRと他の国際機関や民間団体との連携は転換期を迎える。インドから国際援助の要請を受けた国連事務総長ウ・タント（U. Tant）はUNHCRを国連による全援助の調整のための「中心機関」と位置づけ、UNHCRは国連機関及びNGOやインド政府間の調整役となったほか[43]、資金の確保、援助物資の調達と輸送に関するアクター間の調整などが期待された。同制度はのちに国連事務総長が特定の人道援助機関に対し主導的地位を与え活動の調整を行なわせる「主導機関」（lead agency）の仕組みの元となった。

4. 冷戦中後期の難民問題の政治化と人道化

(1) 冷戦の影響による非ヨーロッパ地域での大規模な難民の発生

キューバ危機以降、米ソの歩み寄りの背後で、アジア・アフリカ・中南米地域における代理戦争は継続されていた。とりわけ、大規模な避難民・難民問題を引き起こしたベトナム戦争とそれに続く1975年以降のインドシナ半島の混乱は国際社会の大きな注目を集めた。1976年のベトナム社会主義共和国の成立以降、周辺地域に庇護を求めて脱出を図る難民の数が次第に増加し、1978年末の時点で東南アジア諸国に滞在する「ボートピープル」と呼ばれるベトナム難民の数は6万人を超えていた。海路からの避難者に陸路からの避難者を含めたインドシナ難民全体の数は1975年から1979年の5年間で70万人を上回るほどであった。またアフリカではアフリカの角地域をはじめ、各地で米ソそれぞれの支援を受けた武装勢力が内戦を繰り広げており、周辺国に多くの難民を流出させていた。アフリカにおける難民の数は1970年代後半には200万人を突破し、1980年代を通じておよそ300万人から480万人の間で推移している。

さらに新冷戦の契機となった1979年の旧ソ連によるアフガニスタン侵攻は、隣接するパキスタンやイランに大規模な難民の流入をもたらした。数週間のうちに難民の数は両国を合わせて60万人にのぼり、1990年には600万人に達した[44]。

(2) インドシナ難民と国際的な負担分担の模索

インドシナ難民の流出が始まった1975年の時点で東南アジア地域には1951年難民条約ないし1967年難民議定書の締約国はなく、難民に対して一時的な避難のみを許可するなど東南アジア諸国は頑なな姿勢を取っていた[45]。1979年半ばまでに東南アジア諸国に庇護を求めたもののうちおよそ20万人が第三国定住を果たしたが、依然として35万人が同地域に残っており、ASEAN加盟国はこれ以上の難民の受入れを行なわないことを表明するに至った[46]。

事態を憂慮した国連事務総長の呼びかけで同年「東南アジアにおける難民と避難民に関する国際会議」(the Coordination Council for Indo-Chinese Refugees and Displaced Persons、以下、第1回インドシナ難民会議と表記)が招集され、65カ国が参加した。会議の結果、第三国定住が保証される限りでASEAN加盟国は再び難民に対し一時的に庇護を与えることを承認した。その後3年間で第三国定住の受入れは62万人を超え、UNHCRに対する新規拠出誓約はそれ以前の4年間の総額の2倍以上にあたる1億6000万USドルに達した[47]。またUNHCRが出身国であるベトナムとの間で締結した「合法出国計画(the Orderly Departure Programme：ODP)に関する了解覚書」はベトナムに対し不法出国を予防する措置を講じることを求め、流出する難民の減少を図った。またUNHCRはベトナムからの合法的な出国を実現するため第三国による査証の発行を求めるなど、出身国と受入国との調整にあたった。例えばカナダでは1994年まで19万5000人のインドシナ難民の定住を受入れたが、そのうちのODPのもとで定住を実現させたものは5万9000人にのぼった[48]。

ところが、次第に西側諸国はインドシナ難民の受入れに消極的になり、第三国定住者の数が一次庇護国に居住する難民数を下回るようになった。他方で減少傾向にあったインドシナ難民の数は、1987年半ばを境に再び上昇の兆しを見せ、東南アジア諸国は再び受入れを拒否するなど強硬な態度を示した。その結果、1979年に合意された国際的協調システムが破綻をきたしたため、1989年に第2回インドシナ難民会議が開催され、ベトナムやラオスなどの出身国を含む世界各地から70カ国が参加した。会議で採択された「包括的行動計画」(Comprehensive Plan of Action：CPA)は出身国からの不法出国防止措置、ボートピープルに対する難民認定のためのスクリーニング作業の実施、1991年9月以降の新規到着者に対する帰還援助の打ち切りを明文化し、難民の流出そのものを一層抑制する試みであった。他方で、1989年以前に東南アジア諸国に流入した難民に対しては第三国定住の道が開かれるなど、一次庇護国と第三国の間で負担の分担についての合意がなされた。

　CPAが規定したスクリーニング作業は、難民資格の無い者に対する受入れ拒否の正当性を一次庇護国に与えたほか、第三国にとっても難民の数を抑

制する点でメリットがあった。CPAの発効以降、1996年6月の終了までに、7万4000人以上のベトナム難民と、5万1000人以上のラオス難民が第三国定住を果たした[49]。同時に、新規に発生するインドシナ難民の数も年々減少するなど難民の流出抑制にも成功し、一次庇護国である東南アジア諸国と第三国である欧米諸国の双方の負担の軽減に貢献した。

(3) 大国間政治に晒されたアフガニスタン難民

旧ソ連のアフガニスタン侵攻によって、共に300万人以上のアフガニスタン難民の一次庇護国となったパキスタンとイランに対する国際社会からの援助体制は、大国間政治に晒された結果、大きく異なる状況におかれた。イランはイラン革命（1979）によるイスラム政権誕生以降、欧米諸国との間での緊張関係に陥っていたため、難民の発生当初、国際的な援助を要請しなかった。ところが1980年にイラン・イラク戦争が始まると、アフガニスタン難民に加えイラク難民の流入を受けるようになり、イランはUNHCRへの援助要請に梶を切り、1980年代初頭からUNHCRの関与が始まった[50]。

ところがドナー国である欧米諸国と緊張関係にあったイランに対する国際的援助の獲得は困難を極め、1979年から1997年の間にパキスタンの難民に用いられた費用が10億USドルだったのに対し、イランの難民に対して用いられた費用は1億5000万USドルにとどまり、両国に供される援助の間には大きな隔たりがあった。両国を含む難民受入れ地域でUNHCRが世界銀行やUNDP、国際農業開発基金（International Fund for Agricultural Development：IFAD）と共同で実施したプロジェクトに関しても、ドナー国による両国への拠出金額には大きな差が生じた[51]。以上のことから、UNHCRの関与の存在は、大国の利害関係の影響下におかれたイランに対する最低限の援助を可能にするセイフティネットの役割を果たしたといえる。

(4) 一次庇護国によるリンケージの試み

旧宗主国とのつながりのもとでヨーロッパなどの第三国に避難した一部の難民を除き国際的な保護の対象外とされたアフリカ難民は、アフリカ大陸内

の一次庇護国の周縁地域に設けられた難民保護区に居住していた。これらの難民に庇護国の社会的・経済的・環境的負担の増大が懸念され、1960年代より難民の自立を促す「地区開発アプローチ」(Zonal Development Approach) に関心が集まり、1967年の「アフリカ難民問題会議」(Conference on the legal, economic and social aspects of African refugee problems) で概念化された。ところが難民問題と開発をリンケージさせた同アプローチは国際的な賛同を得られず衰退した。1970年代を通してアフリカ難民の数は増加の一途を辿り、難民保護区に暮らす難民は自立するどころかドナー国の援助に依存し続けた。これに対し途上国の難民に対する終わりのない援助に辟易したドナー国は資金的貢献に疑念を抱くようになった[52]。その結果、1980年代にアフリカの難民は増加を続けたのに対し、1980年から1989年にかけてUNHCRによる難民一人あたりの予算額は50％以上減少したのである[53]。

　負担の増加に困窮したアフリカ諸国の要請を受け[54]、UNHCRは1981年に「第1回アフリカ難民援助国際会議」(the First International Conference on Assistance to Refugees in Africa：ICARA Ⅰ) を、1984年には「第2回アフリカ難民援助国際会議」(the Second International Conference on Assistance to Refugees in Africa：ICARA Ⅱ) を主催した。しかしながら会議で合意された開発プロジェクトの多くが資金負担をめぐるドナー国と一次庇護国との対立により頓挫し[55]、アフリカ諸国によるUNHCRを用いた国際的な負担分担の試みは失敗に終わった。

　他方で、アジア・アフリカにおける紛争が冷戦の代理戦争と化していた当時、一次庇護国によっても難民が政治的に利用されるケースが登場した。例えば親米政権のもとで同国内の難民に対し手厚い国際援助を受けていたパキスタンは自国内のアフガニスタン難民を通じて反共勢力「ムジャヒディン」(Mujahedin) を支援していた[56]。これに対し旧ソ連軍やアフガニスタン軍はパキスタン内の難民居住村を攻撃するなど一次庇護国であるパキスタンにまで紛争が飛び火し、さらに民間人と兵士が混在する難民居住村内での暴力行為が発生するなど、難民居住村自体の治安維持の問題も浮上した[57]。またアフリカにおける紛争の多発は二国間の間で出身国と一次庇護国が交錯する事態

を招き、それぞれの国に避難した難民が母国に対する反体制派となり戦闘行為を行う事態を生んだ。例えば1977年の政変で親ソ路線へと転換したエチオピアでは政府の攻撃を受けた反政府系エリトリア住民がアメリカの多大な援助を受けるスーダンやソマリアに流入し、両国を拠点に反体制運動を展開した。それに対しエチオピアはスーダン南部から逃れてきた「スーダン人民解放軍」の活動拠点となり、諸国の政治的駆け引きに難民が用いられる形となった[58]。

さらに難民ガバナンスを自国の経済的利益のために利用する一次庇護国も存在した。スーダンと同じくエリトリア系住民の受入れ先となったソマリアはUNHCRやその他の国際機関、民間団体の推計した難民の数を大幅に水増しして公表し、多額の国際援助の獲得に成功した。その援助総額は1980年代半ばの時点で同国のGDPの4分の1にも相当したという[59]。

(5) 西欧諸国による難民の締め出しと東欧諸国の歩み寄り

アジア・アフリカ地域の難民問題に対し第三国やドナー国として関与の在り方を自国の動機や裁量に基づいて決定してきた西側諸国においても、1970年代に入り交通手段や通信手段の発達を受け、非ヨーロッパ地域から難民が庇護を求めて直接避難してくるようになった。その数は1980年代を通じて増加し、例えばヨーロッパでは1983年当時、7万人以下だった庇護申請者数が1989年には20万人を上回る事態となった[60]。それに対し1973年のオイルショックによる景気の低迷を受け、ヨーロッパ諸国は移民に対する出入国管理の強化を進めていたが、同時に難民についても安価な労働力の確保という大国の難民の受入れ動機が消失し、難民の受入れ政策に大きな影響を及ぼした。加えて、ヨーロッパへの入国を希望する移民の中には難民庇護制度を利用しようとする者もおり、その存在はヨーロッパにおける国境管理を一層強固なものとした[61]。

そのような状況下でヨーロッパに避難してきた非ヨーロッパ難民は、迫害要件を満たさないことを理由に難民申請を棄却される一方、「事実上の難民」としてヨーロッパにとどまることを許可された[62]。しかしながらその地位は

人道的な配慮から特別に与えられるものであり、行政裁量によって取り消されるおそれのあるものでもあった[63]。以上のようなヨーロッパにおける難民政策からは西側諸国が国際的批判を交わしつつ、難民を同地域から締め出そうとする意図が伺える。

　他方で、それまでUNHCRへの参加を拒んでいた共産主義諸国に対し難民ガバナンスの門戸が開かれるなど、UNHCRと東側諸国の関係性にも変化が見られた。まず1980年にUNHCRは中華人民共和国をExComの構成国として迎え入れた[64]。また旧ソ連、ニカラグア、エチオピアを含む共産主義諸国からもExComの会議に参加する国が現れ[65]、東側諸国側からもUNHCRの活動に対し協調的な姿勢が取られ始めた。さらに旧ソ連における1980年代後半の改革開放路線への政策転換はカンボジアやアフガニスタンに対する同国の政策にも影響した。それらの国々における紛争の解決は大規模な難民の帰還を伴うものであったため旧ソ連は難民問題の当事国として困難な立場に置かれると同時に、旧ソ連邦内でもナゴルノ・カラバフ紛争などの内戦により多くの国内避難民が発生しており、UNHCRによる援助を求めていた[66]。

　このような共産主義諸国の難民ガバナンスへの態度の軟化には、UNHCRの新たな難民問題への対応を通してガバナンスが反共産主義的性格を希薄化させたこと、人道援助を活動における中立性が担保されていたことが貢献したと考えられる。

(6) 国家主導による協調の行きづまりとUNHCRの台頭

　1970年代半ば以降の冷戦対立の緊迫化により、第三国やドナー国である西側諸国だけでなく、難民の一次庇護国であるアジア・アフリカ諸国にとっても、難民問題は国家間の利害関係を反映する高度に政治的問題へと発展を遂げた。また難民の増加は関係国による協調の消極化を招いた。このような状況において、ソフトローの形態をとる1951年難民条約に基づいた保護の供与は困難さを極め、UNHCRの活動は次第に人道的配慮に基づく緊急的な物質援助へとシフトしていくことを余儀なくされた。その結果、1980

年代半ばよりUNHCRによる援助活動が保護活動を上回るようになった[67]。

　他方で、各国の難民政策を批判するなど、大国と一定の距離をおいた点でUNHCRの独立性の向上が見られたのもこの時期である。例えば1983年にUNHCRヨーロッパ事務所代表が西ドイツにおける庇護申請者への処遇に関する調査報告をメディアに公表し、国際的な世論を喚起するなど[68]、UNHCRによるヨーロッパ諸国の難民庇護政策のモニタリングや批判文書の公開を通じて、両者の関係は悪化していくこととなった。また1980年のエルサルバドルにおける大規模な難民の発生に際し、アメリカが非公式ながら難民が暴動や経済的動機に基づくものとして受入れを拒否する姿勢を示したが、1990年までに5万人の犠牲者を出し、UNHCRはアメリカの対応を公然と批判した[69]。しかしながら、アメリカの政策を転換させることは叶わず、UNHCRには各国の難民政策を変化させるほどの強い影響力はなく、国家は依然として裁量権を保持していたといえる。

　また、UNHCRは一次庇護国であるアフリカ諸国の要請のもとで、難民政策パラダイムの牽引者としての役割を持ちはじめた。1980年代中ごろには「難民援助と開発」（Refugee Aid and Development）という概念が登場し、ICARA II及び、UNHCRが採択した「開発途上国での行動原則」（the Principles for Action in Developing Countries）で言及された。さらにUNHCRが1983年に開催した「難民援助と開発の専門家会議」（the Meeting of Experts on Refugee Aid and Development）は帰還民に対する開発援助に関する指針を示し、援助対象には帰還先の住民も含まれること、難民の帰還促進のために復興（Rehabilitation）と再建（Reconstruction）が必要であること、再統合（Reintegration）の成功にはUNHCRの権限を越えた長期的な開発援助が必要であることが提言された[70]。他方で、国連においても難民の根本的な要因についての議論が開始され、人権侵害と難民問題を関連付けて議論された。とりわけ国連特別政治委員会（Special Political Committee）における議論は、国際的な人権の侵害と世界規模の不平等構造が政治的暴力とそれに伴う難民発生の要因であると指摘し、のちのUNHCRにおける活動方針に大きな影響を与えた[71]。

　上記のようなUNHCRの活動の拡大は、UNHCRに対し国家から認めら

れた権限に基づいて生じている。高等弁務官には、任務内容に対する自由裁量が認められている(UNHCR事務所規定9条)。他方で1951年難民条約は加盟国に対してUNHCRへの協力義務を定めている(難民条約第35条)。すなわち、UNHCRに付与された権限のもとでの加盟国の難民受入れ状況について公にするなどの行動が、パワー配分や規範の変化によってもたらされたガバナンスの危機を回避し、国家間協調の維持に貢献したといえるだろう。

5．小括

　ガバナンス形成過程に大きな影響を与えた大国間のパワー闘争は、ガバナンス成立直後から次第に希薄化していった。他方で、ガバナンス形成時に想定されなかった新たな難民問題に対し、加盟国はUNHCRに対し活動権限を付与することによって対応してきた。なぜなら、大国は当事者性を有する植民地独立に伴う問題以外の難民問題に対しては資金的貢献手続きや1951年難民条約により自国の関与の在り方を決定する裁量権を保持し、自国の利益を達成することが可能であったからである。とりわけ国家は自国の利益追求の目的のための行動をガバナンスが標榜する難民保護規範によって正当化する便益を受けており、難民ガバナンスを恣意的に利用していた側面が見受けられる。同時に、新たに発生する難民問題に対しての裁量権をUNHCRに付与することで自国の負担や責任を回避する狙いもあった。

　それに対し1960年代以降新たに難民の一次庇護国となったアジア・アフリカ諸国は、難民問題に伴う負担の増加を受け、難民ガバナンスに積極的に協調する動機を有していた。このような途上国からの要求に対しUNHCRは与えられた権限の範囲内での活動の拡大を模索し、それに対し欧米諸国はUNHCRの拡大に承認を与えつつ、一定の監督下においた。しかしながら1970年代後半以降のアジア・アフリカ地域の難民の急増に対する一次庇護国および第三国による受入れ拒否やドナー国の資金的貢献の低迷などによって難民ガバナンスが存続の危機に直面すると、UNHCRは与えられた権限を最大限に活用し活動を拡大させていく。

すなわちパワー配分や規範の変化を伴う国際環境の変動に伴って難民問題に対する各国の協調動機がさまざまに変化する中で、UNHCRはその独立性と自律性によって、出身国や一次庇護国、第三国やドナー国など、異なる動機をもち、難民問題に対する利害関係を常に変化させる国家間の協調関係の維持に貢献したといえる。

註

1　Loescher, 2001, p. 31.
2　*Ibid.*, p. 25.
3　*Ibid.*, p. 33.
4　柄谷、2004、58頁。
5　Loescher, 2001, pp. 50-55.
6　*Ibid.*, p. 37.
7　*Ibid.*, p. 39.
8　国連難民高等弁務官事務所、2001、16頁。
9　同上書、17頁。
10　UN General Assembly, A/RES/319, *Refugees and stateless persons,* 3 December 1949; A/RES/428（V）, *Statute of the Office of the United Nations High Commissioner for Refugees,* 14 December 1950.
11　当時の構成国はオーストラリア、オーストリア、ベルギー、ブラジル、デンマーク、ドイツ、フランス、バチカン市国、イスラエル、イタリア、スイス、トルコ、イギリス、アメリカ、ベネズエラの15カ国であった。
12　イギリスは地政学的な要件から、東欧諸国難民の一次庇護国ではなかったため、アメリカに同調したと考えられる。
13　Loescher, 2001, p44.
14　Grieco, 1993.
15　国連難民高等弁務官事務所、2001、21頁。
16　同上書、22頁。
17　UNHCR, *Background on the Executive Committee,* 1 July 2001.
18　Hathaway, 1990.
19　Lee, 1996.
20　阿部、1995、91頁。
21　UN, E/ AC. 7/SR. 160, 18 August 1950; E/ AC. 7/SR. 166, 22 August 1950.
22　UN, A/CONF. 2/SR. 20, 13 July 1951.
23　UN, A/CONF. 2/SR.19, *Conference of Plenipotentiaries on the Status of Refugees and Stateless Persons: Summary Record of the Nineteenth Meeting,* 26 November, 1951.
24　国連難民高等弁務官事務所、2001、310頁。

25　UN, A/Res/1166 (XII), 26 November 1957.
26　2003年の時点でその数は64カ国にまで増加している。
27　UN, A/Res/1167 (XII), 26 November 1957.
28　UN, A/Res/1388 (XIV); 1388 (XIV), 20 November 1959.
29　UN, A/Res/1167 (XII), 26 November 1957.
30　Loescher, 2001, pp. 97-101.
31　アフリカからの労働力の移動についてはWeiner, 1985; Carrington and Delima, 1996.に詳しい
32　Loescher, 2001, p. 165.
33　UN, A/Res/1006, 9 November 1956.
34　国連難民高等弁務官事務所、2001、30－31頁。
35　同上書、62頁。
36　同上書、70－71頁。
37　Loescher, 2001, pp. 165-168.
38　阿部、1995、96頁。
39　Loescher, 1993, p. 80.
40　国連難民高等弁務官事務所、2001、56頁。
41　詳細は第5章参照のこと。
42　UNHCR, *Statement by Prince Sadruddin Aga Khan, United Nations High Commissioner for Refugees, to the Global Meeting of Resident Representatives at Turin,* 1 April 1966.
43　Loescher, 2001, pp. 155-160.
44　UNHCR, 1997.
45　シンガポールは90日以内に第三国定住する見込みのない難民の上陸を拒否し、マレーシアとタイでは難民の乗った船そのものの海域に押し戻すという手段を頻繁に取っていた。(国連難民高等弁務官事務所、2001、83頁。)
46　当時のASEAN加盟国は、インドネシア、マレーシア、フィリピン、シンガポール、タイの5カ国であった。
47　国連難民高等弁務官事務所、2001、84頁。
48　UNHCR, 1995.
49　UNHCR, EC/46/SC/CRP.44, 19 August 1996.
50　UNHCR, *Country Operation Plan-Iran 2002,* 1 December. 2001.
51　国連難民高等弁務官事務所、2001、116－120頁。
52　Crisp, 2001.
53　Hammerstad, 2000.より算出。
54　Loecher, 2001, p. 227.
55　Gorman, 1993.
56　Wallensteen, 1993.
57　Loescher, 2001, p. 217.
58　国連難民高等弁務官事務所、2001、114－115頁。

59 同上書、106 − 110 頁。
60 同上書、156 頁。
61 庇護申請者に対するビザ（査証）要求や、ビザを持たない旅客を輸送した旅客輸送会社への制裁が実施された。詳細は本書第5章を参照のこと。
62 Cels, 1989.
63 阿部、1995、97 頁。
64 Loescher, 2001, p. 201.
65 UN, A/42/12/Add.1, 22 January 1988.
66 国連難民高等弁務官事務所、2001、186 − 188 頁。
67 Loescher, 2001, p. 363.
68 *Ibid.,* p. 237.
69 *Ibid.,* p. 231.
70 UNHCR Central Evaluation Section, *Returnee Aid and Development,* 1 May 1994.
71 Loescher, 2001, pp. 228-229.

第4章　ポスト冷戦期の難民ガバナンス
——UNHCR主導によるガバナンスの拡充——

　冷戦の終結により難民問題及び難民ガバナンスは新たな局面を迎えた。難民問題を取り巻く国際政治環境は大きく変化し、国家の利害関係にも変化をもたらした。難民ガバナンスが直面する難民問題の多くが内戦により発生したものであり、国家間紛争下で生じた難民問題とは異なる対応がガバナンスに求められるようになった。

　冷戦前後の難民ガバナンス大きな変化の一つに冷戦期の大国主導によるガバナンスからUNHCR主導のガバナンスへと転換したことが挙げられる。もう一つの大きな変化は難民問題を扱うガバナンスが多様化し、重層的な水平型難民ガバナンスを構成するようになった点である。

　本章は冷戦終結以降、UNHCRによる難民救済機能の拡充とガバナンスの拡大が国家主権との関係でいかにして進められたのかについて明らかにする。また様々に異なる動機を有する国家間の協調が難民ガバナンスのもとでどのように確保されたのかについて、国家の協調動機とUNHCRの機能との相互関係に着目し、分析を行なう。

1．新たな難民問題の登場による難民ガバナンスの変革

(1) 新たな難民問題の登場

(i) 難民の大規模な帰還の実現

　東西冷戦の終結に伴って世界各地で生じていた冷戦の代理戦争は収束に向かった。その結果、アフガニスタンやカンボジア、エルサルバドル、ナミビアやモザンビークなど世界各地で難民の帰還が始まった。1985年から

1990年にかけての世界全体での帰還者数がおよそ120万人であったのに対し、1990年から1995年にかけてその数はおよそ900万人に急増した。

　難民の帰還の形態は組織的帰還（organized repatriation）と自発的帰還（voluntary repatriation）に分けられる。前者はUNHCRのもとで組織化され、国際的な援助の対象となる帰還事業を指す[1]。それに対し、後者はUNHCRなどの国際的な援助を受けず難民自らが組織・計画したものを指す。冷戦終結以前も植民地独立闘争の終結や出身国における政情の安定化などによって難民が自国に帰還することはあったものの、UNHCRなど難民ガバナンスのもとでの組織的な帰還には結びつかなかった。したがって冷戦終結によって未曽有の規模での難民の帰還の波が到来したことは、難民ガバナンスのもとでの組織的な帰還事業の契機となり、カンボジアやナミビアへの難民の帰還事業はその端緒となった。

(ii) 内戦の増加と難民の発生

　冷戦の終結により、難民の発生要因はそれぞれの地域固有の要因に由来する紛争へと変化し、その紛争の多くは激しい内戦の様相を呈していた。冷戦終結以降の内戦の複雑化や長期化は一次庇護国への難民の大規模流入（mass influx）をもたらし、国際社会は新たな対応を迫られた。まずヨーロッパにおいては旧ソ連が解体し東ヨーロッパ諸国がそれぞれ独立したことで生まれた新たな国境線によって、旧ソ連邦下で移住を強いられた人々は本来の国籍国とは異なる国家の領域内に取り残され、難民や庇護申請者となった[2]。さらにアルメニアとアゼルバイジャンの間で生じたナゴルノ・カラバフ戦争をはじめ、民族間の対立や領土の帰属、分離独立をめぐって東ヨーロッパ各地で内戦が勃発し、多くの難民や避難民を発生させた。

　また、冷戦終結はバルカン半島にも大きな混乱をもたらした。旧ユーゴスラビア連邦では1980年代以降崩壊に向けた動きが加速し、1991年のスロベニアとクロアチアによる独立宣言を契機に一気に解体へと進んだ。その結果、クロアチア・スロヴェニア紛争や、コソボ自治州における分離独立闘争など、民族や宗教をめぐる激しい戦闘が繰り広げられ、大量の難民がヨーロッパ諸

国へ押し寄せた。

　他方で、各地における難民の帰還事業の結果、アジアにおいては1990年代以降、アフリカにおいては1995年以降、難民の全体の数が減少傾向を示す一方で、アジア・アフリカ地域は新たな問題に直面するようになった。アフリカでは国家機能の崩壊や経済状態の悪化、小型武器の蔓延、民族対立の越境などの地域的要因に加え、大国による関与の消極化がもたらす治安維持能力の低下などの国際的要因などが複合的に作用し各地で内戦が急増したことに伴い、難民の数は再び増加し、一時はアジアにおける難民を超える事態となった[3]。またアジアにおいてもミャンマーの軍事政権による少数者の弾圧や東ティモールにおける少数民族による独立闘争など、難民の発生を伴う政治的混乱が続いている。

　さらに、アジア・アフリカ地域における内戦の増加は、国内避難民を抱える国家の増大を招いた。1985年まで国内避難民を抱える国は15カ国に満たなかったのに対し、冷戦終結に向けた国際環境の変動と共に生じた各地の混乱により、その数は1986年に20カ国に達して以降も増加を続けており[4]、国際的な関心を惹起するところとなった。

(2) UNHCRの機能拡充

　1990年代以降の大国による難民ガバナンスへの協調姿勢の変化は、UNHCRに対しガバナンスの見直しを迫った。そして、その変化の中心的役割を果たしたのは高等弁務官であった。第3章で指摘した通り、そもそも高等弁務官には非政治的な立場に基づき財源および国連総会の決定のもとでの行動の自由裁量が認められている（UNHCR事務所規程9条）。さらに高等弁務官には公的資金および寄付に基づく一切の基金を管理、分配する権限のほか（同上10条）、総会や経済社会理事会等における報告の権利を有し（同上11条）、総会におけるアジェンダ設定者となることができる。他方でUNHCRの新たな活動は、当事国からの直接の要請に加え、国連総会の決定やExComによる承認手続きを介した国家による間接的な要請や承認によって、正当性を担保されることとなる。このように国家による権限の移譲

と承認手続きのもとで、高等弁務官は冷戦期間中も庇護国における調査の実施や活動における国家間の調整に努めUNHCRの活動を拡大させてきたが、1990年代以降UNHCRは難民救済機能を急速に強化していくこととなる。

　1990年代を通じたUNHCRの変化は、「事後対応型」「庇護国中心」「難民重視」アプローチから「事前対応型」「出身国中心」「包括的」アプローチへの変化として説明される[5]。事前対応とは、難民の流出を事前に察知し早期警報やモニタリング、報告によって予防を行なうものである。本来UNHCRは政治的中立性を貫き国家から独立して行動することによって、難民ガバナンスが標榜する人権規範を達成することが可能であると広く理解されてきた。実際に、第3章で分析してきたとおり、UNHCRは冷戦期間中、出身国における難民の発生要因については関与や介入を行なわず、あくまでも中立的な立場から難民援助活動に従事していた。ところが、冷戦終結以降の大規模な難民の流出とそれに伴う国際的な混乱は、難民の流出を事前に予防することの重要性を喚起し、難民の発生要因に対処することを求めた。それに対し、UNHCRは非政治性を担保する形態での予防行動指針を提言した。すなわち国連における早期警報システムの構築と予防外交の重要性を説き予防行動がUNHCR単独ではなく国連との連携で行なわれるべきである旨を示したほか、人権監視や指紋サービスの提供といったUNHCRが従前から行なっている任務内容が予防的側面を有することを指摘した[6]。他方で、難民の越境そのものを抑制するための出身国内における保護、すなわち国内避難民へのUNHCRの関与の在り方についての検討が開始された。このようなUNHCRによる任務内容の拡大は、難民の急増に困窮する一次庇護国の負担の軽減に資することが期待される。さらに、UNHCRは難民流出を予防する措置としてソマリアなど難民の出身国内への安全地帯の設置を試みるなど、出身国との良好な関係の維持にも尽力している。

　また冷戦中は難民発生要因の多くが冷戦の代理戦争の様相を呈していたため難民の帰還は困難であると考えられていたが、冷戦が終結し大量の難民が帰還するという情勢の変化を受け、難民の帰還および帰還先での再定住援助の必要性が説かれ始めた。その結果、難民援助の主流は「帰還民援助と開発」

(Returnee Aid and Development) という新たな概念のもとで議論されるようになり[7]、難民政策は難民の帰還と帰還民に対する再定住事業を中心に実施されることとなった。それに伴い出身国における帰還民もまた難民ガバナンスの援助の対象者となり、UNHCRは帰還民に対する保護や物質援助にとどまらず、国家機能の再建を目指す平和構築や帰還先での自立を促し貧困削減につながる開発などの異なる領域と密接なかかわりを持ち始め、他の問題とのリンケージの素地を提供した。

さらに、冷戦終結以降の新たな大規模難民の流出は、UNHCRによる組織的な変革をももたらした。中央アジアでは1991年にイラクの攻撃により200万人近いクルド難民がトルコ国境とイランへと押し寄せる事態が発生した。このような緊急的な大規模難民の発生はUNHCRの危機対応能力の欠如を露呈した。そのことへの反省から、当時高等弁務官であった緒方(Ogata)は緊急対応チーム(Emergency Response Team：ERT)の設置や将来の危機に備えて援助物資の備蓄を行なったほか、民間の援助団体などと共に緊急時の人材確保のためのネットワークを構築した。またクルド難民危機はメディアでも大きく報道され西側諸国の関心を引き付けた。緒方はこのような世論を喚起し政治への影響をもたらすメディアの重要性を認識し、対外的な広報活動を担う部署をUNHCR内部に設置するなど[8]、組織的な改革を主導した。

さらに難民ガバナンスの援助対象者に関して、1990年代後半ごろからUNHCRは活動の対象を国内避難民へと拡大し始めた。そもそも国内避難民は国境を越えることを難民の要件とする難民ガバナンスのもとでは保護や援助の対象とはならなかった。しかしながら国内避難民への国際的な援助の必要性については1970年代から既に国連総会の中で言及されており、UNHCRは総会決議に基づき帰還民援助に付随する形で国内避難民への援助を行なっていた。1990年代以降にUNHCRと国内避難民の関係に関する議論が本格化した背景には、1992年に国内避難民に関する国連事務総長報告が提出されたことに端を発する。さらに翌年の国連総会決議がUNHCRによる国内避難民への関与を支持する旨を表明し[9]、ExComも同調した[10]。すなわち国内避難民へのUNHCRの権限の拡大もまた、加盟国による権限

委譲のもとで達成されたといえる。2000年代に入りUNHCRにおいて国内避難民に対する活動指針が定められると、国内避難民はUNHCRの活動対象として一層大きな位置を占め始めた。2008年末の統計によれば、国内避難民の数は世界全体で1440万人以上にのぼり、そのうちアジアでは270万人、アフリカでは647万人にものぼる[11]。こうして、UNHCRの活動対象は2008年末の時点では各種条約が定義する「難民」のほか、庇護申請者83万人や国内避難民1440万人、帰還民60万人、帰還した国内避難民136万人など多岐に渡り、UNHCRの活動対象者を合計すると世界全体でおよそ3440万人にのぼっている[12]。

2. 大国によるガバナンスの戦略的利用の終焉

(1) 欧米諸国による国境管理の厳格化

第3章で示した通り、1980年代以降、欧米諸国は第三世界の難民に対する第三国定住の受入れをめぐってUNHCRから徐々に距離を置き始めていた。そして冷戦の終結は、難民の受入れに疲弊していた欧米諸国にとって、難民問題への関与を消極化させ、受入れ数を減少させる格好の機会となった。もはや大国は難民政策を通じた自国の利益追求への関心を失い、難民ガバナンスへの協調は自国に不利益をもたらすという認識が定着していたといえる。

ヨーロッパに直接庇護を求める難民の数は1983年には10万人にも満たなかったが、1991年以降の旧ユーゴスラビア地域における内戦の激化を受けその数は増加し、1992年のピーク時には70万人近くにまで増大した[13]。難民の急激な増加によってヨーロッパ各国は一次庇護国として大規模な難民の流入に直面し、年間7、8億USドルの負担を強いられる結果となり、ボスニア人の入国を制限するため査証の管理強化政策を講じた。

さらに1950年代以来のヨーロッパ諸国の一次庇護国化は、ヨーロッパ地域全体における共通の難民政策に対しても大きな変化をもたらし[14]、域外への入国管理を強化するため共通査証政策や航空会社への制裁規定を定めた「シェンゲン協定」(Schengen Treaty)[15]及び庇護申請の審査担当国を決定する

ための共通基準を定めた「ダブリン条約」(Dublin Convention)[16]が採択された。また1990年以降、東ヨーロッパ・中央ヨーロッパ諸国の間で1951年難民条約及び1967年難民議定書の締約国が増加したことを受け、難民の送還を可能にする「ロンドン決議」(London Resolution)[17]が採択されるなど、ヨーロッパ諸国はガバナンスへの新規参入国に難民の受入れ負担を負わせることによって、自らの負担を軽減させる動機を有していた。

　さらにアメリカにおいても1985年には2万人に満たなかった直接の庇護申請者が1995年には15万人近くに達した[18]。同時に旧ソ連崩壊に伴うキューバ国内の政治的混乱などにより、アメリカは合法か不法かを問わず移民の増加に晒されていた。増加する外国人の流入に対処するため、1990年にアメリカ議会は移民・国籍法を改正し、「一時的保護の地位」(Temporary Protected Status：TPS)を導入した[19]。不法移民や庇護申請者はTPSによってアメリカ国内への合法的な滞在や就労が認められ、エルサルバドルからの移民やリベリアからの難民の受入れに貢献した[20]。他方で、同制度のもとでの外国人の増加はアメリカ国内での反移民感情の高まりを引き起こし、アメリカ議会における難民や庇護申請者を含む移民に関する議論を喚起した。その結果、1996年に「不法移民改正及び移民の責任法」(Illegal Immigration Reform and Immigrant Responsibility Act of 1996：IIRIRA)が採択され、移民や難民の入国手続きの厳格化が図られた。同法のもとでは担当官に申請者の国外退去を決定する権限が付与され、庇護申請者は審査終了まで当局によって拘禁されることとなり、社会保障の受給も合法的な就労も認められなかった。以上のようなアメリカの移民政策の厳格化は、1990年代末までに同国への庇護申請者数を3分の1以下にまで減少させた[21]。また第三国定住の受入れ数も1992年の13万人をピークに1999年末には8万5000人へと減少した[22]。

　さらに、庇護申請者の数の変動と同様に、欧米諸国における難民の第三国定住の受入数も1980年代のインドシナ難民の受入れなどで増加傾向にあったが、1990年の17万人をピークに先進国全体で減少し、2000年には10万人を下回るようになった[23]。

　上記のような欧米諸国による協調の消極化の要因としては、難民の受入れ

や援助を介して東側体制を批判するという政治的動機が消失したという国際政治に関連する要因に加え、次の二つが推察される。まず、一点目は難民と移民の区別の希薄化である。1990年代の欧米諸国における移民政策の厳格化は、国内の反移民感情の高まりによって後押しされたが、庇護申請者側でも入国動機に難民的要素と移民的要素が混在し両者を厳格に区別することが手続き的に困難な状態が発生したことにも影響される[24]。二点目としては国際的関心が人権問題から平和維持に移行したことにより、難民への関与も平和維持や平和構築活動との関連で関心を集めたことがあげられる。この点については本節第3項で詳しく検討する。

(2) 欧米諸国による資金的貢献を通じた裁量権の維持

1960年代前半までUNHCR予算の半分以上を占めていたヨーロッパ難民に対する保護活動が1970年代に入り全体の7％にまで落ち込む中、欧米諸国は非ヨーロッパ地域の難民問題と政治経済的問題とをリンケージさせることによって、あるいはUNHCRによる仲介や調整によって、これらの難民に対する第三国定住の受入れや資金的貢献を通じて難民ガバナンスへの協調を続けてきた。

しかしながら1990年代以降の難民受入れ政策の変化のもとで、欧米諸国は第三国定住の受入国ではなく金銭的貢献を通じたドナー国への移行を図った。ドナー国に大きな裁量の余地を与える難民ガバナンスのもとではドナー国は資金拠出額を通じて自国の負担を最小化することが可能である。すなわち、UNHCRが採用するソフトローの形態は、西欧諸国によるガバナンスからの離脱を阻止しガバナンスの維持に寄与した。

とはいえ、難民問題への関心を失った先進国による資金的貢献は当然ながら減少傾向を見せた。主要ドナー国による任意拠出額は、帰還事業やヨーロッパにおいて難民問題が深刻化した1990年から1992年にかけて、それまでの2倍近くにまで急増したが、以後減少傾向に転じている[25]。実際の拠出額だけでなく、国内総生産（GDP）比でも1990年から1998年の間に0.03％から0.02％へと減少した[26]。さらに、ドナー国は拠出金の使途を指定する傾

向を強め、1999年には使途指定拠出が全体の80％にものぼった[27]。また一次庇護国や出身国への資金的貢献がODA形式で行なわれることにより、ドナー国の影響がそれらの当事国に直接及ぶような状況も生まれている。他方で、国連通常予算がUNHCRの活動の資金源に占める割合はわずか3％に過ぎず、それ以外を国家からの任意拠出や民間団体からの寄付金に依存しており、ドナー国による資金拠出の傾向はUNHCRの活動に大きな影響を与えることとなる。さらに、アメリカやヨーロッパを中心とする主要ドナー国からの拠出金の総額は1999年の時点で政府拠出金全体の97％にのぼり、先進主要ドナー国による拠出金の減少はUNHCRの活動を大きく左右することがわかる。

(3) UNHCRによる大国への協調の要請

UNHCRは国家間の調整にとどまらず、しばしば国家と対等な独立したアクターとして、国家間協調の促進に貢献している。たとえば旧ユーゴスラビア地域からの難民に対する国境管理を強化するヨーロッパ諸国に対し、UNHCRは一時的保護 (temporary protection) 制度を提唱した。ヨーロッパ諸国の双方に利することを目的とした同制度は、ヨーロッパ各国の了承を得た[28]。

一時的保護は1951年難民条約及び1967年難民議定書のもとで国際的な保護を受けることのできない者へのアドホックな対応として、第3章第4節第5項で指摘した通り1980年代からヨーロッパにおける入国管理の厳格化の流れの中で各国が独自に実施してきた手続きを起源に持つ。同制度は受入れの実施に対し各国に裁量の余地を与えるほか、1990年代以降にヨーロッパが直面した大量の難民に対する対応を簡便化する利益をもたらした。すなわち、一時的保護制度の導入により一次庇護国となったヨーロッパ諸国は難民に対する個別的な難民認定手続きから解放される。さらに、同制度はヨーロッパの一次庇護国間における負担分担が達成できる点においても、各国から協調を引き出す誘因となる。実際に、ボスニア・ヘルツェゴビナからの庇護申請者は、同制度のもとでドイツをはじめ旧ユーゴスラビアからの独立国、

さらには東欧諸国や北欧諸国、イギリスやフランスなどヨーロッパ各地で受入れを認められることとなった。さらに同制度は難民に対しても、厳格な難民認定手続きによる申請棄却を回避し迅速な安全の供与を可能にするものであり、50万人以上の難民が恩恵を享受することになった[29]。

(4) UNHCRによる新たな規範の提示とイシューリンケージによる協調

　大国による難民ガバナンスへの協調が消極化したことからは、人道や人権意識に基づく難民への国際的保護や難民問題の恒久的解決という規範が、国家間協調を維持するうえで十分に機能しなかったことがわかる。それに対し、難民ガバナンスに対する各国の協調は、UNHCRによって提示された難民保護とは異なる新たな規範によって担保されることとなった。まず、1990年初頭の国際社会の関心は緊急援助と平和構築活動に向けられ、冷戦終結に伴い各地で大規模な難民の帰還が始まると同時に、それらの地域では国連による平和構築活動が実施され、数億USドルが国際社会から拠出された。これに対し、1990年代に初めて国連人権委員会において難民問題が議論され始めたにも関わらず、国際社会の人権に対する関心は低下し、国連の人権プログラムに対する資金拠出や、ジェノサイドや残虐行為に対する国際戦争犯罪の創設などの人権に関する取り組みは頓挫した[30]。

　このような状況下で、UNHCRの活動は、人権ではなく平和構築活動との関わりにおいてその役割を期待されるようになっていった。その背景には、和平協定で合意された選挙の実施において、難民の帰還は不可欠の要素であると広く合意された結果、難民の帰還事業が平和構築活動の一つとして認識されるようになったことが挙げられる[31]。それゆえ、1990年代のUNHCRによる難民援助や帰還事業の多くは平和構築活動の一環として実施され、さらに人道活動家の保護や難民保護区の治安維持に関連して平和維持活動に携わる軍隊なども難民に対する活動に参加するようになった。

　難民関連事業の平和構築活動化は、大国からの資金拠出の減少に直面していたUNHCRにとって、資金拠出要請のための新たなロジックを提供した。すなわち、難民に対する援助を正当化する理論的根拠として、国際援助に紛

争予防と解決の役割を付与する考え方が登場し、難民発生を引き起こした紛争の要因である貧困や行政上の課題を開発援助とリンクさせることによって、資金を確保しようとしたのである[32]。

上記のような考えに基づき、UNHCRは1992年以降、帰還民の再統合事業の移管先となる開発機関を探していた。他方で世界銀行は紛争後社会への関心の高まりに呼応して人道部門を設置しており[33]、両者のニーズが合致することとなった。1999年には「人道援助と長期開発の間のギャップ」(the gap between humanitarian assistance and long-term development)についての会議がUNHCRと世界銀行によって共催され、各機関が協力した計画を作ることが必要であり、緊密な資金面での連携が必要であると結論付けられた[34]。これがいわゆる「ブルッキングス・アプローチ」(Brookings Approach)の誕生である。第1回会議の結果に基づき、2000年にはスリランカ、南コーカサスにおいてプロジェクトが実施された。またUNHCRの任務内容の拡大とともに他の国際機関との連携や民間団体との連携強化の必要性が認識され、とりわけNGOとの連携を強化するため「活動での協力」(Partnership in Action)が提唱された。

このようなUNHCRの活動の拡充は直接的または間接的な加盟国の要請や承認に基づいて進められた。例えば、UNHCRによるクルド難民援助事業は受入国であるイランだけでなく内戦に介入した西側諸国からの要請にも基づくものであった。アメリカ軍主導の多国籍軍はクルド難民を保護するためイラク北部に安全地帯を設置したが、国連内部では当初よりUNHCRが作戦の指揮を執るべきだとの声があり、欧米諸国もまた多国籍軍に与えられていた活動の範囲や期間が限定的であったことからUNHCRへの早期移管を望んでいた[35]。

他方で、難民問題を扱うガバナンスの増加や新たな規範の登場は、難民の国際的保護規範をはじめ、非政治性や人権規範などUNHCRが標榜する規範との衝突を生んでいる。イラクの事例においてUNHCRはイラク国内に安全地帯を設置することが、周辺国による難民の受入れ拒否につながることを懸念し、関与に消極的であった。さらに、紛争下での活動は平和維持部隊

などの軍隊との連携を余儀なくされ、UNHCRの人道的機関としての政治的中立性を脅かしかねない。したがってUNHCRには新たに規範を調整する役割が課せられることとなる。

(5) アジア・アフリカ諸国によるガバナンスの利用

1990年代に入りアジア・アフリカ各地で生じた大規模な難民の帰還は、難民の移送費だけでなく、帰還に要する日数の間にかかる食事や宿泊、その他の必要物資にかかる諸経費のほか、帰還民の認定作業にかかる法的な手続きなどの専門的技術等を要する。さらに、関係当事国間の調整などの政治的課題も山積している。このような帰還事業においてUNHCRが果たす役割は大きく、多くを途上国が占める出身国や一次庇護国による協調の誘因となる。例えば1990年に南アフリカから独立したナミビアへの難民帰還事業は冷戦終結と南アフリカのアパルトヘイト体制の終結を表す象徴的な出来事であった。これに対しUNHCRは4万人の難民の帰還に3600万USドル以上を費やした[36]。また、UNHCRは南アフリカに対し帰還民への特赦を求めて交渉の任務にあたるなど、当事国間の交渉の任務に当たった。しかしながらナミビアにおける帰還民援助事業は従来の援助と同様に食糧と物資の援助に限られ、帰還民が目的地へ到着し特赦などの法的問題が解決されると同時にUNHCRは撤退した。

それに対し、その後UNHCRの拡充の過程で中央アメリカやカンボジア、モザンビークなどで実施された帰還事業では、UNHCRは帰還のみならず帰還民の再定着を積極的に援助した。これらの事業はコミュニティベースで行なわれ、戦後復興計画の中でも重要な役割を担った。例えば、カンボジアへの帰還民に対して、UNHCRは1992年6月から1994年末までに950万USドルを拠出し、道路などのインフラの整備のほか、病院や学校の再建などを含むおよそ80にのぼる「即効プロジェクト」（Quick Impact Project：QIPs）を実施した[37]。QIPsは長期的な開発援助の開始までに実施される小規模な帰還民援助事業である。これらのプロジェクトは帰還民のみならず、帰還民の再定住先である出身国にとっても多大な利益をもたらすものであった。

さらに国内避難民への対応をめぐっても国内避難民の当事国がUNHCRの関与を望む場合もある。たとえばクルド危機に際し、国内避難民を抱えるイラク自身が多国籍軍ではなく非政治性や中立性を標榜するUNHCRや国連との間での協力関係の締結を望み、難民関連事業の多国籍軍から国連システムへの早期移管を後押しした。

3. 21世紀の新たな協調枠組みの進化

(1) 2000年以降の国際社会の変化と新たな難民問題の課題

　2000年以降、アジアにおけるイラク戦争やアフガニスタン攻撃に伴う難民の流出、中東におけるアラブの春による難民の増加を除いて、世界全体の難民の数は減少傾向を見せている。ところが、新規の難民流出が減少する一方で、一次庇護国であるアジア・アフリカ地域の難民問題をめぐって新たな課題が浮上し、UNHCRの任務内容の変化を引き起こした。1990年代初頭に世界各地の大規模な帰還事業が収束すると、1980年代の大規模な難民の第三国定住事業や1990年代初頭に見られた大規模な難民帰還事業の陰で、解決の道を閉ざされた難民の存在が取り沙汰されるようになった。第1章でも指摘したとおり2000年代以降の長期化難民への関心の高まりは、帰還や第三国定住に代わる解決方法の必要性を国際社会に喚起した。

　長期化難民の数は2004年末の時点で世界全体でおよそ570万人にものぼり、その大半がアフリカに居住する難民によって占められている[38]。長期化難民は発生から長い年月が経過しており緊急性は伴わないため、国際的な関心は低下し、国際社会から見捨てられた存在となる。他方で、何万人から何十万人規模の長期化難民を国内に抱える一次庇護国にとって、これらの難民は依然として大きな社会的・経済的負担となっており、国際的な負担分担や国際的な協調のもとでの解決を要する新たな課題となっている。

(2) UNHCRによる新たな政策パラダイムの構築

　2000年9月に開催された国連ミレニアム・サミットでは21世紀の国際社

会の目標としてミレニアム開発目標が採択され、平和と安全、開発と貧困、環境、人権とグッドガバナンス、アフリカの特別なニーズを課題として示し、それぞれの課題に対する国際社会の指針について合意がなされた。国際規模の新たな問題意識の共有は、難民をめぐる国際協調に対しても新たな変化をもたらした。UNHCRは2000年末に「難民の国際的保護に関する世界協議」(Global Consultations on International Protection)を開始し、各国政府および国際機関、NGOとの間で難民保護に関する対話の場を設定した。さらに2002年にはExcomの要請によって基づき『難民保護への課題』が採択され、「締約国宣言」によって各国政府が1951年難民条約および1967年難民議定書に規定された義務の履行、原理原則を支持することを確認するとともに、「行動計画」によって難民の国際的保護や恒久的解決、国家間の負担分担などの目標達成のために各国政府や国際機構、NGOが果たすべき具体的な活動内容について定めた[39]。

　2009年現在、UNHCRは世界各地に事務所を置き、各国の難民の発生状況や庇護状況、難民政策などに関する様々な情報を保有している。2000年代以降も、1990年代と同様に、難民への緊急援助のほか帰還事業や第三国定住事業を介して、UNHCRは当事国へさまざまな恩恵を供与した。UNHCRは難民の帰還や第三国定住事業に際し関係当事国間の交渉を仲介し、当該プログラムを円滑に進める役割を担う。例えば、2002年に和平が成立し2006年に選挙を終えたコンゴ民主共和国に対する難民帰還プログラムは、UNHCRと一次庇護国の一つであるザンビアとの三者間協議に基づき実施された。UNHCRコンゴ事務所は新たにオフィスやトランジットセンターを設置し帰還民の受入れに備え、またUNHCRは難民移送のための船舶を手配したり帰還民登録などの実務を代行することにより、両国政府の間を仲介した[40]。またコンゴ難民の中にはUNHCRの援助を受け、第三国定住プログラムによってイギリスに再定住したものもいる[41]。

　さらに、長期化難民問題の恒久的解決というガバナンスの目的を達成するため、2000年代以降、緊急援助や国際的保護といった従前のものに加え、開発という新たな政策パラダイムがUNHCRによって導入されることと

なった。ExComは2003年に「難民および関係者に対する恒久的解決のための枠組み」(Framework for Durable Solutions for Refugees and Persons of Concern)として、3つの方策が提唱された[42]。「難民に対する開発援助」(Development Assistance for Refugees：DAR)では、難民の自立を促し一次庇護国の負担軽減に資するような援助が想定されている。他方で母国へ帰還した難民に対しては、世界銀行や国連開発計画などと共同で「帰還・再定住・復興・再建」(Repatriation, Reintegration, Rehabilitation, Reconstruction：4Rs)が実施されるようになった。また庇護国で暮らす長期化難民に対しては「地元社会への定住を通じた開発」(Development through Local Integration：DLI)が提唱され、難民と受入れ地域住民双方に対する開発援助政策が行なわれるようになった[43]。

さらに、前節で指摘したとおり1990年代に国連総会によって認められていた国内避難民への関与についても制度化が進展し、2005年に国連の機関常設委員会の決定のもとで国内避難民に対し他の国連機関との分業・協力体制の強化を目的としたクラスター・アプローチが採用され、UNHCR以外のさまざまな国際機関が協調して問題に対処することが決定された[44]。これに対し、2006年からExComにおいて同アプローチの中でUNHCRが果たすべき任務に関する議論が重ねられ、翌年に「国内避難民に関する政策的枠組みと実施戦略」(IDP policy framework and implementation strategy)が打ち出された。さらにUNHCRによる照会に対しExComは承認や助言を行なうのみならず、より詳細な情報の提出を要請するなど[45]、UNHCRの任務内容の拡大はExComを通じ加盟国の監督のもとで進行することとなった。

(3) 欧米諸国による協調体制の好転とUNHCRの利用

近年のUNHCRの任務内容の拡充は、活動予算の増加によって支えられている。1990年代を通して減少した欧米諸国による資金的貢献は、2000年以降再び増加に転じ、2009年のUNHCRの活動予算は2000年比2.5倍超となる17億USドルにのぼった。そのうち国連からの予算は4600万USドル、また民間団体からの寄付は5000万USドルとなり、政府による拠出金が全体の94％を占めていることがわかる[46]。さらにそのうち拠出額上位5カ国は

米国、EU、日本、スウェーデン、オランダで全体の62％にものぼり[47]、さらに2カ国を加えた7カ国が拠出額に占める割合は2000年代を通して全体の80％を維持しており[48]、主要ドナー国が依然として難民ガバナンスに高く貢献していることがわかる。

　2000年以降、ドナー国が難民ガバナンスに対する協調姿勢を好転させた要因は以下のように考えられる。まず、国際的な人権・人道規範の潮流と難民問題の関連が挙げられる。現在の難民ガバナンスの重要な規範のひとつである「人間の安全保障」（Human Security）は2000年の国連ミレニアム・サミットで設置された人間の安全保障委員会の中で概念化されたが、同委員会が2003年に提出した最終報告書は難民が人間の安全保障戦略の対象者であることを明示している。人間の安全保障概念の発展は難民ガバナンスを司る新たな規範を提供しただけでなく、国連内部に「人間の安全保障基金」（the United Nations Trust Fund for Human Security）の設置を促し、各国の難民政策にも大きな影響を及ぼした。例えば日本によるUNHCRにおける資金拠出は1990年代から2005年にかけて大きな増減がないものの[49]、同国は人間の安全保障基金へ資金拠出を通じて追加的にUNHCRの難民関連事業に貢献している[50]。

　人間の安全保障に限らず、人権や人道規範の浸透は各国の外交政策に強い影響を及ぼす。なぜなら、難民ガバナンスへの貢献の態度を内外に示すことは国家にとって自国の評判の失墜により国際的な信用を失うという事態を避けることになり利益につながる。さらに、難民ガバナンスへの非協力が国際的な批判の対象となり国家に不利益をもたらすような風潮に対し、UNHCRは各国の受入れ状況に関する情報を提供することによってそれを助長し、国家から協調を引き出している。例えば、難民認定権限を受入国が有し、難民の庇護を国家の権利と定める現行の1951年難民条約のもとでは、UNHCRによって難民認定された者であっても庇護国においては条約難民と認定されない場合があり、このような難民はマンデート難民（mandate refugees）と呼ばれる[51]。そのようなマンデート難民が日本により送還されるという事態が発生すると[52]、UNHCRは批判文書を公表し国際的な問題提

起を行なった。従前より日本によるドナー国としての関与姿勢の堅持は国際社会から強い非難を浴びていたが、UNHCRの批判はそれを助長させ同国の難民政策の転換に影響を与える一つの要素となり、2010年の同国における第三国定住プログラムの開始しに大きく寄与した[53]。

　また、欧米諸国が外交及び安全保障戦略上の利益の追求のため難民ガバナンスを戦略的に利用する状況が近年再び見受けられるようになった。第2章第3節で記したように国家は難民ガバナンスが標榜する規範によって自国の行為を正当化することができ、さらにはUNHCRという国家から独立した組織を介して行動することによって自国の動機を隠匿することができる。たとえばアメリカは、民主化戦略のターゲットとなる「圧政国家」（outpost of tyranny）[54]の一つであるミャンマー（ビルマ）の軍事政権から隣接するタイへ逃れた難民の第三国定住を積極的に受入れ、間接的に同政権を非難した。アメリカでは9.11テロ以降ミャンマー難民の受入れが停止されていたが、2005年にUNHCR主導の第三国定住プログラムへの協力を表明して以来、2009年までに5万人を超える第三国定住者を受入れている[55]。アメリカによるミャンマー難民の受入れ数は多くの長期化難民を抱える他のアジア・アフリカ諸国出身の難民と比較して顕著に大きな値を示しており、アメリカの受入れ難民の選定に人権規範とは異なる動機が働いたことが推察される。

　それに対し、UNHCRは受入れ人数の調整や、受入れ難民の選定、さらには移送計画の策定や実施に際し、UNHCRは第三国と出身国との間で調整役としての機能を期待されている。また、UNHCRはドナー国からの協調を引き出すうえでもドナー国と一次庇護国や出身国などの当事国を媒介する重要な役割を果たす。まずドナー国が難民ガバナンスに協調する際に、国家は援助先の選定や援助額ついての情報を入手し、援助先の難民問題の当事国政府との交渉や調整を通じて、関与形態の詳細について決定しなければならない。そのような状況において、世界各地に事務所を備えるUNHCRはドナー国が必要とする情報を提供することによって、その国家が本来負わなければならない情報入手費用や取引費用を軽減させ、協調を引き出す。さらに援助先となる出身国や一次庇護国は政府が不安定であったり十分な管理能

力を有しない場合に、ドナー国は現地に事務所を有するUNHCRを介して情報を入手したり資金管理を委ねることによりリスクを回避できる。加えてUNHCRは一次庇護国の難民や帰還民に対する十分な援助を獲得するために現地の難民の状況や必要な援助、活動計画について記した『グローバル・アピール』(*Global Appeal*)を公刊し、資金提供を呼び掛けるなど[56]、難民問題の非当事国にむけて情報を発信している。

(4) UNHCRによる一次庇護国への利益供与

本書第7章で扱う通り、アフリカ地域では1990年代以降、地域機構における難民問題への協調が進展しており、2000年以降その取り組みはより活発化している[57]。他方で、アジア・アフリカ地域では2000年以降も、地域的協調では解決が困難な国内避難民や長期化難民などの問題を抱えており、国際的なガバナンスに大きな役割を期待を寄せている。とりわけ2000年以降のUNHCRの活動資金の増加はアジア・アフリカの難民問題の当事国がガバナンスに協調するうえでとって大きな経済的利益をもたらした。

まずUNHCRとの協調は、長期化難民の問題を抱え経済的、環境的負担により疲弊する一次庇護国に恩恵をもたらしている。たとえば1967年よりアンゴラをはじめ周辺国から難民を受入れるザンビアは2003年よりUNHCRが提唱したDLIのパイロット地域に指定され、ザンビア・イニシアティブ(Zambia Initiative)と呼ばれる様々なプログラムが実施された。同プログラムへのドナー国からの援助はUNHCRに与えられたものと直接ザンビア政府に付与されたものを合わせて3年間で1400万USドルにのぼった。この額はプログラム実施前の2001年の同国における活動のための年間予算1374万USドルとほぼ同額である[58]。すなわちUNHCRのパイロットプログラムに指定されることは大きな資金の呼び水となり、経済的苦境にある難民受入れ地域や帰還民を抱える国から協調を引き出すことになる。

さらに、難民ガバナンスは長期間の難民の受入れによって疲弊した国家の負担を緩和する効果が期待される。たとえばタイには1948年より継続しているミャンマー政府軍と少数民族間の紛争に加え、1984年からミャンマー

国内で行なわれている人権侵害によって発生した難民を長年にわたって受入れている。2003年末の時点で居住するミャンマー（ビルマ）難民は庇護申請者を含めると12万人にものぼっていた[59]。このようなタイの長期化難民に対処すべく、2005年からUNHCRの主導のもとで開始されたミャンマー難民の第三国定住事業の結果、2010年までに6万5000人が第三国定住を果たし、問題解決の端著となることが期待される。

　また、難民ガバナンスは国内避難民を抱える国家へも利益をもたらす。クラスター・アプローチのもとでは国連機関間の責任分担が明確に規定されており、国内避難民への援助が必ず実施されるような仕組みになっているほか、活動資金の確保のために国連中央緊急対応基金が設置され2006年までに250億USドルもの拠出誓約がなされた[60]。このようなUNHCRを超えた国際機関による協調メカニズムのもとで、たとえば2007年のコンゴ民主共和国に対する活動予算には通常の年間予算1150万USドルに加え帰還民事業のための追加予算2650万USドルと国内避難民のための追加予算1530万USドルが計上されていることからも[61]、国内避難民がガバナンスの対象者となったことによりもたらされる経済的利益は当事国から協調を引き出す十分な誘因になるといえる。

　他方でUNHCRは難民関連法規の適用に対し監督責任があるとされているが、UNHCR自体による国際司法裁判所への付託は認められていない。つまり、UNHCRは締約国に対し強い監督権限を持たない。実際、アジア・アフリカ諸国においても難民保護への取り組みは、相当程度条約締約国の裁量に委ねられている。1951年難民条約及び1967年議定書は難民には居住や就労、動産や不動産に関して一般外国人に対して付与される権利と同等のものを与えるよう規定しているが、一次庇護国に居住する難民の多くは隔離された難民保護区に居住することを義務付けられており就労などの制限を受ける場合がある[62]。このような国々に対し、UNHCRは国内法の改正を呼び掛け規範の遵守を促すのみならず、難民認定手続きや法改正などの技術供与を通して、それらの国々によるガバナンスへの協調を促している。

4. 小括

　冷戦終結によって難民問題をめぐる国際政治環境や難民の発生要因は変容を遂げ、難民ガバナンスを規定していたパワー闘争の影響は一気に減退した。それに呼応する形でUNHCRは任務内容の拡大や強化を果たし難民救済機能を拡充させ、国際的なプレゼンスを確立させた。他方で、UNHCRによるガバナンスの拡充は当事国や欧米諸国からの直接の要請や加盟国の承認手続きのもとで加盟国によって付与された権限を法的根拠としており、国家との相互関係によって達成されたものであったといえる。

　他方で、UNHCRの高等弁務官や専門スタッフなどに象徴される独立性は、異なる動機を有する国家間の協調関係の維持に貢献している。大国が関与を消極化させた状況においても、UNHCRは難民保護規範の伝搬者として非協力的な国家に対する翻意を促し、国家間の調整や合意形成を促進するのみならず、実質的な難民保護や援助に関わる行動を代替し国家の取引費用などの負担を軽減させることによって、第三国やドナー国といった難民の非当事国からの協調を確保した。さらに、UNHCRは難民問題を扱う他のガバナンスとの調整機能を果たし、重層化による水平型ガバナンスへの変革の過程において中心的役割を果たした。さらに、UNHCRは自ら規範設定者となり、難民ガバナンスが志向する規範を開発や安全保障など新たな領域へと拡大させ、関与を消極化させる国家の翻意を促す役目を担っている。

　このようなUNHCRによって拡充されたガバナンスのもとでは出身国や一次庇護国などあらゆる難民当事国に対し利益がもたらされ加盟国による一層の協調を促し、さらなるガバナンスの発展へ寄与する素地を提供する。

註

1　国連難民高等弁務官事務所、1998a、145頁。
2　国連難民高等弁務官事務所、2001、185頁。
3　ここでいう「アジアにおける難民」とは、UNHCRの統計上アジアに分類されている国家すべてを含み、日本やインドネシアを含む東アジア太平洋諸国、インドやバングラデシュを含む南アジア諸国、ウズベキスタンやタジキスタンを含む中央アジア諸国、アフガニスタンやイランを含む南アジア諸国、さらにはイラクやヨルダンを含む

第 4 章　ポスト冷戦期の難民ガバナンス　103

中東諸国が含まれている。
4　国連難民高等弁務官事務所、1998a、120 頁。
5　岸、2000。
6　山本哲史、2002。
7　Crisp, 2001, pp. 5-11.
8　Loesher, 2001, pp. 288-291.
9　UN, A/RES/48/116, 20 December 1993.
10　UNHCR, Internally Displaced Persons, No. 75（XLV）, 7 Octoberober 1994.
11　UNHCR, 2009a.
12　UNHCR, 2009b.
13　UNHCR, 2002b. なお、ここでいうヨーロッパ諸国とは、統計で用いられているEU加盟国の統計値に基づく。
14　詳細は本書第5章を参照のこと。
15　EUR-lex, "The Schengen acquis: Convention implementing the Schengen Agreement of 14 June 1985 between the Governments of the States of the Benelux Economic Union, the Federal Republic of Germany and the French Republic on the gradual abolition of checks at their common borders," *Official Journal of the European Communities*, L239, pp. 19-62.
16　EUR-lex, "Convention determining the State responsible for examining applications for asylum lodged in one of the Member States of the European Communities," *Official Journal of the European Communities*, C254, pp. 1-12.
17　European Union: Council of the European Union, *Council Resolution of 30 November 1992 on a Harmonized Approach to Questions Concerning Host Third Countries ("London Resolution")*, 30 November 1992.
18　UNHCR, 2002b, pp. 112-113.
19　米国市民権・移民業務局のホームページ http://www.uscis.gov/portal/site/uscis/menuitem.eb1d4c2a3e5b9ac89243c6a7543f6d1a/?vgnextoid=848f7f2ef0745210VgnVCM100000082ca60aRCRD&vgnextchannel=848f7f2ef0745210VgnVCM100000082ca60aRCRD を参照（2011 年 3 月 20 日閲覧）。
20　United States Bureau of Citizenship and Immigration Services, *Liberia: Ability to travel into and out of Liberia from April 1995 to April 1997*, 9 April 1998.
21　Loecher, 2001, p. 320.
22　UNHCR, 2002b, p. 143.
23　*Ibid.*, p. 143.
24　国連難民高等弁務官事務所、1997、155 項。
25　UNHCR, 2003b, p. 20.
26　Inter-Agency Standing Committee, *Global Humanitarian Assistance 2000, 23rd meeting, draft final report*, March 2000. また、資金援助の減少の原因として、①当時の先進国における経済状況の悪化、②各国政府が国内の経済社会問題に対する支出を増

大させたこと、③国内における反移民、反難民感情の高まりなどがあげられる。(小泉、2009、115頁。)
27　国連難民高等弁務官事務所、2001、167頁。
28　ドイツでは一時的保護制度を導入した結果、34万5000人が庇護を享受した。(国連難民高等弁務官事務所、1998a、295頁)。
29　Loecher, 2001, pp. 316-318.
30　*Ibid.,* pp. 313-316.
31　国連難民高等弁務官事務所、2001、133－152頁。
32　小泉、2009、116頁。
33　同上書、132－134頁。
34　Crisp, 2001, p. 5.
35　国連難民高等弁務官事務所、2001、212－216頁。
36　同上書、135頁。
37　大規模なQIPsの実施は1987年にニカラグアの帰還民に対して既に行なわれていた。多額の資金を必要としないがアイデアや資源、技能を帰還民と再定住先の住民との間で分け合うことを奨励し、帰還民の再定住支援を促進するものとして高い評価を得た。UNHCR, *Review of UNHCR's Phase-Out Strategies: Case Studies in Selected Countries of Origin,* 1 February 1997.
38　Loescher and Milner, 2008, p. 21.
39　この中では①難民条約および議定書の履行強化、②広範な人の移動のなかでの難民保護、③難民の受け入れ、保護に関する責任と役割の平等な分担と能力向上、④安全保障に関わる事項の効果的処理、⑤持続的解決のための努力、⑥女性・子供の保護の六つの目標が提示された。UNHCR, 2000.
40　UNHCR, *DRC, Zambia and UNHCR sign agreement for Congolese refugee returns,* 28 November 2006.
41　UNHCR, *Congolese refugees prepare for resettlement from Zambia to Scotland,* 25 January 2007.
42　UNHCR, 2003a.
43　国連難民高等弁務官事務所、1996、29－53頁。
44　UNHCR, *Handbook for the Protection of Internally Displaced Persons,* June 2010.
45　UNHCR, EC/57/SC/CRP.18, 8 June 2006.
46　UNHCR, 2010a, pp. 59-61.
47　UNHCR, 2010, *Contributions to UNHCR Programmes, as at 31 December 2009,* 7 Feburary 2010. より筆者算出。
48　UNHCR, 2010a, p. 60.
49　国連難民高等弁務官事務所、2006、6頁。
50　日本政府の2005年度の基金への追加拠出額が2495万USドルだったのに対し、2005年に基金からUNHCRに対する資金提供は79万USドルであった(前掲書および、外務省国際協力多国間協力課『人間の安全保障基金』2007年。より筆者算出。)。

51　Goodwin-gill, 1983.
52　UNHCR Regional Representation in Japan, *UNHCR Concerned over Unprecedented Refugee Deportation,* 18 January 2005.
53　UNHCR, *Japan: First Myanmar refugees arrive for resettlement,* 28 September 2010.
54　2005年1月の上院議会における当時のライス国務長官の発言の中で述べられた。イラン、北朝鮮、キューバ、ミャンマー（ビルマ）、ベラルーシ、ジンバブエの6カ国が含まれる。
55　United States Department of State, United States Department of Homeland Security, United States Department of Health and Human Services, *Proposed Refugee Admissions for Fisical Year 2004; 2005; 2006; 2007; 2008; 2009,* より算出。詳細はhttp://www.wrapsnet.org/Docu-ments/RefugeeProgramInformation/tabid/300/language/en-US/Default.aspxで閲覧可能（2011年3月20日閲覧）。
56　グローバルアピールに関する詳細はUNHCR公式ホームページhttp://www.unhcr.org/page-s/49c3646c26f.html参照（2011年3月20日閲覧）。
57　中山、2010。
58　UNHCR, 2002a, p. 237.
59　UNHCR, 2004, p. 382.
60　滝澤、2007、82頁。
61　UNHCR, *Real time evaluation of UNHCR's IDP operation in the Democratic Republic of Congo,* 30 September 2007.
62　ザンビアにおいて難民は保護区に住むことを義務付けられ、外部への移動に対しては政府当局の許可を必要とする。さらにザンビアの難民は就労に際し就業許可証を取得することが義務付けられている。The Government of Zambia, *Refugee (Control) Act, 1970,* 4 September 1970; *Immigration and Deportation Act*（last amended 1994）, 21 February 1967.

第III部

地域的ガバナンスの勃興

第5章　ヨーロッパ
―― EC／EUにおける排他的難民ガバナンスの構築 ――

　難民ガバナンス形成の端緒となったヨーロッパ諸国は、戦中・戦後に域内において大規模な難民が発生し、1960年代以降はアジア・アフリカなど域外からの難民の流入を受けてきた。現在もなお域外で生じている難民に対する金銭的貢献の要請のみならず、域外からの難民の流入やそれに対する国内の反発など、難民問題は各国の政策において重要な位置を占めている。

　ヨーロッパでは統合が高度に進展し、集権的な仕組みをもつ地域機構であるEUを核とし、経済や政治など様々な領域において域内協調を進めている。今日のEUは人権・民主主義、法の支配といった領域などにおいても国際社会を牽引するほどにその対外的プレゼンスを増大させており、その過程で近年は共通難民政策の導入が進められるなど、難民問題の非当事国であるにもかかわらず問題へ高い関心を持っていることがうかがえる。他方で、同政策は域外難民に対する排他性を特徴としており、必ずしも難民ガバナンスの標榜する規範に合致するものとはいえない。

　本章ではヨーロッパ統合の過程の中で、難民問題に対する協調が政策的にどのように位置づけられ展開していったのか、またその過程でEUがいかなる役割を果たしているのかについて検討し、ヨーロッパにおける難民ガバナンスの実態を明らかにしていく。

1.　ヨーロッパにおける協調をつかさどる原則

(1) 平和と経済的発展の追求と人権規範への傾斜
　第二次世界大戦後のヨーロッパ統合に向けた動きは、防衛と経済を除く共

通の関心事項に関する定期的な会合を中心とする緩やかな協調を提案するイギリスと集権的な協調を提唱する大陸諸国間の対立の中で始まった。後者が譲歩する形で1949年に創設された欧州評議会 (Council of Europe) は、社会的・政治的分野における基準策定のための政府間交渉の場として今日まで機能している。同評議会が採択した条約の一つに欧州人権条約があり、同条約の履行確保のため1959年に設立された欧州人権裁判所 (European Court of Human Rights) が同地域の人権救済に当たっている。

一方、後のEUに続く共同体創設の端緒はフランス・西ドイツ国境の石炭・鉄鋼資源の共同管理を通じ安全保障の確保を企図したシューマン・プランにある[1]。とりわけフランスは西ドイツがアメリカのもとで経済力・軍事力を再強化することを危惧しており、さらには東側諸国の共産主義化がもたらす軍事的・イデオロギー的脅威やアメリカの経済的覇権に対する脅威といった外的脅威の存在も統合を後押しした。西ドイツもまた連合国統治下からの主権回復と経済統制の終了を目論み、参加国の主権的平等を標榜する同プランへ賛意を示した。諸国の思惑は1952年の欧州石炭鉄鋼共同体 (European Coal and Steel Community：ECSC) の創設へと結実し、ECSC最高機関には国家主権の一部が委譲され、同機構は独自の財源のもとで共通市場の設立、労働者の自由移動の促進などの各種政策を推進する役目を担った。1958年には欧州経済共同体 (European Economic Community：EEC) および欧州原子力共同体 (European Atomic Energy Community：EAEC) が発足し、1961年のイギリスのEEC加盟を受け統合は更に加速し、1967年の併合条約により3共同体共通の単一の委員会と理事会が設置され、ECという呼称が一般化した[2]。さらに1992年にはEUへと発展を遂げ機構の権限が強化され、経済面のみならず政治面での統合が進められている。こうした統合の過程で、難民に対する協調は経済政策や内政政策との関連のもとで進められていくこととなる。

一方、人権政策は欧州人権条約のもとで個別国家によって進められていたが、1969年に欧州司法裁判所が基本権を共同体法の一般原則として確認したことにより、ECにおいても人権問題に対する協調が開始された[3]。そうしたEC／EUにおける人権傾斜の要因として山本 (山本直、2006) は以下の3

つの要因をあげている。まず第一に、国内立法に対する共同体法の優位性の原則の確立に際し加盟国憲法下の基本権への配慮が要求されたことがあげられる。第二に、EC／EUの権限の拡大を正当化するために、民主主義や法の支配、人権の尊重といった規範を組み込む必要があった。そして第三の要因は、人権が加盟国にとって欧州的アイデンティティを確認する手段であり対外的局面において域内の団結を促すものであったことにある。これらの要因は後にEUへの新規加盟国に民主主義・法の支配・人権及び少数者の尊重という政治的コンディショナリティを課すこととなり、対内・対外政策のあらゆる局面において人権の尊重が謳われたことは域外・域内の難民問題に対する共通政策にも影響を及ぼした。

(2) 伝統的な「共同体方式」と「補完性原理」(principle of subsidiarity)

　ヨーロッパ統合においては加盟国の個別利益と全体の利益それぞれを代表する機関が相互に調整を試みている[4]。クーミーズ (Coombes, 1970) が意思決定とアジェンダ設定が欧州委員会と欧州理事会という二つの機関により独占されていることを欧州統合の特徴として指摘する通り[5]、統合初期の欧州議会は欧州委員会の提案に対する諮問機関にとどまっていた。その後、全会一致制の理事会に対するフランスの反発を受け、多数決制に例外を設けることが決定された[6]。さらに1980年代以降、市場統合が国家主権の犠牲に値する分野に指定され、加盟国は拒否権を放棄し特定多数決制 (qualified majority voting) が導入された[7]。EUへの改組後は共同決定手続きを導入し加盟国間の対立利益については以下の二つの手続きによって調停を試みる旨を規定した。まず政策や条約の履行監督者、国際交渉における代表者となる欧州委員会が全体利益に基づき単独で立法や政策提言を行なう。一方その提案は理事会や欧州議会の採択を経ねばならず加盟国には修正を加える余地が残されているほか、とりわけ理事会が採用する特定多数決制は合意形成の効率化に寄与している。こうした共同体方式は特定の基準や協調行動に強硬に反対する加盟国への規範の押しつけを禁止する交渉プロセスに埋め込まれているとされ[8]、EUにおいてもソフトローによって国家間協調が担保されていること

がわかる。

　さらに、マーストリヒト条約第3条bは「共同体が排他的権限を持たない分野においては、補完性の原理に基づき、提案されている行動の目的が加盟国によっては十分に達成されず、共同体として行動した方が規模と効果の面でより達成される場合に限って、共同体は行動する」と規定している。すなわち、EUでは加盟国の国家主権、さらに下位レベルにある地域や地方の当局の権限が尊重され、重層的な統治構造のもとで柔軟なガバナンスを志向している。

　上記のような複雑な意思決定手続きのもとで、難民問題に関する意思決定手続きが制度化の進展に伴って特定多数決制へと変化していく過程から、難民問題が次第に共同体の主要な関心事項として格上げされていく様子が窺える。他方でEUが排他的権限を持つ分野に該当しない難民政策に関しては個別国家の裁量の余地が残され、政府間協力の性格を残している。

(3) EUの拡大

　EUにおける統合の深化は、加盟国の拡大と共に生じている。わずか6カ国でECSCが発足してから60年もの間に6度の拡大を経験し、2013年の時点でEU加盟国は28カ国にものぼっている。とりわけ冷戦が終結した後の第4次拡大以降、EUは旧東側諸国を加盟国に迎えながら拡大を続けている。こうした拡大の歴史は、EC／EUを民主主義の成熟度やイデオロギーなどの内政状況や経済発展の程度や産業構造などにおいて同質な国による統合から異質性に富んだ多国間の協調の枠組みへと変化させた。その過程において、新規加盟国には既存のルールや手続きの遵守義務を課される一方で、従前からの加盟国もまた加盟国の拡大によって生じた地域全体の共通利益の変化や拡大がもたらす各種弊害に対応し、共通政策を変化させながら対応することを余儀なくされている。難民問題への地域的な対応もまた加盟国拡大による加盟国間の利害関係の変化に晒されながら、同地域に影響を及ぼす難民問題との関連において発展していくことになる（図3）。

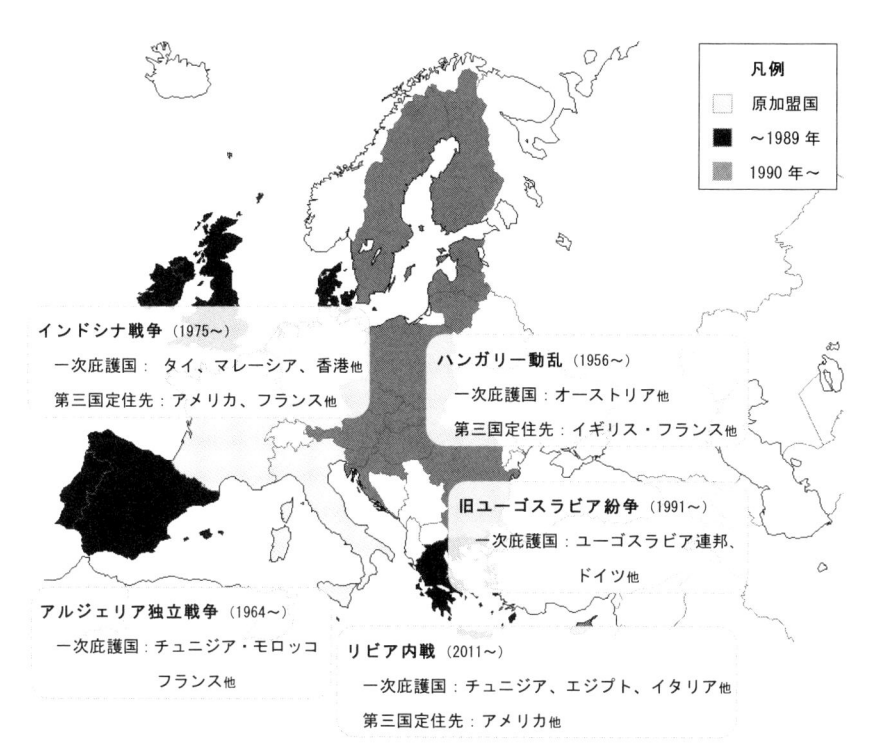

インドシナ戦争（1975〜）
一次庇護国：タイ、マレーシア、香港他
第三国定住先：アメリカ、フランス他

ハンガリー動乱（1956〜）
一次庇護国：オーストリア他
第三国定住先：イギリス・フランス他

旧ユーゴスラビア紛争（1991〜）
一次庇護国：ユーゴスラビア連邦、ドイツ他

アルジェリア独立戦争（1964〜）
一次庇護国：チュニジア・モロッコフランス他

リビア内戦（2011〜）
一次庇護国：チュニジア、エジプト、イタリア他
第三国定住先：アメリカ他

凡例
原加盟国
〜1989年
1990年〜

図3　EC／EUにおける統合の拡大と本章に登場する難民問題（一部抜粋）

2．ヨーロッパにおける域内協調の始まりと難民問題の処遇

(1) 大戦による大規模難民とグローバルな難民ガバナンスへの注力

　第3章で記したようにヨーロッパの難民問題の解決に向けた協調は戦間期に開始され、戦後UNHCRの設立と1951年難民条約の採択によって確立した。戦間期と戦後を通じてヨーロッパ諸国は出身国及び一次庇護国として難民問題に直接利害関係を有し、難民ガバナンスの構築に強い関心を持っていた。協調の矛先は国際連盟や国際連合を用いたグローバルなガバナンス構築に向けられ、アメリカに対する積極的な交渉への参加要請に繋がった。

　他方で、地域機構の不在によるヨーロッパ諸国間の合意形成の失敗はアメリカの主導を招き、ヨーロッパ諸国の選好を十分に反映しないグローバルな

難民ガバナンスの構築に結実した。すなわち集権的な意思決定手続きをもたず、かつ十分な発言力をもたないヨーロッパ諸国は、ガバナンス構築の必要性に直面しながらも自身の意見を反映することができないジレンマを抱えていたといえる。

(2) 冷戦期におけるヨーロッパ難民問題の位相

1945年5月の時点でヨーロッパ全域の難民・避難民の数は4000万人以上に達していた。IROなどによる国際的な援助のもとでその数は1951年までに40万人程度に減少したが[9]、その後に難民ガバナンスの試金石となったハンガリー動乱でオーストリアやユーゴスラビアに多くの難民が流入すると、イギリスやドイツなどは第三国としてハンガリー難民の再定住の受入れを積極的に行なった[10]。

1970年代に入ると南米における軍事クーデターから逃れてきた者やインドシナ難民など非ヨーロッパ地域からの難民の到達が始まった。1980年代前半まで西ヨーロッパへの庇護申請者は年間10万人前後で推移したが、そのうちおよそ70％を占める東ヨーロッパ出身者は庇護を与えられヨーロッパ社会に定着した[11]。1980年代半ば以降、その質と量に変化が訪れ、1986年には庇護申請者数はおよそ20万人に膨らみ、89年には31万6900人に達した。80年代から90年代にかけてアフリカ、アジア、ラテンアメリカ、中東からの庇護申請者の数は増加を続け、1992年には69万6500人に達した。

(3) 地域的移民ガバナンスの形成
(i) 域内の自由移動に向けた協調の始まりと国家の利害関係の対立

ヨーロッパの移動政策は域内から域外へ移動、域外から域内への移動、そして域内移動の3つに分けられる。戦後間もなく労働力不足に直面していたヨーロッパでは、諸国の移民労働者需要に呼応して域内移動に対する協調が開始された。ECSCは石炭採掘・鉄鋼製造に従事する域内の外国籍保持者の雇用を認めたほか、1950年代に議論された種々の共同体構想の中でも人の移動を盛り込むことが提案された。EECの設立交渉過程で国内に多くの

余剰人口を抱えるイタリアは域外への移動を含めた自由化を提案していたのに対し、ベルギーからは域外の問題を扱うことへの反対意見が提示された。その結果、1958年に発効した「欧州共同体設立条約」(Treaty Establishing the European Community)[12]では共同体の目的の一つに域内における自由移動が掲げられ、労働者の自由移動に関する規定が設けられた(第48条−第51条)。

しかしながら、こうした取り組みは国家主権の相対化を伴う統合に反対するド・ゴール (de Gaulle) 政権下のフランスによって停滞を余儀なくされる。すなわち、統合は依然として国家主権に譲歩を強いられており、ヨーロッパにおける難民問題は国際的な難民ガバナンスのもとで解決の道が模索される傍ら、経済的観点から各国の個別政策のもとで扱われた。1945年の時点で避難民の多くはドイツに居住していたが、同年のヤルタ会談は戦時中に発生した旧ソ連からの避難民のソビエト送還を決定したのに対し他の国籍保持者については各国に対応を一任し、イギリスやフランスが労働者としての難民の受入れを決定した。その背景には戦後の経済的不況及び労働人口不足の問題があり、たとえば1945年半ばから1946年末の間に労働人口が138万人も減少したイギリスは復興事業に不可欠な労働力を確保するため東ヨーロッパやバルカン諸国からの難民へ期待を寄せていた[13]。

(ii) 域外アクター主導による域外への移動に関する協調の進展

域内居住者の域外への移動をめぐるヨーロッパ諸国と域外諸国による協調は、オランダやイタリア、ギリシャで顕著に見られた余剰人口の域外への移住を巡って開始された。当初ILOを用いた対応が検討されたが、反対するアメリカの提案を基に1951年に欧州からの移住のための政府間暫定委員会 (the Provisional Intergovernmental Committee for the Movement of Migrants from Europe：PICMME) が設立され、翌年に欧州移住政府間委員会 (Intergovernmental Committee for European Migration：ICEM) に改称された。同組織は、主に欧州からラテンアメリカへの移住促進を目的とし、ヨーロッパ諸国のほかオーストラリア、ボリビア、ブラジル、カナダ、チリ、アメリカ合衆国など16カ国で構成された[14]。依然としてヨーロッパ統合の核となる組織が不在であっ

たことや域外への移動という性質に鑑みると多数の非ヨーロッパ諸国の参加は当然の帰結であったといえる。

同組織は難民の再定住事業にも従事し、1952年の香港に居住するヨーロッパ難民への援助を機に、ハンガリー難民18万人やチェコスロバキア難民4万人、旧ソ連から避難していたユダヤ難民の再定住を支援した。同組織の援助対象者は徐々にヨーロッパ外へ拡大し、1970年代以降バングラディシュ難民やネパール難民、さらにはインドシナ難民の再定住事業にも従事した。そうした活動拡大の過程で同組織は1980年に移住政府間委員会 (Intergovernmental Committee for Migration：ICM) へ改組し加盟国を30カ国にまで増加させ、さらに1989年には国際移住機関 (International Organization for Migration：IOM) へ改称し現在に至っている。

(iii) 域外からの移動者に対する協調

それに対し、域外から迎えられた労働者はゲスト・ワーカーと呼ばれ、多くは旧植民地と宗主国の関係性を利用して受入れが進められた。たとえばアルジェリア独立戦争に際して100万人を超える入植者とフランス軍に加勢したアルジェリア人16万人移住を受け入れたフランスでは[15]、移民労働者のうちアフリカ出身者は1962年の時点で14.9％にものぼった[16]。またイギリスなどはインドやパキスタンから多くの労働者を迎えていた[17]。他方で、ガスト・アルバイター (Gast arbeiter) 制度の先駆者である西ドイツはギリシャ・トルコ・ポルトガルなど近隣諸国のみならずモロッコやチュニジアなどからも労働者を受入れていた[18]。モロッコやチュニジアではアルジェリア難民の受入れ数が1959年の時点で計26万人に達しており[19]、同政策はこれらの国々の人口過剰やそれに伴って発生する諸問題の打開策として機能したといえる。

各国の労働力の確保を目的とした難民受入れ政策に対し、欧州評議会は1959年の「難民の査証制度の廃止に関する欧州合意」で加盟国間の難民の移動の自由化に触れ[20]、さらには難民の地位向上を提言した[21]。またEECにおいても上記の問題が議題にのぼり、1964年の宣言は「1951年難民条約に

基づく認定を受け共同体内の他の加盟国内に定着した難民による労働を目的とした領域内への入国は、それらの難民に対し領域内で可能な限り最も有利な処遇が与えられるように特別な配慮をもって審査されなければならない」として[22]、難民の処遇に言及した。

(ⅳ) 各国の出入国管理の厳格化と域内における負担分担の模索

　石油危機などによる1970年代以降の経済情勢の悪化を受け社会問題が深刻化すると、国民の間で反移民感情が醸成され、各国は労働者の受入れを停止または制限することを余儀なくされた。同時にECに対しても域内共通政策の制定要求が高まり、ECは労働移動の抑制政策へと舵を切ることになる[23]。1974年の時点で域内の移動労働者数は域外からの者も含めて600万人以上に達しており、以後5年のうちにその数は1000万人に増加した[24]。さらに1970年代前半までにEC加盟国に押し寄せる難民の多くがヨーロッパ出身者であったのに対し、以後非ヨーロッパ出身者が急増するが、そうした変化には非ヨーロッパにおける武力紛争や独裁政権・軍事政権下の混乱に加え、上に示した諸国の労働者受け入れ政策の転換が影響していた。すなわち、労働者の受入れ拒否を予見した者が難民としての入国を企図したのである。さらに通信手段や航空輸送手段の発達はヨーロッパへ飛来する難民を増加させ、各国は旅券をもたない難民を移送した航空会社への罰則規定の導入などにより難民の流入そのものを抑制しようとした。それにもかかわらず難民や庇護申請者の流入はやまなかったため、各国が相次いで難民法や出入国管理法を改正し難民の入国管理の強化を図った。

　他方で、第3章で指摘したとおり非ヨーロッパ難民の増加はEC加盟国に対し国際的な再定住制度への協調を迫ったが、各国は独自に受入れを行ない[25]、とりわけインドシナ難民は旧宗主国であるフランスに積極的に受入れられた。同時に地域的枠組みを用いた関与が模索され、台湾領内のベトナム難民の第三国への移送コストを第三国だけでなく部分的にICEMが負担する試みがなされた[26]。こうした既存の政府間交渉の枠組みを通じた負担の分担は加盟国に対し受入れに伴う負担増加の懸念を払拭すると同時に、加盟国

間の不公平感を是正し政策調整に寄与するものであった。さらに欧州評議会のもとで締結された「難民の移送責任に関するヨーロッパ合意」[27]は、加盟国の難民への旅券発行などに関する責任の所在を明らかにすることで、対応の統一と責任の分担に寄与した。合意に先立って提出された評議会の勧告はフランスやドイツ、スイスなどによる負担分担に関する二国間合意の締結を促すなど、同合意は早くから加盟国の同意を得ていた。また公式文書の中でもたびたび事実上の難民について言及され、各国の対応策の改善や国家間の一層の協調を促した[28]。それに対し難民問題を共通関心事項と認めていなかったECでは具体的な政策協調は行なわれず、UNHCRへの資金的貢献や情報交換による協力など域外アクターとの連携の任務に留まった[29]。

(4) 共通政策とイシューリンケージによる難民問題への対応
(ⅰ) 農産品に関する共通市場を用いた難民援助

　初期のヨーロッパ統合は、ヨーロッパにおいて農業従事者の割合が高かったことや食糧の安定的確保が求められたことを背景に、市場統合の形で進められた[30]。1962年に穀物、豚肉、家禽肉、鶏卵、果物、野菜、ワインの共同市場が設立されると、続いてコメ、牛乳・乳製品、砂糖の共同市場が設立された。これらの品目は当時の加盟国の農業生産の90％を占め[31]、共同市場の成立は共通対外援助政策の成立を促すこととなった。1968年よりEECは途上国に対する食糧援助を開始するが、その背景には「関税及び貿易に関する一般協定」(General Agreement on Tariffs and Trade: GATT)のケネディ・ラウンドの中でEECの共通農業政策が保護主義的であると批判されたことと[32]、同交渉の末に採択された「国際穀物協定」の中に設けられた「食糧援助規約」が定める途上国に対する食糧援助義務が存在する。こうして経済的な国際協調に付随する形で開始された途上国援助は1970年代に入り域外難民に対する食糧援助へと拡大していく。1972年にEECは理事会においてUNRWAとの間でパレスチナ難民援助に関する合意文書を締結するが[33]、援助品目には小麦、コメ、油、ミルクなどがあげられており当時共通市場が設定されていた品目と合致する。理事会は事案ごとに援助物資の量や輸送、

支払などの手続きについて確認する場として機能したほか、援助に従事する国際機関への支援が決定された[34]。さらに援助対象者は難民に拡大し、さらにはインドシナ難民など非ヨーロッパ難民に対しても行なわれ[35]、難民援助事業を司るUNHCRへの包括的な食糧提供の実施によって一層の広がりを見せる。

　上記のような経済政策とのイシューリンケージのもとでの難民援助が活発化した時期は、奇しくも各国が難民の入国管理を厳格化した時期と重なり、1970年代はヨーロッパ諸国が難民の受入国からドナー国への移行を図った時期となった。またEECによる域外難民援助は出身国や受入国に対する直接的な援助ではなく援助事業に従事する国際機関に対する支援の形態をとり、難民問題の当事国との交渉や活動にかかる諸費用を削減し、迅速な対応を可能にするものであった。また域内市場における援助品目の調達は域内産業の振興に寄与すると同時に、域内市場における生産過剰対策を兼ねていたことが指摘されており[36]、同政策のもとでの協調は加盟国に利益を還元するものでもあった。さらに難民への食糧援助は、各国の難民の受入れ数の減少に伴う国際的な批判をかわすことにも一役買った。他方で、インドシナ難民に関連して、1980年の欧州議会は国連他、旧ソ連、アメリカ、中国といった大国に対し解決に向けた外交努力を尽くすよう提言している[37]。すなわち、EECは対内的には加盟国の負担を軽減しつつ対外的には国際社会の批判をかわすことにより加盟国の利益の最大化を図っていた。

(ii) 途上国政策の発展と難民援助への拡大

　経済統合が進められる傍ら、加盟国は旧植民地諸国との経済関係の再構築を通じた更なる経済的利益の達成を目論んでいた。原加盟国6カ国中フランス、イタリア、ベルギー、オランダの4カ国が植民地を保有する状況において、植民地関連負担の一部を共同体に負わせることを目論むフランスに主導される形で共通途上国政策の策定が始まった。さらにEECは1963年には旧仏領諸国によって形成されるアフリカ・マダガスカル連合諸国（Associated African States and Madagascar：AASM）との間で第一次ヤウンデ協定

(The Yaoundé Convention)を締結し、EECからの経済援助や融資のほか、相互特恵制度について定めた。同協定は域外難民援助への布石となり、1969年に更改された第二次ヤウンデ協定に基づき[38]、第三次欧州開発基金(European Development Fund：EDF)を用いた人道援助が開始された[39]。これらの援助は例外的援助(exceptional aid)と呼ばれ、同協定第20条は連合諸国が経済的不況や自然災害などの特別で例外的な異常事態に直面した場合に備えてECが基金を設立する旨を規定した。

さらにイギリスのEEC加盟により旧英連邦諸国を組み込む形で「アフリカ、カリブ海および太平洋諸国」(Africa, Caribbean and Pacific Countries：ACP諸国)との間で第一次ロメ協定(The Lomé Convention)が締結され、1979年に更改された第二次ロメ協定ではACP諸国における紛争の多発や難民の増加など人的災害に対応するために人道援助と開発援助を区別する必要があることが認識され、例外的援助は緊急援助に形を変えた。しかしながら、これらの援助はNGOsや国連機関など危機に対して迅速な対応が可能な団体への援助に限られていた[40]。それに対し、1984年の第三次ロメ協定はACP諸国が直面する難民や帰還民への援助は緊急援助ではカバーできないとして、彼らの自立や統合あるいは再統合を目的とした長期的な援助を別途行なう旨を規定し、8000万ECU[41]を充てることとなった[42]。こうしたACP諸国の難民に対する緊急援助と長期的援助は1989年に更改された第4次ロメ協定に引き継がれ、難民のみならず一次庇護国国民のニーズへの配慮することや当該国家が指定するプログラムと共に援助が用いられる旨が規定された[43]。同協定のもとでは1995年から5年間でACP諸国に対してEDFから129億6700万ECU、欧州投資銀行(European Investment Bank)から16億5800万ECUが提供され、それぞれから緊急援助と難民援助に2億6000万ECUがあてられることとなった[44]。

以上のようにEEC加盟国は途上国政策との関連のもとで、域外難民へ資金援助を行なうドナー国としての地位を確立していく。既に見てきた通り第三国としての難民の受入れに対し排他的な政策をとる加盟国にとっては人道援助を行なっているという証左を域外アクターに対して示すと同時に、旧

宗主国にとっては旧植民地諸国との関係の強化に資するだけでなく加盟国のGDPに応じた額の積み立てによって賄われるEDFを通じた援助は加盟国間の公平な負担分担に資するものでもあった。さらに、途上国援助の対象は1980年代以降のEC加盟国の拡大に伴いスペイン・ポルトガルの植民地である中南米諸国にも拡大する。その後、冷戦終結によってその対象は旧東側諸国へと拡大し、加えて植民地保有経験を持たないスウェーデンやフィンランドの加盟は宗主国－植民地関係に囚われない途上国への開発援助政策への転換を後押しした。すなわち統合初期は旧植民地保有国の利益がECの利益を代表していたのに対し、加盟国の拡大によって統合体における加盟国の共通利益が変化し、それに伴い共通政策が変化を遂げ、その影響が難民政策にも及んだといえる。

3. ヨーロッパにおける統合の深化と難民政策の共通化

(1) ポスト冷戦期におけるヨーロッパの難民問題

(i) 冷戦の終結と難民の流入の増加

　冷戦末期の東側諸国の混乱はヨーロッパにおける難民の増加を引き起こした。1984年の時点でヨーロッパ全体の難民の数はおよそ68万人だったのに対し、翌年には100万人を突破した。さらにベルリンの壁の崩壊は旧ユーゴスラビアなどの旧東側諸国からヨーロッパ地域への大規模な難民の流入を引き起こし、加えて非ヨーロッパ地域での内戦の増加によりイラクやアフガニスタンなど世界各地からも多くの難民がヨーロッパに到達した。1992年の西ヨーロッパにおける庇護申請者およそ69万人のうち、旧ユーゴスラビア紛争からの難民が23万5000人で総数の3分の1にのぼり、ルーマニア難民とブルガリア難民で全体の5分の1が占められていた。とりわけ東側諸国からの難民の多くが殺到したドイツでは1993年の時点で難民の数が140万人にものぼり、過去10年間で14倍に増加した。各国は従来の難民認定に用いられる個別申請手続きに代わり申請を一括して扱う一時的保護制度を用いるなど対応を試みたが、その後のコソボ紛争（1998－1999）に代表されるよう

な1990年代の未曽有の難民危機によってヨーロッパの地域的な難民ガバナンスも変革圧力に晒されることとなった。

一方で旧東欧諸国における民主化の進展によりそれらの地域からの庇護申請者数が減少すると[45]、かつての難民の送出国は受入国へと変化し、チェコ、ブルガリア、ルーマニア、ポーランドなどの中欧・東欧諸国、さらにはロシアが1990年代前半に相次いで1951年難民条約および1967年議定書に加盟し難民の受入れを開始した。1997年の中欧諸国への庇護申請者数はヨーロッパ全体の1％に過ぎなかったが、数字の上ではハンガリーがノルウェーを上回るなど、難民にとっては庇護申請先の選択肢が増加したことを意味する。また旧東側陣営の受入国化は旧西側諸国、ひいてはEUの庇護政策に影響を及ぼすことになった。

(ii) 各国の国境管理の厳格化

EUにおける難民政策の共通化に向けた一連の動きは、加盟国による排他的な難民政策の実施を促すというジレンマを生んでいる。経済的動機を持った移住希望者による庇護手続きの濫用に対し、加盟国は庇護申請者を自国へ引き付けるプル要因をなくすことにより庇護申請者件数の減少を試みた。1990年代を通じて旧ユーゴスラビア紛争からの難民を積極的に受入れボスニア難民35万人とクロアチア難民10万人の保護に当たったドイツ国内においても、難民の受入れに対する不満の声が上がり、1998年の総選挙では「キリスト教民主同盟」が庇護の濫用を厳しく批判した。ドイツ政府は庇護申請者への援助を現物支給に切り替えると共に支給内容を最貧層市民の受給分の80％に削減し、さらには庇護申請者を施設に入れ事実上の拘禁状態に置くなど、申請者の到来を抑制する策を講じた。さらには難民認定にあたり狭義の法解釈を適用し、例えばアフガニスタンのタリバン勢力から逃れてきた者についてはタリバンが政府でないことを理由に申請を棄却した[46]。

(2) 自由移動政策の発展と難民問題への拡大

(i) EC／EUにおける統合の深化と拡大

　1980年代に入ると、石油危機によって等しく打撃をうけたアメリカや日本が経済成長を軌道に乗せたことを危惧し、低迷を続けるヨーロッパ諸国は市場統合による経済圏の形成による浮上を目論んだ。1987年に採択された「単一欧州議定書」には、単一市場の完成のほか特定多数決制の導入、欧州議会の役割や欧州委員会の執行権の強化が盛り込まれ、統合の加速に寄与した。またギリシャ、ポルトガル、スペインの加盟を通じて、統合は拡大の一途を辿ることとなる。

　さらに冷戦の終結及び湾岸戦争や東欧における混乱は安全保障や内政におけるヨーロッパ統合の必要性を喚起した。1992年に調印された「マーストリヒト条約」は、第一の柱である欧州共同体 (European Communities：ECs) における経済統合政策に加え、第二の柱である共通外交安全保障政策、第三の柱である司法内務協力 (Justice and Home Affairs：JHA) をEUの基本構造として定めた。第一の柱のもとでは加盟国がECに対し国家主権を委譲している分野が存在し、ECsは国際法人格を有し加盟国から独立して行動することが可能であった。また意思決定手続きには共同決定手続きが採用され、欧州議会に対し欧州理事会と同等の権限が付与されることになった。それに対し新たに統合の分野に加わった第二・第三の柱は、政府間協議に基づく政治協力枠組みに位置付けられた。

　さらに1999年発効の「アムステルダム条約」では欧州議会に対する欧州委員会委員長の承認権の付与や共同決定手続きの適用案件の拡大などが規定され、意思決定手続きの民主化が図られた[47]。さらに2003年発効の「ニース条約」では肥大化するEUの効率化のため、委員会の定数削減や議会定数の再配分、理事会における特定多数決制の採用される分野の拡大と共に、更なる共同決定手続き適用案件の拡大が決定された。続く2009年発効の「リスボン条約」では欧州理事会の議長職について加盟国による輪番制に変えて常任ポストが設置され、全体の共通利益と国家利益の相克による協調の停滞を克服し政策の安定性と継続性を確保することが期待される。加えて新設され

る欧州対外活動庁の外務・安全保障政策上級代表ポストを通じたEUの対外政策の強化が図られ、一層の統合促進が図られている。

こうした統合の深化の過程でEU加盟国は旧東側陣営へと拡大し、冷戦終結時には12カ国に過ぎなかった加盟国数は、2007年には27カ国にも達した。それらのEUへの新規加盟国は民主主義・法の支配・人権及び少数者の尊重と保護のための諸制度を有するという政治的基準、EU域内の競争力と市場力に対応可能な市場経済を有するという経済的基準、EU法が定める義務を遂行する能力を有するという法的基準の3つの基準を課されることとなる[48]。これらの基準によって、新規加盟国は共通化された難民政策の履行義務を必然的に課せられることになった。

(ii) 域内移動の自由化の進展と難民流入管理の厳格化

マーストリヒト条約の特徴の一つである第三の柱、すなわち司法・内務分野での協力が盛り込まれた背景には自由移動概念の発展があげられる。同条約が目指す自由移動とは、従前とは異なり経済活動にかかわらない一般的な移動の自由化を意味している。国家主権の移譲を嫌い統合の妨げとなっていたフランスがド・ゴールの退任以降統合に舵を切ったことは統合の推進に寄与し、イタリア、ドイツ、ベルギーと共に「欧州市民権」の概念化を進めた[49]。その結果、マーストリヒト条約にはEU市民の規定が盛り込まれ、さらにはスペインなどの提案に基づき自由移動に関する規定が設けられることとなった[50]。他方でイギリスの提案に基づき自由移動に関する意思決定には全会一致制が採用されるなど[51]、自由移動に関しては各国に裁量の余地が残されることとなった。

それと並行してEC外部でも自由移動に関する協調が進められ、1985年に西ドイツ、フランス、ベルギー、オランダ、ルクセンブルクの5カ国の間で域内の国境審査を廃止し自由移動を促進するためのシェンゲン協定 (Schengen Agreement) が締結された。その後同条約を補足する「シェンゲン協定実施条約」(Convention implementing the Schengen Agreement of 14 June 1985) が締結され[52]、イタリア、スペイン、ポルトガルが同協定に加わった。シェ

ンゲン協定は国境管理のほかに共通査証の発給や難民申請の取り扱いに関する協力などを目的とした。続く旧ソ連の崩壊や東欧諸国における紛争によって発生した難民や移民のヨーロッパ流入に対処すべく、シェンゲン実施協定には外囲国境管理を厳格化するための旅客輸送会社への制裁規定などが盛り込まれた。その後シェンゲン協定はアムステルダム条約の附属議定書としてEUに組込まれることとなり、関連法規全体はシェンゲン・アキと呼ばれ、従来のシェンゲン執行委員会の権限が理事会に引き継がれることでEUにおける移民問題への管轄権が強化された。同条約には部分的な参加にとどまっているイギリスやアイルランドを除いたすべてのEU加盟国のほか、EU非加盟国であるノルウェー、スイス、アイスランドが同条約に参加している[53]。

　マーストリヒト条約の第三の柱には移民問題と共に難民問題が含まれることが明記され、庇護政策や出入国管理、移民政策は加盟国の共通利益であると規定される。そのため加盟国は理事会に対し情報の提供や照会を行ない、最終的に加盟国の関係機関間の連携を謳っている。一方、欧州理事会には共通ポジションや共通アクションの採択を通じて加盟国間の協調を促進しEUの目標を達成する任務が与えられている。自由移動政策は経済の効率的発展のため域内国境における入国審査の廃止を標榜していたが、それは同時に外囲国境における国境管理の一元化を意味する。すなわち第三国国民の入国審査は加盟国共通の関心事項となり、必然的に第三国国民である難民の庇護申請の審査に関しても加盟国間での政策協調が必要とされるようになった。こうして、諸国の経済的利益の追求のための政策統合が難民政策に派生したのである。

　また難民のEU域内への到達を阻止するうえでも、移民政策と難民政策の一元化が進んでいる。例えば、新たに設置された欧州域外国境管理協力機関（European Agency for the Management of Operational Cooperation at the External Borders of the Member States of the European Union: FRONTEX）は外囲国境管理の強化の任務にあたり[54]、第三国国民の不法入国の責任を輸送事業者に負わせる指令や[55]、不法移民の防止や送還を目的とした情報交換のため域外国に移民連絡担当官を配置する「移民連絡担当官ネットワーク」の創設などが行

なわれている[56]。2010年のアラブの春以降、リビア内戦などの混乱によりアフリカ大陸から地中海を渡って多くの難民がヨーロッパへと向かった。とりわけ6000人もの流入を受けるという異例の事態に直面したイタリアは公式にFRONTEXに援助要請し、EU外部国境における監視を要求した[57]。それを受けFRONTEXは、イタリア当局による北アフリカ、特にチュニジアからの移民の流入管理を支援することとなった。その結果、加盟国から派遣されたスクリーニング等の専門家がイタリア政府当局者と共に当事者へのインタビューを実施し、総数の20%に対し国際的な庇護申請を行なうよう指示を与えた[58]。

(3) 個別政策の収斂による欧州共通庇護制度の成立
(i) 加盟国間の負担分担の模索と難民問題への管轄権の拡大

　直接的な難民問題への政策協調は、1980年代以降の難民問題の深刻化と統合の深化と共に開始される。欧州議会は1987年の「庇護の権利に関する決議」[59]で庇護申請者や難民に対する共同体の道義的歴史的責任の観点から難民の締め出しを行なっている加盟国が庇護申請者に対して寛大な措置を取ることを求め、査証要件の緩和など庇護申請手続きに関する原則を示したほか、理事会に対しては自国の難民政策への不満を持つヨーロッパ市民への情報提供や加盟国における庇護申請者への教育機会を充実させるよう求めた。

　また難民問題がEUの管轄下に入る以前にECの枠外で締結されたダブリン条約は増加する庇護申請者に対して加盟国が一致して対応するため、庇護申請の審査責任国を特定する、翻せば難民が庇護申請できる国を一国に限定する、「安全な第三国」基準を導入した[60]。同基準は安全な第三国を経由してきた庇護申請者を当該国へ送還することにより、難民認定に対する加盟国間の責任の所在を明らかにし難民のたらい回しを防止すると同時に、難民による複数の加盟国での庇護申請を防止するものであり、加盟国の負担の軽減を図るものであった。さらに2003年の「ダブリン規則」(Dublin II Regulation)によって庇護申請の審査責任を負う加盟国を決定する具体的な手続きが規定された[61]。1951年難民条約は迫害の恐れのある国への難民の送

還を禁止するノン・ルフールマンの原則を規定しているが、安全な第三国に認定された加盟国への送還は同原則に抵触せず、加盟国の負担の軽減に資する。しかしながら同規定は庇護を求める者が最初に到達する外囲国境をなす加盟国への過剰な負担を強いることになり、加盟国間における負担分担の原則に反する。加盟国の拡大に伴い難民の流入に直面するような外囲国境国は必然的に新規加盟国となり、同基準は加盟国間のパワー配分が反映された規定であると同時に、EUにはその調整と是正の任務が期待され、FRONTEXの派遣はその一つであるといえる。

　マーストリヒト条約に続いて難民問題に対するEUの権限を強化したのはアムステルダム条約である。同条約により難民政策は国境管理、移住政策、民事司法協力とともに第一の柱であるEC条約に組み込まれ[62]、意思決定において共同体が主導力を発揮する素地が整えられた。同条約には5年以内に共通出入国管理と難民政策を策定する旨が定められ、とりわけ難民庇護政策に関しては5年経過以降欧州理事会の通常の意思決定事項となり、全加盟国による意見の一致が不要となる。他方で、欧州議会には政策策定における諮問機関として限定的役割が付与された[63]。また、同条約63条は難民の庇護申請に関わる基準について発効から5年以内に必要な措置を定めるよう定めた。さらに、同条約は自由・安全・正義の領域(area of freedom, security and justice)を設置するために、欧州共同体設立条約に「査証、難民、移民および人の自由移動に関する諸政策」(Visas, asylum, immigration and other policies related to free movement of persons)を盛り込み、EUに対して移民と難民問題に関する法制度化の権限を付与した。

(ii) ソフトローから法的拘束力をもつ共通庇護制度への発展

　EUにおける統合の深化と難民問題に対する管轄権強化の動きは、共通庇護制度の創設へ向けた動きへとつながっていく。その動きを牽引したのは1990年代に加盟国の中では最多となる35万人のボスニア難民を受け入れたドイツであった。ドイツによる負担分担要求に対し、1995年の「庇護手続きにおける最低保障」に関する理事会決議では加盟国間で等しい手続きの下

で庇護申請が処理されるよう、申請者の処遇や明らかに根拠のない庇護申請への対応など、手続きに関する詳細な基準が定められた[64]。さらにその履行達成のためのプロジェクトに対して1997年に37億5000万ECUを超えない範囲において通常予算から資金拠出されることになった[65]。またEU共通の難民の定義に対する解釈についてもドイツとフランスの利益が反映され、1996年の共同ポジションでは難民認定の必要条件となる迫害の主体は国家であると規定された[66]。このような限定的法解釈は加盟国が独自に採用していたものであり、各国の個別の慣行が収斂することにより、共通庇護制度の性格が規定されたものといえる。なお、これらの理事会決議や共同ポジションは加盟国を拘束するものではなくソフトローの形態をとることにより加盟国に裁量の余地を残していた。

さらに1999年のタンペレ理事会では「欧州共通庇護制度」（a common European asylum system）という文言が採用され[67]、「タンペレ計画」および2004年の「ハーグ計画」では政策統合に向けた段階的な行動目標が定められ、理事会や委員会の果たすべき役割が明記されている[68]。それを受け、理事会は庇護申請者の受入れに関する最低基準の設定に関する指令や[69]、第三国国民や無国籍の難民の地位や認定に関する最低基準に関する指令の中で[70]、加盟国間で共通の庇護審査基準を採用し申請者が享受できる利益の最低基準を示した。これらの指令は加盟国を拘束するものであり、委員会による裁判所への提訴や[71]、委員会の提出する報告書での評価を通じ[72]、加盟国の履行遵守が図られている。

一方、共通政策の制定は意思決定手続きの整備によっても後押しされ、ニース条約によって庇護政策と移民政策には共同決定手続きが用いられることが確認された。すなわち両政策に関する加盟国の発議権がなくなり特定多数決制へ移行することが確認されたのであり、庇護政策がEUにおいて重要事案へと格上げされたことを意味する。さらに欧州憲法は欧州共通庇護制度および共通移民政策の形成について規定しており、加盟国全体で有効な難民の統一的地位の制定や副次的保護（subsidiary protection）の統一的地位の制定などが挙げられている[73]。また、加盟国への難民流入に際し、理事会は欧州

委員会の提案に応じて関係加盟国のために暫定措置を採択できると定めている。また共通政策とその実施に関連して、全加盟国が連帯して行動することで財政面を含む公平な負担分担を達成する旨が明記されている[74]。さらにリスボン条約のもとでの制度強化に連動して、難民・移民政策の共通化に向けた動きも加速している。同条約のもとでEC条約はEU運営条約に継承され(EU条約第1条)、連合が構成国と権限を共有する分野の一つに「自由、安全保障、正義の領域」が組み込まれ、刑事司法協力や警察協力のほか国境管理、庇護および難民政策が移管され、共通庇護制度にむけた欧州議会及び理事会の行動(同上第78条)、公平な責任分担の原則についても明記された(同上第80条)。すなわちリスボン条約は加盟国間における最低基準の設定にとどまらない共通政策の創設を志向するものであった。また、同条約により難民や移民等の自由移動に関して加盟国の国内裁判所も欧州連合司法裁判所に対し先行判決を求めることが可能となり政策協調を後押ししている。また2009年の「ストックホルム計画」は加盟国間の責任の分担と連帯に言及し[75]、理事会と欧州議会に対し共通庇護制度と国際的保護の対象者に関する統一的な地位の策定を要請した。その結果、2011年には難民に関する統一的地位に関する指令が採択されている[76]。これらの取組みはEUにおける難民政策のハードロー化の表れであるといえよう。

　以上のような動向にもかかわらず、他方で、同条約の規定は移民政策に関する個別規定を別途設け、自国へ流入する第三国国籍保持者数を決める加盟国の権限を妨げない旨が明記されており(同上第79条5項)、加盟国の国家主権との比重に配慮している。さらには、加盟国における庇護申請の対応状況は大きく異なっていることも欧州委員会によって指摘されている。例えば、イラク人の庇護申請者はある加盟国では71％の確率で保護を受けることができるが、別の加盟国ではその確率が2％にとどまるという[77]。このような状況が憂慮され、委員会の提案に基づき2010年に「欧州庇護援助事務所」(European Asylum Support Office：EASO)が設立され[78]、翌年にはギリシャに庇護援助チームを展開するなど加盟国における庇護の任務に当たった[79]。すなわち、EASOによる加盟国に対する庇護援助の制度は前項で指摘した外囲

国境国における負担の緩和に多少なりとも効果があると考えられる。

(4) 対外政策とのリンケージによる域外アクターとの連携の模索

(i) コソボ危機以降の難民政策と外交政策の接近

　コソボ危機に伴う大量の難民の流入を契機に出身国における難民発生の根本的な要因に対応する必要性が喚起されると、理事会はEUに対し移民政策及び庇護政策と外交政策を関連付け[80]、域外国との連携のもとでの難民の出身国や経由国の政治、人権、貧困の問題に対する包括的なアプローチの検討を命じた。具体的には域外国における貧困の撲滅や生活水準や職業機会の向上、紛争予防のほか、民主主義の確立や人権の尊重などが挙げられ、さらに合法的な移住の可能性に関する情報キャンペーンの実施などによる域外国との連携の模索が提唱された[81]。2002年には欧州委員会がEUにおける統合移民政策のもとでの域外国との連携を明言し[82]、EUの対外政策における域外の難民への緊急援助に加え、復興や発展を目的とした長期的援助の重要性に言及した。こうした援助の取り組みは、ミャンマー難民を多く抱える東南アジア諸国やラテンアメリカ諸国で開始されている。

　さらに域外の難民の出身国との連携の模索は欧州委員会による地域保護プログラムの導入を促した[83]。EU到達前に難民が経由国で保護されることを推奨すべく、難民出身地域における保護能力の強化を目的とした同プログラムは難民の恒久的解決に資すると考えられ、難民認定手続きの制定や受入れ環境の改善、受入れ地域社会へ便益の供与などがプロジェクトに含まれる。たとえば難民の経由国となるウクライナでは国境で講じるべき措置に関するチェックリストの作成やUNHCR、NGO及び政府関係者で構成される国境監視団の派遣、メディアを通じた啓蒙活動が行なわれた。また難民の一次庇護国であるタンザニアでは難民キャンプにおける安全性の向上、難民の出身国への帰還のための国家機関の能力強化のための大規模なプログラムが計画された。同時期に採択されたハーグ計画においても第三国との連携による難民問題の恒久的解決への貢献が謳われ、出身地域の保護能力の強化について言及されている。すなわちEUの共通難民政策は外交政策とのイシューリン

ケージのもとで域外国援助に重点を置くことで加盟国の負担の軽減を図るものであり、加盟国の同意を得られたと言える。

　一方、こうした難民問題の当事国に対する援助は人道的観点からは否定されるべきものではないが、同時に加盟国における難民保護の放棄を促しかねず、国際的な難民保護規範に抵触するおそれがある。しかしながら、加盟国が自国の負担増を望まず、EUにおける共通政策を通じた難民の締め出しを画策したことは、地域保護プログラムと同時に検討されたEU第三国定住制度について加盟国が消極的な態度を示したことにも表れている。同時に、そうしたEUの動向に対する国際的な懸念を払拭するため、EUにおける自由移動に関する政策形成への国際機構の関与を要求する動きも活発化している[84]。実際にタンペレ理事会においてEUが1951年難民条約の規定する諸々の人権規範を遵守しながら共通政策の形成を進めることを確認したことを受け、UNHCRは他の国際機関やNGOと共に諮問機関としてEUにおける政策形成過程に頻繁に参加している[85]。さらに欧州委員会とUNHCRは2005年に「戦略的なパートナーシップ」を定める協定に調印し両機関の連携の強化が図られている[86]。

(ⅱ) **難民のための基金の設立と域外国援助へのシフト**

　上記のような域外国援助へのシフトは資金面の整備によっても後押しされている。加盟国における難民の受入れ費用の負担分担を目的として、理事会の決定に基づき2002年に欧州難民基金 (European Refugee Fund) が設立された[87]。本来は大規模な難民の流入に直面した加盟国における一時的保護のための基金であったが、難民の帰還も拠出対象事業に含まれており、第一期における使途配分では全体の21％にのぼった[88]。また2007年に採択された欧州送還基金 (European Return Fund) は、域内に居住する難民の帰還と再統合を促進するためのプロジェクトに用いられることになった[89]。同基金は加盟国からの難民の帰還の促進や加盟国間の協力のために用いられるほか、難民の出身国における再統合のためのプロジェクトに用いられている。たとえばオーストリアではIOM主導のもとで被拘禁者に対する情報提供や助言が行

なわれたほか[90]、同国に滞在するナイジェリア国籍保持者の帰還・再統合プロジェクトが実施されている[91]。以上のように基金を通じた難民の帰還促進は難民の受入れ負担に直面する加盟国の負担を緩和し、利益を還元している。

4. 小括

　本章は高度に統合が進展したヨーロッパにおける難民ガバナンスの態様について分析してきた。EC／EUにおける統合の深化の過程で地域機構に対し主権委譲が進んだが、一方で地域機構と加盟国間の比重に配慮され、同様の配慮が難民政策に対しても影響していたことがわかる。加盟国の国家主権が依然として強く統合を規定し統合の対象が経済分野に限定されていた冷戦期間中は、加盟国が難民問題の第三国及びドナー国へとその属性を変える過程で、難民問題に先んじて統合の進んでいた共通市場政策や途上国政策を通じて負担の軽減のみならず付加的な利益をもたらされることにより加盟国に利する形で難民問題に対する協調が開始された。冷戦末期以降も、共同体外部での協調の試みを契機に、意思決定手続きの強化によって主権の委譲が進んだEC／EUのもとで徐々にソフトローの形態からハードローの形態へと形を変えながら、移民政策との関連の下で共通庇護制度の導入に向けた取り組みが開始されていることが明らかとなった。

　また統合の深化の中でEUにおける人権規範の重要性が確認されたのに対し、難民問題については加盟国の利益への配慮が優先され、加盟国の行動に対する最低基準の設定というソフトローの協調形態が採用されるのみならず、域外国への援助を介した域内からの難民の排除へ向けた政策統合が加速している。こうした政策統合を通じ、EUは各国が独自に実施している排他的な難民政策を正当化する機能を担っているのである。すなわちヨーロッパにおける地域的難民ガバナンスは加盟国が第三国及びドナー国としての属性を堅持することによって加盟国に利益をもたらす排他的ガバナンスの形態を採っており、難民ガバナンス本来の目的とは逆行しているものであるといえるだろう。

註

1 ヨーロッパにおける地域統合の経緯を詳細に記した書籍として、金丸、1995；辰巳、2004などがある。
2 金丸、1995、23頁。
3 山本直、2006。
4 辰巳、2004、8頁。
5 Politics and bureaucracy in the European Community: a portrait of the Commission of the E.E.C.
6 Sandholz and Zysman, 1989.
7 EUR-lex, "European Governance – A White Paper, COM (2001) 428 final," *Official Journal of the European Communities,* C287, pp. 1-27.
8 Katzenstein, 1997, p. 264.
9 国連難民高等弁務官事務所、2001、17頁。
10 イギリスの受入数は1万6000人、ドイツの受入数は1万5000人にのぼった(前掲書、31頁)。
11 国連難民高等弁務官事務所、1999。
12 1957年3月にローマにて署名され、58年1月に発効した欧州経済共同体(EEC)設立条約及び欧州原子力共同体(EURATOM)設立条約(以上ローマ条約)の3条約の総称。93年11月に発効したマーストリヒト条約により「欧州経済共同体設立条約」が「欧州共同体設立条約」と呼称変更された詳細は外務省ホームページhttp://www.mofa.go.jp/mofaj/area/eu/keyword.htmlを参照(2014年2月18日閲覧)。
13 McDowell, 2003, p. 22.
14 同組織の改組の過程および活動内容についてはIOM公式ホームページhttp://iomjapan.org/60years/1951-1960.cfmを参照のこと(2014年2月18日閲覧)。
15 国連難民高等弁務官事務所、2001、43頁。
16 町田・西岡、2006。
17 Hansen, 2003.
18 石、2001、10頁。
19 国連難民高等弁務官事務所、2001、41頁。
20 Council of Europe, *European Agreement on the Abolition of Visas for Refugees,* 20 April 1959.
21 UNHCR, *Report of the United Nations High Commissioner for Refugees,* 1 January 1966.
22 EUR-lex, "64/305/EEC: Declaration of 25 March 1964 by representatives of the governments of the Member States of the EEC, meeting within the Council, concerning refugees," *Official Journal of the European Communities,* 78, p. 1225.
23 EUR-lex, "Council Resolution of 21 January 1974 Concerning a Social Action Programme," *Office Journal of the European Communities,* C13, p. 1.
24 金丸、1995、200頁。

25 ドイツでは1980年に人道的援助の枠内で引き受けられる難民のための措置に関する法律 (*Kontmgent Fluchtlinge*) が制定された。
26 EUR-lex, "Written Question No 1435/79 by Mr Mueller-Hermann to the Foreign Ministers of the Nine Member State of the European Communities Meeting in Political Cooperation: Acceptance of Vietnamese Refugees in Taiwan," *Official Journal of the European Communities,* C110, p. 44.
27 Council of Europe, *European Agreement on Transfer of Responsibility for Refugees,* 16 October 1980.
28 Council of Europe: Parliamentary Assembly, *Recommendation 773 (1976) on the situation of de facto refugees,* 26 January 1976; Council of Europe: Parliamentary Assembly, *Recommendation 1088 (1988) on the right to territorial asylum,* 7 October 1988.
29 UNHCR, *Report of the United Nations High Commissioner for Refugees,* 24 September 1980.
30 金丸、1995、135頁。
31 辰巳、2004、110頁。
32 大隅、1980。
33 EUR-lex, "Council Decision of 16 July 1973 on the Conclusion of the Agreement between the European Economic Community and the United Nation Relief and Works Agency for Palestine Refugees on the Supply of Common Wheat Flour and Rice as Food Aid (73/354/EEC)," *Official Journal of the European Communities,* L325, p. 10.
34 EUR-lex, "Regulation (EEC) No 1826/74 of the Council of 11 July 1974 Laying Down the General Rules for the Supply of Skimmed-milk Powder as Food Aid to Certain Developing Countries and International Organizations," *Official Journal of the European Communities,* L190, p. 20.
35 EUR-lex, "Regulation (EEC) No 1816/75 of the Council of 10 July 1975 on the supply of butteroil to the Office of the United Nations High Commissioner for Refugees under the 1975 food-aid programme intended for the population affected by the events in South Vietnam," *Official Journal of the European Communities,* L185, p. 1.
36 大隅、1980。
37 EUR-lex, "Resolution on the tragic situation and the threat of starvation in Cambodia, Friday", *Official Journal of the European Communities,* C59, p. 65
38 Commission des Communautés Européennes, *la Convention de Yaoundé II.*
39 European Commission, *Evaluation of the Budget Lines B7-3210 and B7-6410, Assistance to Rehabititation Programmes in South Africa.* 本文は http://ec.europa.eu/europeaid/how/evoluation_reperts/reports/acp/951346_en.pdfで入手可能 (2014年2月18日閲覧)。
40 European Commission, *ibid.*
41 ECU (エキュ) とは1979年以降1999年のEUR (ユーロ) 導入までの間、EC加盟国

間で用いられていた共通通貨の単位である。
42 Commission of the European Communities, *The Courier : Africa-Caribbean-Pacific-European Community,* (Brussels: Dieter Frisch, 1985).
43 EUR-lex, "Agreement Amending the Fourth ACP-EC Convention of Lomé Signed in Mauritius on 4 November 1995," *Official Journal of the European Communities,* L156, p. 3.
44 EUR-lex, "Internal Agreement between the Representatives of the Governments of the Member States, meeting within the Council, on the Financing and Administration of the Community Aid under the Second Financial Protocol to the fourth ACP-EC Convention," *Official Journal of the European Communities,* L156, p. 108.
45 国連難民高等弁務官事務所、1999、7頁。
46 同上書、9頁。
47 EUR-lex, "Treaty of Amsterdam Amending the Treaty on European Union, the Treaties Establishing the European Communities and Related Acts", *Official Journal of the European Communities,* C340, pp.1-473.
48 欧州委員会ホームページ http://ec.europa.eu/index_en.htm を参照（2013年11月30日閲覧）。
49 Maas, 2005.
50 Closa, 1992, pp. 1153-1157.
51 Moravcsik, 1991.
52 EUR-lex, "Convention Implementing the SCHENGEN Agreemen of 14 June 1985 between the Governments of the States of the Benelux Economic Union, the Federal Republic of Germany and the French Republic on the gradual abolition of checks at their common borders," *Official Journal of the European Communities,* L239, pp. 19 – 62.
53 岡部、2005、142頁。
54 EUR-lex, "Council Regulation (EC) No 2007/2004 of 26 October 2004 establishing a European Agency for the Management of Operational Cooperation at the External Borders of the Member States of the European Union," *Official Journal of the European Union,* L349, p. 1.
55 EUR-lex, "Council Directive 2001/51/EC of 28 June 2001 supplementing the provisions of Article 26 of the Convention implementing the Schengen Agreement of 14 June 1985," *Official Journal of the European Communities,* L187, p. 45.
56 EUR-lex, "Council Regulation (EC) No 377/2004 of 19 February 2004 on the creation of an immigration liaison officers network," *Official Journal of the European Communities,* L64, p. 1.
57 FRONTEX公式ホームページ "Hermes 2011 Starts Tomorrow in Lampedusa" http://www.frontex.europa.eu/news/hermes-2011-starts-tomorrow-in-lampedusa-X4XZcr より（2014年2月18日閲覧）。

58 FRONTEX公式ホームページ "Update to Joint Operation Hermes 2011" http://www.frontex.europa.eu/news/update-to-joint-operation-hermes-2011-7DIILzより（2014年2月18日閲覧）。
59 EUR-lex, "Resolution on the right of asylum, Doc. A2-227/86," *Official Journal of the European Communities,* C99, p. 167.
60 EUR-lex, "Convention determining the State responsible for examining applications for asylum lodged in one of the Member States of the European Communities - Dublin Convention," *Official Journal of the European Communities,* C254, pp. 1–12.
61 EUR-lex, "Council Regulation (EC) No 343/2003 of 18 February 2003 establishing the criteria and mechanisms for determining the Member State responsible for examining an asylum application lodged in one of the Member States by a third-country national," *Official Journal of the European Union,* L50, p. 1.
62 中坂、2010、13頁。
63 国連難民高等弁務官事務所、2001、159頁。
64 EUR-lex, "The Council Resolution of 20 June 1995 on Minimum Guarantees for Asylum Procedures," *Official Journal of the European Communities,* C274, pp. 13-17.
65 EUR-lex, "97/478/JHA: Joint Action of 22 July 1997 adopted by the Council on the basis of Article K.3 of the Treaty on European Union, concerning the financing of specific projects in favour of asylum-seekers and refugees," *Official Journal of the European Communities,* L205, pp. 5–6.
66 国連難民高等弁務官事務所、2001、164頁。
67 中坂、2010、16頁。
68 EUR-lex, The Hague Programme: Strengthening Freedom, Security and Justice in the European Union, *Official Journal of the European Union,* C53, p. 1.
69 EUR-lex, "Council Directive 2003/9/EC of 27 January 2003 Laying Down Minimum Standards for the Reception of Asylum Seekers," *Official Journal of the European Union,* L31, p. 18.
70 EUR-lex, "Council Directive 2004/83/EC of 29 April 2004 on Minimum Standards for the Qualification and Status of Third Country Nationals or Stateless Persons as Refugees or as Persons Who Otherwise Need International Protection and the Content of the Protection Granted," *Official Journal of the European Union,* L337, p. 9.
71 EUR-lex, "Case C-256/08: Judgment of the Court (Eighth Chamber) of 30 April 2009 — Commission of the European Communities v United Kingdom of Great Britain and Northern Ireland (Failure of a Member State to fulfil obligations — Directive 2004/83/EC" *Official Journal of the European Union,* C153, pp. 14–15.
72 European Commission, *Report from the Commission to the European Parliament and the Council on the Application of Directive 2004/83/EC of 29 April 2004 on Minimum Standards for the Qualification and Status of Third Country Nationals or Stateless Persons as Refugees or as Persons Who Otherwise Need International Protection and the Content of the*

第 5 章　ヨーロッパ　137

Protection (COM/2010/0314 final), 16 June 2010.
73　EUR-lex, "Treaty Establishing a Constitution of Europe," *Official Jaurnal of European Union*, C310.
74　*Ibid.*
75　EUR-lex, "The Stockholm Programme : An Open and Secure Europe Serving and Protecting Citizens," *Official Journal of the European Union*, C115, p. 1.
76　EUR-lex, "Directive 2011/95/EU of the European Parliament and of the Council of 13 December 2011 on standards for the qualification of third-country nationals or stateless persons as beneficiaries of international protection, for a uniform status for refugees or for persons eligible for subsidiary protection and for the content of the protection granted," *Official Journal of the European Union*, L337, pp. 9–26.
77　European Commission, *Setting up of European Asylum Support Office proposed by the Commission,*" 18 Febuary 2009.
78　EUR-lex, "Regulation（EU）No 439/2010 of the European Parliament and of the Council of 19 May 2010 Establishing a European Asylum Support Office," *Official Journal of the European Union*, L132, p. 11.
79　European Asylum Support Office, 2012.
80　Haddad, 2008, p. 191.
81　European Asylum Support Office, 2012, p. 18.
82　Commission of the European Communities, *Integrating Migration Issues in the European Union's Relations with Third Countries*, COM(2002) 703 final, 3 December 2002.
83　地域保護プログラム導入過程についての詳細は中坂、2010を参照のこと。
84　岡部、2005、198頁。
85　同上書、217頁。
86　European Comission, *Memorandum concerning the establishment of a strategic partnership between the Office of the United Nations High Commissioner for Refugees and the Commission of the European Communities in the field of protection and assistance to refugees and other people of concern to the UNHCR in third countries*, 15 February 2005. 本文は http://ec.europa.eu/europeaid/who/partners/international-organisations/documents/spa-unhcr_en.pdfで入手可能（2014年2月18日閲覧）。
87　EUR-lex, "Council Decision 2000/596/EC Establishing a European Refugee Fund, 28 September 2000," *Official Journal of the European Union*, L252, pp. 12-18.
88　中坂、2010、104頁。
89　EUR-lex "Decision No 575/2007/EC of the European Parliament and of the Council of 23 May 2007 Establishing the European Return Fund for the Period 2008 to 2013 as part of the General Programme 'Solidarity and Management of Migration Flows'," *Official Journal of the European Union*, L144, p. 45.
90　European Commission, *Report from the Commission to the European Parliament, the*

Council, the European Economic and Social Committee and the Committee of the Regions on the Results Achieved and on Qualitative and Quantitative Aspects of Implementation of the European Return Fund for the Period 2007-2009 (Report Submitted in Accordance with Article 50 (3) (b) of Council Decision 575/2007/EC of 23 May 2007), COM(2011) 858 final, 9 December 2011.

91　IOM公式ホームページ "Voluntary Return and Reintegration Assistance for Nigerian Nationals" (http://www.iomvienna.at/en/aktivitaeten/reintegrationsunterstuetzung/laufende-projekte/421-voluntary-return-and-reintegration-assistance-for-nigerian-nationals より (2014年2月18日閲覧)。

第6章　東南アジア
——ASEANを用いた協調と重層的ガバナンスの戦略的利用——

　アジア地域では長年に渡る紛争や政治的混乱により多くの難民が発生している。さらに東南アジア地域のように、冷戦期に生じた難民問題の解決の糸口がいまだ見つからず、現在でも大量の難民が滞留する長期化難民の問題に直面している地域も存在する[1]。

　しかしながら、アジア地域には難民問題に限らず同地域が直面する諸問題に域内の国家が協調して行動するための枠組みの数が少なく、協調の遅れが見られる。近年プレゼンスを増しているASEANにおいても、経済面などにおける協調が進展する一方で、難民問題を扱うことには消極的である。このような状況の中で、ASEAN加盟国はグローバルな難民ガバナンスやASEANのもとでの地域内協調、域外アクターとの二者間関係など、複数存在する協調の枠組みを主体的に選択し、戦略的に利用している状況にある。

　本章は東南アジア諸国が難民ガバナンスをいかにして利用しながら難民問題に対して協調し、他方で、そうした国家の選択に対してASEANがどのような機能を発揮し協調行動を促進しているのかについて紐解きながら、東南アジア地域における地域的難民ガバナンスの特徴を明らかにしていく。

1.　東南アジアにおける協調をつかさどる原理原則

(1)　「ASEAN Way」にみる緩やかな協調

　19世紀後半以降、タイを除き欧米列強の植民地支配を経験してきた東南アジア地域では、1946年にフィリピンが独立を果たした後、1984年にブルネイが独立するまで、40年もの歳月をかけて各国が独立を果たした。同時

に、各国は独立の過程で近隣諸国が連帯して経済・社会・文化的発展を模索する必要性を認識し、域外への政治経済的依存からの脱却を目的とした地域内協調の必要性を提唱するようになった。その結果、1967年にインドネシア、マレーシア、フィリピン、シンガポール、タイの間で「バンコク宣言」(Bangkok Declaration) が署名され[2]、現在も発展を続けるASEANの基礎が築かれた。

設立当初、ASEANには常設事務局が設けられておらず、加盟国間で共有されていた緩やかな連帯志向性のもとで合議体として機能することが予定されていた。その後の国際政治環境の変化の過程においても、ASEANはアチャーヤ (Acharya, 2001) がASEAN Wayと称する緩やかな協調形態を貫き[3]、多様な政治体制や経済体制、経済状況や産業形態のもとで異なる利害関係を有する加盟国間の協調関係を維持してきた。

(2) 内政不干渉原則と域内問題に対する中立性

ASEANがASEAN Wayと呼ばれる独自の統合を採用した背景には植民地支配の経験と設立時の地域情勢が影響している。まず、各国は地域的連帯の必要性を認めながらも、内政不干渉の原則を堅持していた。こうした行動の背景には、1955年に開催された「アジア・アフリカ会議」にも象徴されるように、植民地支配を経験した国は他国、とりわけ旧宗主国からの影響を排除することを強く望んだという経緯がある。すなわち、各国にとって連帯の目的はあくまでも自国の国益の追求であった[4]。さらに東南アジア諸国は、隣接する域外の共産主義勢力から反共・親米のイメージを抱かれることへの警戒感を抱いていた[5]。それゆえASEANに対しイデオロギー的に中立であるというイメージを付与することで大国からの内政干渉を防ぎ、自国の安全保障上の利益を保持しようという意図を持っていたとされる。

次に、ASEAN原加盟国であるインドネシアとマレーシア、インドネシアとシンガポールが断交状態のまま統合が進められたという矛盾が、ASEANにおける二国間の問題の棚上げの文化を生んだ。フィリピンとマレーシアの間では1969年の第2回ASEAN外相会議において国交正常化が図られたが、

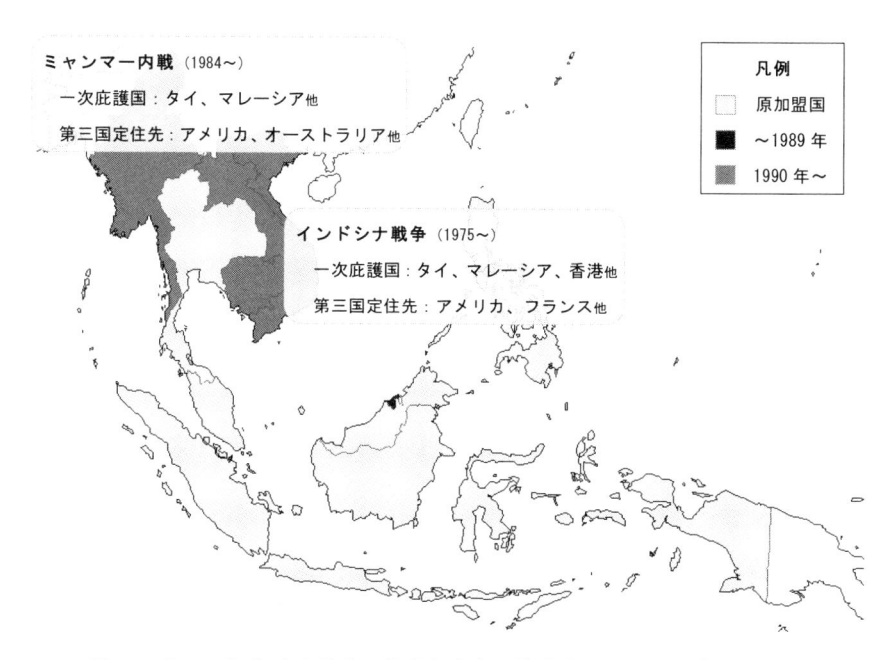

ミャンマー内戦 (1984〜)
一次庇護国：タイ、マレーシア他
第三国定住先：アメリカ、オーストラリア他

インドシナ戦争 (1975〜)
一次庇護国：タイ、マレーシア、香港他
第三国定住先：アメリカ、フランス他

凡例
□ 原加盟国
■ 〜1989年
▨ 1990年〜

図4　ASEANにおける統合の拡大と本章に登場する難民問題 (一部抜粋)

両国の対立の要因となった領有権問題については棚上げされたままであった。換言すれば、ASEANという加盟国から独立した会議の場における協調を経済・社会領域に限定することで、特定の領域において対立関係にある国家間の協調を可能にしたといえる。さらに、ASEANは外相会議などを通じて加盟国間に交渉の機会を提供することにより、国家間の信頼醸成を図り、国交回復などの二国間関係の向上が図られ、協調の深化をもたらした。

　その後、1990年代に入り北部の旧共産主義陣営の国々の加盟を受け、ASEANの政治的イデオロギー色は希範化するが、以上のような歴史的背景のもとで醸成されたASEANの原理原則は加盟国拡大後も堅持され、後にASEAN加盟国が様々な難民問題に直面した際に、ASEANにおける協調行動に大きな影響を及ぼすこととなる (図4)。

2. インドシナ難民問題と ASEAN の変革

(1) インドシナ半島の政治的混乱と大規模難民の発生

　第二次世界大戦終結後間もなく断続的に旧仏領インドシナ地域を襲った戦禍は、同地域に深刻な難民問題をもたらした。中でも旧仏領諸国の一つであるベトナムとフランスの独立を巡る対立は1946年の交渉決裂により軍事衝突へと発展し、第一次インドシナ戦争へ突入していく。1954年のフランス軍の敗退により同戦争は終結したが、ベトナム北部にベトナム民主共和国、南部にベトナム共和国が成立したことに伴って、100万人を超える人々が北部から南部へ、同時に13万人近くの人々南部から北部へと移動し[6]、混乱状態に陥った。

　さらに1960年12月には反南ベトナム政権・反米を標榜する「南ベトナム解放民族戦線」が結成され、南ベトナム政権との間でベトナム戦争を開始した。紛争当事者に対し米ソ両陣営が軍事支援や積極的な介入を行なったことにより同戦争は泥沼化の一途を辿り、インドシナ地域における大規模な人口移動を引き起こしたのである。

　1975年のサイゴン陥落を前に南ベトナムから100万人を上回る人々が南方や海岸部へと移動を開始し、13万人にのぼる人々が直接アメリカへと移送された。アメリカによる大規模な組織的移送が終了した後も、自力で近隣諸国へと避難する人々の移動が数千人単位で続き、同戦争により移動を余儀なくされ国内避難民となった南ベトナム人の数は1000万人にのぼった[7]。戦禍は隣接するラオスやカンボジアにも飛び火し、数百万人にのぼる人々が国境近辺から都市部に流入する事態となり、当時サイゴンの人口は180万人から380万人にも上昇したとされている。

　1975年のベトナム、ラオス、カンボジアにおける相次ぐ共産主義政権の発足は更なる混乱を招き、以後20年以上にわたって大量の難民を流出させることとなった。その数は上昇を続け、東南アジア諸国に庇護を求めるベトナム難民の数は1977年には1万5000人だったものが、翌年には4倍にも膨れあがる事態となった[8]。同混乱によって生じたベトナム難民・ラオス難民・

カンボジア難民は、総じて「インドシナ難民」と称され、ベトナム難民の一部は「ボート・ピープル」となり東南アジア諸国のみならず日本などへと脱出を図った。

(2) 強化された域内安全保障措置と難民問題の接近
(i) 安全保障分野へのASEANの拡大と手続き強化

　インドシナ難民の発生当初、東南アジア諸国は個別に対応する方策をとっていた。しかしながら難民の数は増加の一途を辿り、各国は協同歩調へと舵を切ることとなる。その主導的立場を担ったのが1971年のZOPFAN構想において主導的役割を果たしたマレーシアであり、同国はベトナムからの難民の出国抑制システムの構築を提言した[9]。東南アジア地域が「平和・自由・中立地帯」（Zone of Peace, Freedom and Neutrality：ZOPFAN）であることを宣言し、域外諸国の干渉からの自由と域内における共同歩調を確認したZOPFAN構想は[10]、それまでASEANの中立性を損なう恐れのある安全保障制度の構築に消極的な態度を示していた諸国間の協調の転機となった。さらに本章第1節で指摘したような加盟国間の領有権をめぐる対立は、共通した安全保障戦略を構築するための加盟国間の信頼醸成を阻害していたが、同構想により新たに加盟国間の信頼醸成措置が必要となった。

　それに対し、ZOPFAN構想を契機とする協調に向けた取り組みはASEANにおける手続き強化の誘因となり、1976年にはASEAN初となる首脳会議の開催に至った。同会議の結果、加盟国は「ASEAN協和宣言」を採択し、政治・安全保障領域における域内協力の促進について明記し、必要に応じて首脳会議を開催することに加え、立場の調整や協調行動をとること、さらに協力強化のために組織改善を図ることを確認した[11]。さらに「ASEAN事務局設立協定」が採択され[12]、ASEANは加盟国外相会議で任命される事務総長のほか局長や事務官など常設の職員を備えるなど、組織的強化を果たした。

　さらに同宣言は食糧やエネルギー分野などの具体的な協力項目を定めたが、協調は停滞を余儀なくされた。その要因として域内の産業構造が競合的であったことや、加盟国間の経済発展の格差によりインドネシアなどの低開発

国が自国産業保護を掲げ自由貿易の促進に消極的であったことなどが挙げられる[13]。それに対してASEANはこうした意見の対立を克服し合意に導く集権的なメカニズムを持たなかったため、協調の停滞を止められなかった。しかしながら、首脳会議が定期的に開催されることにより加盟国間の信頼醸成や認識の共有が進み、以後の難民問題に対する協調が可能となる素地が作られた点において、これらの取組みは評価に値する。

(ii) 安全保障問題と難民問題の接近

　ASEANにおける手続き強化に反して加盟国間の協調が停滞していた一方で、加盟国は域外に存在する脅威について一定の認識を共有していた。とりわけベトナムにおける米ソという大国を後ろ盾とする戦争は、難民の流入を伴った現実的脅威となった。また文化革命による混乱が収束した中国の勢力伸長は、ASEAN加盟国にとって安全保障上の十分な脅威となる可能性を秘めていた。そして、1978年にベトナムがカンボジアへ侵攻し第三次インドシナ紛争が開始されると、加盟国は再び大規模な難民流入に直面し、多大な影響を受けることとなった。

　インドシナ難民の流入という脅威に対し、加盟国は1979年1月に「インドシナ難民に関するASEAN外相特別会合」(The Special ASEAN Foreign Ministers Meeting On Indochinese Refugees) を開催し、対応について協議した。同会議において加盟国は大量の難民によって一次庇護国となっているタイやマレーシアの経済、社会、政治安全保障が脅かされている状況を懸念し、難民を域外の第三国に定住させるために協調する旨を確認した[14]。

　さらに、東南アジア地域をめぐる地政学的な情勢の変化は安全保障戦略における域内協調の必要性を喚起し、1979年の第12回ASEAN閣僚会議においてZOPFAN構想のもとで一層の協力を推進することが確認された[15]。そしてインドシナ難民の流入の責任を出身国であるベトナムに求め同国が必要な措置を講じていないことを批判しつつ、ASEAN加盟国における一時的な受入れが限界に達しており、以後新たな難民の受入れを拒否する旨を表明した[16]。

加えて同会議は、域内にいる難民が妥当な期間内に第三国や出身国によって受入れられない場合、ASEAN加盟国は難民を出身国に送還する権利を有することを確認した。この点について、1951年難民条約が生命の脅かされる危険性のある地域への難民の送還を締約国に禁止するノン・ルフールマンの原則を採用しているのに対し、域内には条約の締約国がなく、国際法上の義務を負っていなかったことがその主張の正当性の根拠となっている。またASEAN加盟国にとって共産主義政権から逃れてきた難民を保護することはインドシナ諸国との関係を悪化させる要因ともなりかねず、受入れの拒否は安全保障上の利益衡量の結果でもあった。こうした配慮は、本章第1節で述べたようにASEANが反共イメージを付与されることを恐れて中立性を標榜していたこととの関連においても、同地域の安全保障上の戦略と合致していたことがわかる。

　ところが、カンボジア内戦による難民問題の深刻化を機に、インドシナ諸国の社会主義政権化に対し中立的な姿勢を取っていたASEANの立場に徐々に変化が生じ始める。1979年のカンボジア内戦開戦当初、ASEANはベトナムの国名に言及せず抽象的な表現を用いて同国を批判した。その背景には加盟国間で外交圧力を加えてベトナム軍の撤退を目論む強硬派と、内戦の影響による難民の流入に強い懸念をしながらも事態を静観しようとする穏健派との間での意見の対立があった[17]。前者には陸路から難民の大量流入を受けるタイのほかシンガポールが含まれ、海路を用いた難民流入を受けるインドネシアやマレーシアは後者の立場を採っていた。しかしながら、ベトナムのタイ領侵犯を機に強硬派が主導権を握り[18]、1980年にはベトナムに対する批判を盛り込んだ公式文書がASEANより提出された[19]。その後、ASEANはカンボジア内戦を終結させるため、対立関係にあった反政府国内三派の連携に尽力し、反越を標榜する「民主カンボジア連合政府」の設立へと結実した[20]。すなわち、カンボジア内戦とそれによる難民の流入はASEANにおける協調の深化をもたらした。ASEANは域外からの脅威に対する加盟国間の合意形成の場となり、共通利益を達成するために協調行動をとることが確認されたといえる。他方で、ASEAN加盟国は共通外交政策の実施にあたり、

ベトナムによるカンボジアの主権および自決権の侵害を問題視したのに対し、「クメール・ルージュ」統治下で行なわれた残虐な人権侵害行為については実質的には黙認するという選択を行なった。こうしたASEANにおける国家主権の優先と人権規範の軽視の姿勢は以後の協調行動の中でも堅持されるところとなっている。

3. インドシナ難民問題と難民ガバナンスの戦略的利用

(1) ベトナム難民への消極的関与によるUNHCRの中立性の維持

　インドシナ地域における大規模な人口移動をもたらす最初の出来事となったベトナム戦争では、UNHCRをはじめとする国連機関は多数の避難民への関与に消極的であった。その背景には戦争の背後にある米ソという大国間政治への影響に対する懸念があったことが挙げられる。第3章で見てきたように、それまでヨーロッパで行なわれていた難民への庇護の供与は共産主義政権からの迫害を要件としてグローバルな難民ガバナンスのもとで正当化されていた。それに対し、イデオロギー対立が武力衝突として顕在化しているインドシナ地域における避難民の保護は、UNHCRの中立性を脅かす蓋然性が高く、関与に消極的な態度をとる誘因となったのである。

　加えて、UNHCRは南ベトナムにおける大規模な人口移動は南ベトナムの内政問題であるとの立場からも関与に消極的であった。実際に当時の高等弁務官のサドルディン (Sadruddin) は「南ベトナム領内に存在する避難民は南ベトナム領内における人口移動によって発生したものであり、UNHCRは関与資格を有しない」と明言し、ベトナム戦争下の避難民への対応が、西ドイツ領内の東ドイツからの避難民や韓国領内の北朝鮮からの避難民に対するものと同じであることを強調した[21]。さらに1969年の時点においても、サドルディンはアメリカが南ベトナム領内の避難民へ高い関心を有していることを指摘するのみで、公の場で同地域の難民問題について言及することはなかった[22]。こうしたUNHCRの政治的中立性へ配慮は1965年にインドネシアで発生した華人への虐殺行為への対応にもみることができる[23]。

一方で、ベトナム戦争下の難民問題への国際的な関心は高かった。UNHCRは1967年にスイスからカンボジアに対する難民援助資金を仲介するよう要請され、さらに翌年には高等弁務官のアドバイザーのダヤル（Dayal）からその消極的な姿勢を批判された。このような内外からの圧力は、UNHCRが同地域の難民問題に関する調査へ着手するよう促すこととなった。

さらに、1970年の南ベトナム政府の要請を受けUNHCRは本格的な関与を開始し、相次いでタイ、ラオスに現地事務所を、ハノイに支局を開設した[24]。また、UNHCRのマンデートには同地域の難民援助だけでなく将来的に難民を発生させる可能性のあるインドシナ半島情勢の動態に関するモニタリングも含まれ、UNHCRは同地域における活動を活発化させていった。UNHCRに遅れること3年、国連においても変化の兆しが表れ、ベトナム戦争後の復興計画にはUNHCRをはじめとするさまざまな国連機関が参加することとなった。とりわけ、UNHCRとUNICEFによる緊急援助計画が間ドナー国から1700万ドルにのぼる資金提供を受けたことは、同地域に対する国際的関心の高さを示していた。同時にUNHCRはインドシナ半島内の避難民に対する帰還事業や生活再建事業に従事し[25]、共産主義政権とも良好な関係を築いていった。

（2）UNHCRによるインドシナ難民への関与とASEANの対応
（ⅰ）UNHCRの中立性に対する懸念

一方、1975年にインドシナ諸国で相次いで共産主義政権が発足し大量の難民が発生したことを受け、アメリカがUNHCRの援助を依頼したのに対し、UNHCRはインドシナ難民への関与に難色を示した。なぜならUNHCRはインドシナ諸国からの難民の流出はアメリカの政治的戦略の一環であると認識しており、法的・政治的観点から難民性に嫌疑を抱いていたためである。さらにアジア以外の活動において一貫して政治的中立性を貫いていたUNCHRはインドシナ難民への対応においてもアメリカから距離をおき中立的な立場を維持することを希望していた。さらに当時、デタントの

影響から東西両陣営の対立関係は緩和に向かっており、ヨーロッパ諸国がベトナム難民の再定住に関してアメリカ主導の政策に対して非協力的な態度を取るなど、国際社会はインドシナ難民への関与に消極的であった。実際に、難民の発生当初の援助支出額は8000万USドルに満たなかった[26]。

(ii) ASEANにおける対話メカニズムの醸成と難民問題への利用

　インドシナ難民に対する国際的な無関心はASEANにおける協調を促進させると同時に、協調それ自体の志向性を変化させることとなった。そもそも本章第1節で示したASEANを司る原則は域内の協調を阻害する要因となっていたが、1970年代後半以降ASEANは域外諸国との経済関係の深化を積極的に推し進めている。その前段階としてASEANは1970年代前半より、EECやオーストラリア、カナダ、日本など域外アクターと対話を重ね、それらの外交努力は1978年以降「ASEAN拡大外相会議」（Post-Ministerial Conference：PMC）というインフォーマルな形態のもとで制度化されるに至った。PMCとは定期的な会合を開催し、国家間の合意形成や信頼醸成を促す対話メカニズムである。こうしたASEANによる外部対話メカニズムの構築は、より多くの域外アクターとの交渉を容易にしただけでなく、対話の蓄積によって醸成された国家間の信頼関係は経済領域にとどまらず他の領域にも波及し、加盟国によるガバナンスの利用を促すこととなった。

　ASEANを通じた外部対話はインドシナ難民問題の解決のためにも利用され、UNHCRを含めた国際社会への協力を求める動きへと繋がった。1978年の12月、ASEAN加盟国からの強い要請のもと、UNHCRは「東南アジアにおける難民と強制移住者に関する関係国会議」（Consultative Meeting with Interested Governments on Refugees and Displaced Persons in South East Asia）を開催した。その中でASEAN加盟国は域外の第三国による負担分担の必要性を訴え、国際的なインドシナ難民への対応枠組みについての協議を促した[27]。

　しかしながら同会議は実効的な対応策の合意に至らず、1979年半ばに東南アジアで庇護を求めた55万人超の難民のうち、20万人が第三国定住を果たす一方で、依然として35万人にのぼる難民が東南アジアの一次庇護国に

残留していた。こうした事態を受け、ASEAN加盟国による難民の押し戻しが頻繁に起こるようになった。タイとカンボジアの国境付近では4万2000人以上の難民が国境へと押し戻され、数百人から数千人の難民が地雷によって死亡したとされている。困難に直面したASEAN加盟国は1979年6月末のASEAN公式文書を通じ、インドシナ難民の受入れ停止を発表した[28]。加えて、ASEANはUNHCRやアメリカなどの第三国による再定住の受入れ事業に対し一定の評価を与えながらも、域外アクターの努力が十分でないとして失望感を露わにした。そして、UNHCRのほか域外の第三国に対し難民の再定住受入れ数の増加と、受入れ事業ではASEAN内にいるインドシナ難民を優先することを要請した。こうしてASEAN加盟国はASEANを域外アクターとの交渉ツールとして用いることにより、それぞれ自国の難民の受入れ負担の緩和という利益を達成しようとしたのである。

　また、ASEAN諸国は域内に居住する難民の再定住計画の実施のために、域内に一時収容センターを設置することを提案し、インドネシアからガラン島を、フィリピンからはタラ島を提供する旨の申し出を受け、ASEAN閣僚会議はこれを了承した。このような各国の対応からは、域内の難民を第三国へ再定住させるために加盟国が一致して計画の遂行にあたったことがわかる。その一方で、同様の一時収容センターの設置を域外のアクターに対して要請するなど、域外へのアピールの姿勢を崩さなかった[29]。

　以上のようなASEANを介した対外的アピールが奏功し、国連事務総長が主催となって、1979年7月にASEAN加盟国のほか域外の第三国やインドシナ難民の出身国であるベトナムを含む65カ国が参加する第1回インドシナ難民会議が開催された[30]。同会議は第三国定住の受入れに消極的であったヨーロッパ諸国の翻意を促し、再定住受入数がそれまでの12万5000人から26万人へと引き上げられることとなった。さらにベトナムは不法出国の防止と合法出国化に努めることを約束し、UNHCRとの間で調印された「合法出国計画」（ODP）に基づきUNHCRの援助を受けることとなった。会議の後、UNHCRによるインドシナ難民への支出額は1980年には5億USドルを上回ったほか、ASEAN加盟国に到着する難民の数は減少し、さらに1982

年までに域外の第三国による再定住の受入れ者数も増加しその数は62万人超に上昇した。またタイによる新規難民の収容センターの設置要請に応じて、UNHCR初となる難民キャンプの設置および維持管理にあたった。

このような国際的な負担分担制度の構築は、ASEAN加盟国とUNHCRが東南アジアにおける難民の実情を詳らかにし、国際社会の人権規範へと訴えたことによる成果として評価できる。すなわち、加盟国はASEANの外部対話機能を通じて共通の姿勢を打ち出すことにより、関与に消極的であったUNHCRをはじめとする域外アクターに対し問題の緊急性を喚起し、国際的な負担分担に向けた協力への動員を促すことに成功したといえる。

(3) ASEAN加盟国による難民ガバナンスの利用
(i) 難民ガバナンスへの不参加によるASEAN加盟国の責任回避

ASEAN加盟国は外部アクターによる援助を要請する一方で、難民ガバナンス自体からは距離を置く姿勢を貫いていた。そうした態度は、問題の発生当時、東南アジア地域には1951年難民条約および1967年難民議定書の締約国が一つもなく、インドシナ難民を受入れる国際法上の義務を負わなかったことにも象徴される[31]。それどころか、諸国はインドシナ難民に対して庇護や地域への定住の権利を供与することを拒否したため、難民は避難先の国家において違法な存在として扱われることとなった。

以上のような排他的な政策を取る一方で、東南アジア諸国はインドシナ難民の自国領内への流入を回避する術を持ち合わせておらず、一次庇護国として問題への対応に追われた。その一つであるタイでは、1975年にUNHCRとの間でインドシナ難民に対して一時的な支援を行なうことについて合意が交わされたものの、難民にはいずれ国籍国へ帰還するか、域外の第三国へ定住するかのいずれかが求められることとなった。またシンガポールは、90日以内に第三国へ定住する保証のない難民の受入れを拒否するなど、より厳格な姿勢をとっていたことでも知られている。

(ii) **加盟国による利益の追求と西側諸国の政治的思惑の合致**

　第1回インドシナ難民会議から歳月が経過するにつれて域外の第三国は難民の受入れに疲弊し、インドシナ難民の難民性自体に嫌疑を抱き始めた。こうした変化の背景には、難民の中に経済的動機により先進国への再定住を目論む者が含まれていたことが挙げられる。さらに1980年代後半に入り、インドシナ難民発生の背景にあった東西陣営間のイデオロギー対立が終息に向かったことは、難民の第三国、とりわけアメリカにとって受入れに対する政治的動機を喪失させるきっかけとなった。

　その結果、第三国による再定住受入れ数が再びASEAN加盟国に流入する難民の数を下回る事態となった。さらに1987年頃からインドシナ難民の数が再び増加に転じたため、タイなどのASEAN加盟国は再び難民の押し戻しを行なうなどの強硬措置に出た[32]。形骸化した第1回インドシナ難民会議に変わる新たな国際的な協調枠組みへの要求は1989年の「インドシナ難民に関する国際会議」(the International Conference on Indo - Chinese Refugees、以下、第2回インドシナ難民会議と表記)の開催へと結実し、世界各地から70カ国の参加を集めることとなった[33]。同会議の結果、包括的行動計画(CPA)が採択され、問題の解決に向けて更なる協調について合意された。具体的には、ベトナムからの合法的な出国を促進するほか、新たに流入する難民に対しスクリーニングと呼ばれる認定作業を実施し難民資格が認められなかった者を帰還させることや、スクリーニング開始以前より域内に居住していた難民には第三国への再定住が保証される旨が確認された。こうしてCPAがインドシナ難民に対する新たな枠組みとして機能し始めたが、その中核を担ったのはASEANではなくUNHCRであった。それにもかかわらず、1989年の時点で1951年難民条約及び1967年難民議定書に加盟していたフィリピンのみならず、その他の加盟国もUNHCRによって提案された難民認定手続きの実施に合意した。

　以上のようなUNHCRを中核とする国際的な協調枠組みの構築はASEAN加盟国にスクリーニングによる自国への難民の流入を抑制する手段を与えたほか、難民の送還もまた正当化されることとなった。さらにASEAN諸国内

に既に存在する難民には域外の第三国への再定住が保障され、各国は自国の負担を軽減させることに成功した。実際に第2回インドシナ難民会議の時点でASEAN加盟国内の難民キャンプには5万人を超える難民が居住しており、その4分の1がCPA締結以前に第三国から再定住の受入れを拒否されていたが、彼らを含む全ての難民が同協定に基づき第三国によって受け入れられることとなった。他方で、スクリーニングの開始日以降にベトナムから到着した難民およそ12万5000人のうち、7割近くが難民資格を認められず帰還を余儀なくされた。すなわちASEAN加盟国はCPAに基づいたスクリーニングによる認定作業を実施することによって、自国の受入れ負担を軽減させることに成功したといえる。また1951年難民条約の締約国ではない国家は難民の資格認定基準を持たなかったが、認定作業にあたりUNHCRの立会いを受けるなど、技術的な便益を享受した。さらにASEAN加盟国はUNHCRを第三国との調整役に当たらせることで自国が負うべき協調費用を下げることにも成功したといえる。

　以上のように域外アクターによる国際的な負担分担を模索する過程で、ASEAN加盟国は域外の大国の政治的動機を逆手にとり、域内の利益となるように巧みに利用していたことも指摘しておかなければならない。中でも、難民問題を共産主義政権批判のツールとして利用しベトナム戦争末期に発生した難民を一手に引き受けていたアメリカは格好の標的となった。1975年から1995年にかけてアメリカが第三国定住を受け入れたインドシナ難民の数は82万3000人にものぼり、群を抜いている[34]。1979年の第1回インドシナ難民会議の背後で旧ソ連のアフガン侵攻などを機に東西対立が緊迫化していた状況において、ASEANの要請と人道的配慮に基づいて構築されたインドシナ難民の第三国定住制度を利用することは、アメリカにとっても好ましい戦略であった。なぜなら、国策のもとで共産主義政権からの難民の再定住を受け入れることは米ソ関係を刺激することになりかねないが、難民ガバナンスを介した難民の受入れは人権規範のもとで正当化されるという点において十分に魅力的であったと考えられる。

　加えて、インドシナ難民の受入れには難民の出身国と旧植民地宗主国との

関連が大きく影響しており、多数の難民が旧宗主国へと第三国定住を果たした。たとえば1979年までに同地域の旧宗主国であるフランスが受入れたベトナム難民とカンボジア難民は合わせて7万2000人にものぼった[35]。さらに、1995年までにフランスで第三国定住を果たしたインドシナ難民の数は、インドシナ3国を合わせて9万5000人を超え、ヨーロッパ諸国の中では高い数値を示している[36]。それに対し、フランスは同時期に生じていたカンボジア内戦に対しては消極的な態度を貫き、クメール・ルージュによる人権侵害とベトナムによる領域侵犯のいずれにも言及せず[37]、これらの国々との良好な関係の維持に努めていた。

4. ポスト冷戦期における重層的ガバナンスの戦略的利用

(1) グローバルな難民ガバナンスの戦略的利用
(i) インドシナ難民問題の収束と国際的な帰還事業の実施

東西冷戦の終結は東南アジアの難民問題にも大きな変化をもたらした。すなわち、難民の主因となっていた1975年以降の第三次インドシナ戦争が収束に向かったことにより、ASEAN加盟国に避難していた難民が自国へ帰還する機会が到来したのである。

1990年代に実施された帰還事業の中でとりわけ国際的に大きな関心を集めたのはカンボジアであった。そもそもカンボジア難民の流出の契機は1975年に新政権を樹立した共産主義革命勢力であるクメール・ルージュが外国人居住者の国外追放やカンボジア人に対する残虐行為などを働いたことに遡る。同政権は1978年にベトナム軍がカンボジアに侵攻した翌年に親越派のサン・リム政権にとって代わられたが、クメール・ルージュに国内勢力2派を加えた反体制派が新政権との間で内戦を開始したため、さらなる難民流出が引き起こされた。同内戦は冷戦末期の旧ソ連の軟化政策やベトナムの政変を経てベトナム軍が1989年に撤退したことを受け和平に向けた機運が高まり、停戦へと向かった。1991年に締結された「カンボジアの停戦に関するパリ和平協定」[38]は、国連安全保障理事会に対し「国連カンボジア暫定統

治機構」(United Nations Transitional Authority in Cambodia：UNTAC) の設置を要請した。UNTACの任務内容には選挙の実施や停戦監視、戦後復興や難民および避難民の帰還と再定住の促進が挙げられていた。また和平協定の締結に先立ち、カンボジア難民の帰還のための会合が開かれ、同年11月にはタイ、カンボジア、およびUNHCRの間でカンボジア難民の帰還に関して各アクターの責任を明記した覚書が締結された[39]。

一方、UNHCRは1980年の時点で既にカンボジアのプノンペンに事務所を開設しており、和平協定以前から自発的帰還を試みる難民に対する援助を供与していた。したがってUNTACの設置は公式の組織的帰還事業の開始を意味し、UNHCRはUNTACの平和構築活動の一翼を担いつつ、35万人の難民を帰還へと導いた。さらにUNHCRは即効プロジェクト (QIPs) と呼ばれる道路や橋、病院や学校などのインフラ整備を含む80にものぼる事業を展開した。こうしたグローバルなガバナンスのもとでの国際的な援助は、紛争により疲弊し難民の帰還事業に要する十分な治安維持能力や経済力をもたないカンボジアに大きな恩恵をもたらすものであった[40]。

(ⅱ) ASEANを用いた対外アピールの継続と二国間交渉の併用

他方で、一次庇護国であるASEAN加盟国もまた難民ガバナンスのもとで実施される国際的な帰還事業に利益を見出し、積極的にグローバルなガバナンスを利用しようとした。難民の帰還への期待が高まる中1990年にASEAN外相会議が発表した共同声明は、加盟国において難民の受入れが限界に達していることに触れ、難民資格の非認定者の帰還先となるベトナムやその後ろ盾を務めるアメリカの非協力的な態度を批判し、CPAに基づいた帰還の即時履行と再定住事業の推進を改めて国際社会に訴えた[41]。このような行動からは、加盟国がASEANを対外的な交渉のツールとみなし、国際的な発言力やプレゼンスを増大させる意図を有していたといえる。

ASEANによるアピールの結果、1991年にUNHCRとベトナムの間でベトナム難民の帰還について合意され、自発的帰還と秩序ある帰還の2通りの方策で開始されるに至った。ASEANは1993年の首脳会議の声明文の中で

ベトナムによる帰還事業を歓迎し、同時に国際社会に対し同事業への資金援助を訴えた[42]。

他方で、同声明では加盟国間の具体的な協調行動については触れられなかった。その代わりに、各国は難民の帰還をめぐって独自の解決策を模索し、出身国との間での二国間交渉を積極的に採用した。たとえばカンボジア難民が多く居住するタイはカンボジアとの間で秩序ある帰還に関する合意の締結を模索していた[43]。インドネシアもまたベトナムとの間で秩序ある帰還計画に関する覚書に締結し、UNHCRの援助のもとで58人のカンボジア難民と736人のベトナム難民が帰還を果たした[44]。このように難民問題の当事国が帰還という具体的な手続きの策定を必要とする事案において二国間交渉を採用することは、ASEAN内での共同歩調を模索することの煩雑さや合意形成に要する時間的負担を短縮する便益をもたらした。

(2) ミャンマー難民問題とASEANにおける協調
(i) 長期化するミャンマー難民

ミャンマーでは1948年以来軍事政権とカレン (Karen) などの少数民族間の武力衝突や軍事政権下で行なわれた人権侵害により、2011年に民政移管されるまで難民の流出が続いた。隣接するタイは1984年に難民キャンプを設立して以来、長期に渡ってミャンマー難民を受入れている。

インドシナ難民の問題が二度の国際会議で構築された国際的な第三国定住制度と冷戦終結伴う国際的な帰還事業のもとで解決に向かったのに対し、ミャンマー難民の問題は具体的な解決方法が示されぬまま近年に至り、長期化難民の問題として国際的な関心を集めることとなった。2009年の時点で、タイに11万人、マレーシアに3万4000人、バングラディシュに2万8000人が居住するなど、アジア各国がミャンマー難民を多数受入れている。

(ii) 内政不干渉原則と政治的中立性に基づく協力の忌避

難民の出身国であるミャンマーは1997年にASEANへの加盟が承認され、それ以後、ASEAN外相会議やASEAN首脳会議に参加している。そう

した状況下、ミャンマーのみならずその他の加盟国もASEANにおけるミャンマー難民問題の争点化に対して消極的であった。こうしたASEANの姿勢は、インドシナ難民の問題がASEANにおいて争点化され加盟国が共同歩調をとってきたこととは対照的である。両問題におけるASEANの対応の差異には、そもそもインドシナ難民の出身国となったベトナムやカンボジアは当時ASEANの加盟国ではなかったため、ASEANにおいてそれらの国から生じた難民問題に言及することは内政干渉には該当しなかったことが挙げられる。しかしながら、ミャンマーのASEAN加盟以降、ミャンマー難民について言及することは加盟国の内政への干渉に当たるばかりか、加盟国の多くが国内に少数民族や人権侵害の問題を抱えている状況において、加盟国にとって問題への深入りを忌避することが自国の利益に資するのである。

　さらに、ミャンマー難民問題をASEANで争点化することによるミャンマーとの二国間関係の悪化を加盟国が憂慮したことも上記のような対応の差異が生じた要因の一つであると推察される。ミャンマーは豊富な天然ガスの埋蔵量を誇り、2000年代に入りその輸出額を急激に伸ばしている。中でもタイへの輸出額はその半分を占め、タイにとってはミャンマーからの天然ガスが産業発展の原動力となっている[45]。そうした両国の相互関係の深化は、タイによるミャンマーの軍事政権批判に対する慎重な態度や、難民問題を争点化し二国間の問題として取り上げることへの消極的な立場をもたらしたと考えられる。

(ⅲ) 域外アクターとの協調関係の構築

　二国間関係に配慮するあまりASEANを通じた解決が選択できない状況の中で、ミャンマー難民の一次庇護国はそれに代わる解決策を模索する必要に迫られた。タイは1951年難民条約および1967年難民議定書のいずれにも署名しておらず、難民を保護する国際法上の義務を負わない。しかしながら難民のすべてを本国へと押し戻すことはできず、9つの難民キャンプを設置し難民の居住を許容している状況にあった。しかしながら2001年にタイとUNHCRの合意のもとで実施されていた難民の登録が一旦停止するなど、

難民の受入れがタイにとって大きな社会的・経済的負担となっていたことは明らかである。

　状況を打開すべく2004年頃からタイとアメリカとUNHCRの間でミャンマー難民の第三国定住に関する交渉が開始された[46]。当初タイは第三国定住事業の実施は新たな難民の流入を誘発するとして消極的な態度を示していたが、ミャンマーの民主化が進展する見込みがなく難民の流入が収束の兆しを見せない状態を踏まえ、協力姿勢へと転じた。その結果、アメリカのみならずオーストラリアやヨーロッパ各国がタイに居住するミャンマー難民の受入れを表明し、国際的な協調枠組みがタイを起点として放射線上に構築されることとなった。すなわち、タイは利益衡量により選好を変化させ、直接的に域外と協調関係を構築することを選択したといえる。同枠組みには出身国であるミャンマーが組み込まれないばかりか、他の一次庇護国間にも連携は見られない。タイは域外アクターと直接連携することにより、ミャンマーの難民問題、ひいてはミャンマーの内政問題についてASEANで争点化することを回避しながら、自国の長年の懸案事項であった難民問題に対する解決策を生み出すことに成功したといえる。

　他のミャンマー難民の一次庇護国となっているASEAN加盟国も同様に、ASEANにおける争点化によるミャンマーとの関係悪化を忌避する一方で、域外アクターとの連携や負担分担の仕組みを模索し始めた。中でもオーストラリアとASEAN加盟国間の二国間関係の模索は興味深い。移民大国としても名高いオーストラリアは、近年庇護を求める難民の増加に苦慮している。そこで、オーストラリアは自国で難民の資格認定を待つ庇護申請者400人をマレーシア国内に残存する難民資格認定を受けた第三国定住待ちの難民2000人と交換する「難民交換協定」（swap arrangement）を提案し両国は2011年に合意に至った。同協定はオーストラリアにとっては資格認定待ちの難民を一時的に減少させ資格認定費用を削減させ、他方でマレーシアにとっては自国からの第三国定住を実現させる点で両者の利害関係が一致したことによる産物であった。実際には同協定に基づくオーストラリアからの難民移送計画がオーストラリアの連邦最高裁判所で違憲判決を得たため中止されたが、

同計画には多くの難民を抱えるインドネシアも大きな関心を寄せていた[47]。このようなASEAN加盟国の域外アクターとの連携の模索は、第三国の協力の消極化に伴う国際的な第三国への再定住事業の停滞に対するジレンマの表れでもある。

(3) 他の領域を扱うインフォーマルな対話メカニズムの利用
(i) 経済領域における統合の深化と移民問題への難民問題の置換

1980年代から世界各地で生じた地域統合の第二の波は東南アジア地域にも到達し[48]、1992年のASEAN自由貿易地域（ASEAN Free Trade Area：AFTA）の形成による域内経済の一層の統合促進が図られた。さらに1997年にはASEAN+3が、2005年にはASEAN+6が開始され、域外アクターとの連携の強化が図られた。これらは国家間の対話を軸とするインフォーマルな形態をとり、貿易や金融などの経済領域における協力などに関する国家間の交渉や合意形成の場として機能した。さらに、会議の議題は経済問題にとどまらず、域内の人権問題やテロなどの政治領域にも及ぶようになった。

上記のように地域統合のもとで経済が発展する一方で、加盟国は新たな問題に直面するようになった。その一つが労働移動に代表される人の越境移動とそれに伴う様々な問題である。2010年の時点でASEAN加盟国からおよそ1350万人が外国へと労働移民として出国し、そのうち50万人は域内で就労しているとされる[49]。

同地域における活発な人の越境移動は経済発展に寄与する一方で、不法移民や越境犯罪などの増加といった負の側面も持ち合わせており、ASEAN加盟国は対応に迫られた。1997年には「第1回越境犯罪に関するASEAN閣僚会議」（ASEAN Ministerial Meeting on Transnational Crime：AMMTC）が開催され、「越境犯罪に関するASEAN宣言」が採択された[50]。以後、ASEANにおける様々な交渉の場において越境犯罪について言及され、重点的な協調領域として議論が蓄積された。さらに、ASEANにおける越境犯罪に関する制度化は国連や東南アジア以外の地域における取組みと連動し、2002年にアジアのほかヨーロッパや北米、中東やアフリカから60カ国が参加する「バリ・プロ

セス」(Bali Process)と呼ばれる「人の密輸・不法移民及び国境を越える犯罪に関する閣僚会議」(the Ministerial Conferences on People Smuggling, Trafficking in Persons and Related Transnational Crime)へ結実した。同プロセスは定期的な会合を予定し、インフォーマルな形態をとりながら、越境問題に関する国家間の合意形成を促し協調を促進する役目を担っている[51]。

　一方、ASEAN加盟国による不法移民への人権侵害との関連で、域外アクターからは移民の権利を含む人権規範を制度化することが要請された。それに対しASEANは2007年に「移民労働者の権利の保護と促進に関するASEAN宣言」を採択し、人権に関する法制度整備への一歩を踏み出した[52]。翌年発効したASEAN憲章はその契機となることが大いに期待されたが、憲章には「人権と基本的自由の促進」や「ASEAN人権機構」(ASEAN Human Rights Body)の創設に関する規定が盛り込まれるにとどまり[53]、移民や難民などの具体的な保護対象に関する文言は挿入されず、域外アクターの失望を買った。

　上記のような経済領域、とりわけ移民に関する制度化の進展の背後で、ASEAN加盟国は難民問題を移民問題に置換することによって、難民問題としての争点化を回避し問題の解決を試みている。こうした難民問題の移民問題へのすり替えは、難民と移民の区別が不明瞭化し庇護申請者が増加している現状を受け世界各地でみられる現象であると同時に、ASEANにおいて内政不干渉の原則が人権規範に優先することを示す象徴的事象である。たとえば、タイのアビシット首相(Abhisit)がミャンマー難民は「不法移民であり、出身国に送還されなければならない」と発言したことにも表れているように[54]、彼らの難民としての法的地位は否定されている。他方で、これらの難民問題を移民のために設けられた手続きによって解決を模索する試みがなされている。その一つがバリ・プロセスであり、2009年4月の会合ではミャンマー難民を扱う暫定的な作業部会の設置について合意された[55]。同会合も問題の具体的な解決策の合意には至らなかった点において批判を受けているものの、インフォーマルな手続きとはいえASEAN加盟国が域内の難民問題を協議する場が提供され国際的な争点化に成功した点に鑑みれば、難民問題

への地域的ガバナンス拡大の端緒となることが期待できる。

(ii) 域外アクターを含む安全保障領域における協調の深化

冷戦終結は東南アジア地域に地政学的な変化をもたらし、ASEANにおいても新たな安全保障メカニズムの生成に関する議論が開始された。ASEANは加盟国間の対話に加え、PMCを用いた域外アクターとの対話の必要性を確認し[56]、1993年に中国、ラオス、パプアニューギニア、ロシア、ベトナムに対し、対話への参加を呼び掛けることで合意に至った[57]。その結果、1994年に誕生したのがASEAN地域フォーラム (ASEAN Regional Forum：ARF) である[58]。ASEANを核として発足したARFであったが、その構想はオーストラリアやカナダなどの域外諸国によって発案されたものであり、ASEAN加盟国は当初警戒感を示していた。その背景にはアジア太平洋地域の安全保障情勢が異質性に富み脅威認識を共有できないことに加え、モデルとなった全欧安全保障協力会議 (Conference on Security and Cooperation in Europe：CSCE) が人権問題をも対象としていることをASEAN加盟国が嫌ったからとされる[59]。さらに、大国が参加する安全保障メカニズムの構築によってASEANのプレゼンスが低下することも懸念された。それに対しASEANと域外アクターの間ではPMCに代表されるように冷戦終結以前より経済問題に関する会議が開催されるなど両者間の対話が慣習化していたことが、ARFの創設に貢献した。

ARFは高級事務官会合を経て開催される閣僚会議のほかに、会期中に発生した具体的な事案について協議する場や専門家による協議の場が設けられ、ASEAN加盟国および域外アクター間の対話による信頼の醸成が期待された。そこで採り上げられる議題は予防外交や越境犯罪など多岐にわたるが、東南アジア地域の難民問題についても言及され、域外アクターを含めた対話の試みが開始されている。ARFの報告書に初めて難民が登場するのは1997年の第4回ARFの報告書であり、UNHCRやカナダ、マレーシアによる平和構築活動における文民と兵士の役割に関するパネルディスカッションが実施されたことが記載されている[60]。また2001年の第8回ARFの報告

書の中では東ティモール難民の問題について言及されており、国連平和維持活動が問題の解決に向けて尽力していることに触れASEANを含む国際的な援助の必要性を訴えた。また東南アジア地域で増加している不法移民や越境犯罪についても議論が交わされ、交渉や議論構築の場としての「難民、避難民および移住者に関するアジア太平洋政府間協議」（inter-governmental Asia-Pacific Consultations on Refugees, Displaced Persons and Migrants: APC）の有用性が確認された[61]。APCとは1996年にオーストラリアおよびUNHCRによって共催された会合の中で登場した常設の事務局を備える合議体であり、多くの1951年難民条約の締約国によって構成されているほか、条約締約国ではないASEAN加盟国も参加している[62]。

さらにテロリズムについて議論が交わされた第12回ARFでは、参加国がテロへのあらゆる対抗措置を備えることを確認し、国連人権条約や1951年難民条約の非締約国に対し条約への署名が提言された[63]。さらに、起草中のASEAN憲章についても意見が交わされ、憲章中で難民問題について言及をすべきとの指摘を行なった[64]。しかしながらARFの対話に法的拘束力はなくASEAN憲章には難民に関する記述は盛り込まれなかった。また2010年の第2回ARFセッション間会議では、多くの移民の経由地となるインドネシアが出身国との二国間関係の構築や地域的な枠組みの必要性に言及したほか、フィリピンは越境犯罪の増加に対応するためには経済移民や難民の区別を明確にしそれぞれに適した国際法の適用が必要であると主張した[65]。

以上のようなARFにおける対話の蓄積はASEAN加盟国にとどまらず、域外アクターとの情報交換の場となり、アクター間で信頼が醸成される。また、ミャンマー難民や東ティモール難民について難民の出身国がASEAN加盟国であることから難民問題の恒久的解決を域外の第三国への再定住という方策に依存している加盟国にとって、ASEANを用いずに問題を争点化できるARFの対話メカニズムは有用であるといえる。

(ⅲ) 非公式会談における難民問題の争点化の試み

上記の他にも、ASEANにおける加盟国間の公式の交渉の場である閣僚会

議や首脳会議において難民問題の討議が回避される一方で、インフォーマルな対話の場において域内の難民問題に対する議論や交渉が試みられている。

たとえば2009年2月にASEAN外相会議においてバングラディシュ国境へのミャンマー難民の流入への対応策について、ASEANにおいて非公式会談を行なうことが決定された[66]。同年3月のASEAN首脳会議では解決策の合意に至ることはなかったが[67]、ASEANの交渉の議題にミャンマーの難民問題が登場したことはそれ自体に大きな意義がある。すなわち、ASEANの保有するインフォーマルな手続きは、それまでタブー視されてきた問題への交渉の機会を提供し、ASEANにおける難民問題への地域統合の波及のプロセスにおいて、重要な役割を果たしているといえる。

5. 小括

本章は東南アジア地域における難民問題をめぐる国家間協調の変容と、その中でのASEANを利用した協調の態様について分析してきた。ASEANは交渉を行なうための合議体としての性格が強く、国家主権や内政不干渉原則がいまだ根強く域内の外交関係やASEANにおける協調関係を規定している。こうした制約のもとで、ASEAN加盟国はASEANを用いた協調と域外アクターを含めた協調の枠組みを戦略的に使い分け、難民問題への対応から生じる利益の追求に努めてきた。

ASEANを用いた難民問題に対する協調は、域内における内政不干渉の原則に優先される一方で、ASEANの域外アクターとの対話機能が積極的に利用されている点が特徴的である。冷戦期のインドシナ難民問題は非加盟国の問題であることからASEAN内で争点化され、ASEANは域外アクターとの連携を達成する媒体として機能した。それに対し加盟国であるミャンマー難民についてはASEAN内での争点化を回避し域外アクターと直接的に協調関係を締結することによって、他の問題領域に対する加盟国間の協調関係の維持に努めている。

さらに、経済領域において近年ASEAN Wayの伝統を超えた法制度化に

よって域内の経済統合が促進されると同時に域外アクターとのインフォーマルな対話メカニズムが生成され、また安全保障領域においても同様に域外アクターを含めたインフォーマルな対話メカニズムが発展してきている。ASEAN加盟国はイシューリンケージを用いて難民問題を他の領域の問題にすり替え、ASEANが関与するこれらのインフォーマルな対話メカニズムを用いて難民問題の争点化を試みるなど、ASEAN Wayがもたらす緩やかな協調形態は難民ガバナンスの地域化の端緒となっている。

註

1. Loescher and Milner, 2008, p. 22.
2. United Nations, "Agreement Establishing the Association of South-East Asian (Bangkok Declaration)," *Treaty Series,* 2262, pp. 78-79.
3. Acharya, 2001. また「ASEAN Way」の特性について、黒柳（黒柳、2005）は法的拘束より合意を優先する「曖昧さ」（Ambiguity）、内政不干渉主義のもとで公式には他国を批判しないという「沈黙」（Silence）、性急な合意形成を好まない「漸進主義」（Evolution）、二国間の対立を公的には議論せず棚上げすることを許容する「順応」（Accommodation）、域外からの干渉を受けず地域の独自性を追求する「善隣」（Neighborliness）を挙げている。
4. 黒柳、2003、31頁。
5. 同上書、31－32頁。
6. 国連難民高等弁務官事務所、2001、80頁。
7. Loesher, 2001, p. 188.
8. 国連難民高等弁務官事務所、2001、82頁。
9. Kumin, 2008.
10. ASEAN, *Zone of Peace, Freedom and Neutrality Declaration,* 27 November 1971. 原文はhttp://w-ww.aseansec.org/1215.htmで入手可能（2012年1月7日閲覧）。
11. ASEAN, *Declaration of ASEAN Concord*, 24 February 1976.
12. United Nations, "Agreement on the Establishment of the Association of South East Asian Nations（ASEAN）Secretariat," *Treaty Series,* 1331, pp. 243-249.
13. 黒柳、2003、71頁。
14. ASEAN, *Joint Press Statement the Special ASEAN Foreign Ministers Meeting on Indochinese Refugees,* 13 January 1979.
15. *Ibid.*
16. ASEAN, *Joint Communique of the Twelfth ASEAN Ministerail Meeting,* 28-30 June 1979.
17. 黒柳、2003、84－89頁。
18. 前掲書、88頁。

19 ASEAN, *Joint Communique of the Thirteenth ASEAN Ministerial Meeting*, 25-26 June, 1980.
20 反政府勢力としては、ポル・ポト率いる「クメール・ルージュ」(Khmer Rouge)、シアヌーク率いる「独立・平和・中立・協力のカンボジアのための国民統一戦線」(FUNCINPEC)、ソン・サン元首相率いる「カンボジア人民族解放戦線」(KPNLF))の3派が存在した。
21 UNHCR, *Lecture by Prince Sadruddin Aga Khan, United Nations High Commisioner for Refugees, University of Vienna*, 5 October 1966.
22 UNHCR, *Statement of Prince Sadruddin Aga Khan, United Nations High Commisioner for Refugees, to UNHCR Headquaters Staff*, 15 January 1969.
23 中国共産党がインドネシア共産党によるクーデタを支持したことを契機に、クーデタに関与されたとされる共産党関係者の嫌疑をかけられた人々に対する大虐殺が起こった。
24 1972年にタイ、74年にはラオスに現地事務所を、74年にハノイに支局を開設した。UNHCR, *Opening Statement by Prince Sadruddin Aga Khan, United Nations High Commisioner for Refugees, to the Exective Committee of the High Commisioner's Programme, Twenty-first Session*, 28 September 1970.
25 UNHCR, *Statement by Prince Sadruddin Aga Khan, United Nations High Commsisoner for Refugees, to the United Nations Economic and Social Council (ECOSOC)*, 26 July 1976.
26 国連難民高等弁務官事務所、2001、79頁。
27 UN, A/34/627, Annex I, 7 November, 1979.
28 ASEAN, *Ibid.*, 28-30 June 1979.
29 *Ibid.*
30 詳細は第3章を参照のこと。
31 2000年末の時点でカンボジア、フィリピン、シンガポールが加盟国となっている。
32 国連難民高等弁務官事務所、2001、84頁。
33 詳細は第3章を参照のこと。
34 国連難民高等弁務官事務所、2001、99頁。
35 UNHCR, *Nansen Medal Award Ceremony: Statement by Mr. Poul Hartling, United Nations High Commisioner for Refugees and President of the Nansen Committee, on the Occasion of the Award of the Nansen Medal for 1979 to Mr. Vaery Giscard d'Estaing, President of the French Republic*, 1 October 1979.
36 国連難民高等弁務官事務所、2001、99頁。
37 黒柳、2003、98－99頁。
38 United Nations, "Agreement on a Comprehensive Political Settlement of the Cambodia Conflict," *Treaty Series*, 1663, pp. 27-33; "Agreement Concerning the Sovereignty, Idependence, Teriotorial Integrity and Inviolability, Neutrality and National Unity of Cambodia," *Treaty Series*, 1663, pp. 56-94.
39 UNHCR, "Refugees and Displaced Persons," *Yearbook of the United Nations 1991*,

Chap. 15, pp. 702-720.
40 カンボジアのASEANへの加盟は1999年に入ってからのことである。
41 ASEAN, *Joint Statement the ASEAN Foreign Ministers on the Problem of Vietnamese Boat People*, 24 July 1990.
42 ASEAN, *Joint Communique of the Twenty-Sixth ASEAN Ministerial Meeting Singapore*, 23-24 July 1993.
43 Ross, ed., 1990, p. 234.
44 UN, A/AC.96/825/PartII/6, 15 August 1994.
45 Reuters, "Thailand Seen Buying More Natural Gas from Myanmar," 22 December 2011. 原文は http://www.reuters.com/article/2011/12/22/us-thailand-natgas-myanmar-idUSTRE7BL0MR20111222 で入手可能（2012年1月7日閲覧）。
46 UNHCR, 2005, p. 393.
47 The Australian, "Thailand 'Interested' in Refugee Swap Deal with Australia," May 15 2011. 原文は http://www.theaustralian.com.au/national-affairs/thailand-interested-in-refugee-swap-de-al-with-australia/story-fn59niix-1226056105646 で入手可能（2012年1月7日閲覧）。
48 詳細は第2章第2節1項を参照のこと。
49 ASEAN, *ASEAN Seeks to Protect and Promote Migrant Workers Rights*, 21 July 2010. 原文は http://www.asean.org/24842.htm で入手可能（2012年1月7日閲覧）。
50 ASEAN, *ASEAN Declaration on Transnational Crime*, 20 December 1997.
51 バリ・プロセスの詳細はホームページ http://www.baliprocess.net/ 参照のこと（2012年1月7日閲覧）。
52 ASEAN, *ASEAN Declaration on the Protection and Promotion of the Rights of Migrant Workers*, 13 January 2007.
53 ASEAN, *Charter of the Association of Southeast Asian Nations*, 20 November 2007.
54 IRIN, "Thailand: UNHCR Seeks Access to Rohingya Boat People," 29 January 2009. 原文は http://www.irinnews.org/report.aspx?reportid=82635（2012年1月7日閲覧）。
55 IRIN, "In-depth: Myanmar's Refugees still on the Run," 18 February 2010. 原文は http://w-ww.irinnews.org/IndepthMain.aspx?reportid=87861&indepthid=82 で入手可能（2012年1月7日閲覧）。
56 ASEAN, *Singapore Declaration of 1992*, 28 January 1992.
57 ASEAN, *Ibid.*, 1993.
58 ARFの構成国は徐々に参加国を増やし、現在はASEAN加盟国10カ国に加え、東南アジア域外の26カ国、さらにはEUを構成メンバーとしている。
59 黒柳、2003、103頁。
60 AEAN Regional Forum, *Chairman's Statement the Fourth ASEAN Regional Forum*, 27 July 1997.
61 AEAN Regional Forum, *Chairman's Statement the Eighth ASEAN Regional Forum*, 25 July 2001.

62 IOMホームページ http://www.iom.int/jahia/Jahia/pid/854 より引用（2012年1月7日閲覧）。
63 ASEAN Regional Forum, *Chairman's Statement the Twelfth ASEAN Regional Forum*, 29 July 2005.
64 ASEAN Regional Forum, *Co-Chairs' Summary Report of the ARF Workshop on "Confidence Building Measures and Preventive Diplomacy in Asia and Europe"*, 12-14 March 2008.
65 ASEAN Regional Forum, *Co-Chairs' Summary Report of the Second ASEAN Regional Forum Inter-Sessional Meetng on Maritime Security*, 29-30 March 2010.
66 Voice of America, "ASEAN to Disucuss Rohingya Refugee Issue," 27 February 2009. 原文は http://www.voanews.com/english/news/a-13-2009-02-27-voa12-68769372.html で入手可能（2012年1月7日閲覧）。
67 IRIN, *Ibid.*, 2010.

第7章 アフリカ
── AU・ECOWASにおける域内協調の模索 ──

　現在もなおアフリカには国内の紛争や政情不安などにより国内外への避難を余儀なくされた者が多数存在し、その多くがアフリカ諸国において庇護を受けている。他方で、政情不安や貧困問題を抱えている一次庇護国にとって、難民の受入れは自国の安全保障を脅かすだけでなく、経済的負担を伴うことや受入れ地域の住民との間での社会関係が悪化することなどが懸念されている。また、アフリカには2005年の時点で216万人にのぼる長期化難民がいるとされており[1]、解決方法の検討が急務とされている。これらのアフリカの難民や国内避難民、帰還民、およびそれらの問題の当事国は、UNHCRを核とするグローバルな難民ガバナンスのもとで庇護と援助の恩恵を享受している。他方で、アフリカ地域は既存の地域機構のもとで独自の地域的な枠組み作りに早くから努めており、近年では難民問題を扱う協調枠組みの地域化が顕著に進行している状況である。

　本章はアフリカ地域における難民問題の特性を国家間関係の態様から域内協調を困難にする要因を整理し、2つの地域機構のもとで難民問題への協調がいかにして可能になっているのかを明らかにする。

A．大陸全土にまたがる協調の枠組み

1．アフリカ大陸における協調をつかさどる原則

(1)「アフリカ性」の追求という共同体規範
　19世紀末にカリブ海地域やアメリカで始まったパン・アフリカニズム運動は1903年のパン・アフリカ会議以降世界規模に拡大し、欧米における黒

人差別撤廃運動と連動して発展を続けた。さらにエンクルマ（Nkruma）などのアフリカにおけるナショナリズム運動の指導者が同運動をアフリカへ導入すると、アフリカの独立と統一を目標とする大陸的規模のアフリカ解放運動へと発展した。

その後1960年を前後して多数の国家が独立を果たしたが、アフリカ諸国の独立はノイバーガー（Neuberger, 1986）が述べたように「植民地独立」（Colonial self-determination）を意味し[2]、独立国の多くが植民地支配によって奪われた「アフリカ性」（Africanity）の獲得のため「アフリカ的社会主義」を国家建設の指針とした。「アフリカ的社会主義」とは「社会主義はアフリカにとって外来的なものではなく、植民地化される以前のアフリカの共同体社会のなかに社会主義的伝統が存在した」という認識のもとで伝統の復興を志向するものであり[3]、同理念はOAUの創設によって具現化されることとなった。

(2) 内政不干渉原則と緩やかな連帯の採用

植民地独立の過程で、エンクルマが率いるガーナは他の植民地独立の強力な指導者となっただけでなく域内協調の索引者となり、タンザニアやギニア、マリと共に独立国の政治的統一による「アフリカ合衆国」（United States of Africa）の創設を提唱し、急進派と呼ばれた。それに対し、平和裏に独立を果たしたコートジボアールを中心に旧宗主国との緊密な関係を維持することにより政権の安定化を図ろうとする国家が登場した。同グループは内政不干渉原則を基調に緩やかな連帯を志向する「アフリカ連合」（United Nations of Africa）の創設を提唱し、穏健派と呼ばれた。両派の対立はコンゴ動乱の収束により緩和し、緩やかな連帯が採用される形で1963年のOAUの創設に至った。

OAUは南アフリカ共和国を除く全ての独立国32カ国によって創設された。OAU憲章はアフリカ諸国の統一と連帯の促進、主権・領土・独立の保全、植民地主義の一掃、国連憲章や世界人権宣言に即した国際協力の促進などのために、政治、外交、経済、安全保障などあらゆる分野で加盟国の政策を整合・調和させることを定めた（OAU憲章第2条）。さらにOAU国家元首

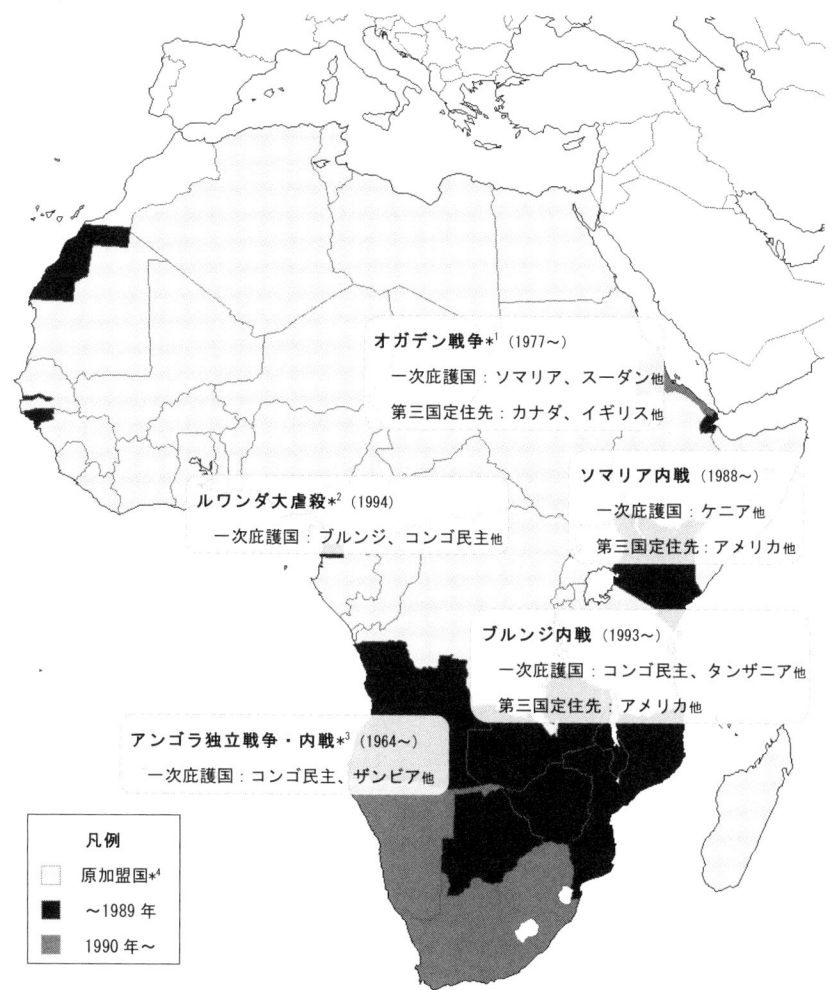

オガデン戦争*¹ (1977～)
　一次庇護国：ソマリア、スーダン他
　第三国定住先：カナダ、イギリス他

ルワンダ大虐殺*² (1994)
　一次庇護国：ブルンジ、コンゴ民主他

ソマリア内戦 (1988～)
　一次庇護国：ケニア他
　第三国定住先：アメリカ他

ブルンジ内戦 (1993～)
　一次庇護国：コンゴ民主、タンザニア他
　第三国定住先：アメリカ他

アンゴラ独立戦争・内戦*³ (1964～)
　一次庇護国：コンゴ民主、ザンビア他

凡例
□ 原加盟国*⁴
■ ～1989年
▨ 1990年～

*¹ エチオピア–ソマリア間のオガデン戦争によりエチオピアに居住するソマリ系住民が難民となって流出した
*² *³ 100名を超えない第三国定住事業については記載を控えている
*⁴ 原加盟国であるモロッコは西サハラの加盟に反発し、1984年に脱退している

図5　OAU/AUにおける統合の拡大と本章に登場する難民問題（一部抜粋）

政府首脳会議(以下、OAU首脳会議と明記)を最高機関とし、その下に閣僚会議や常設事務局が設置されたほか、専門分野を扱う各種委員会が設置され、

域内の各種問題について各国が議論を通じて合意形成を行なう場が提供された。他方で、OAUが掲げる目的の追求のために国家主権の尊重と内政不干渉の原則が採用された。

その後、OAUは独立国の増加と共にその加盟国数を増加させ、アパルトヘイト体制が崩壊した南アフリカ共和国が1994年に加盟したことを受け同組織はモロッコを除く全てのアフリカ諸国が加盟する地域機構となり、2002年にAUへと発展改組を遂げる。同機構はその拡大と過程で難民流出を伴う多数の混乱を経験し、難民問題への対応を試みていくことになる（図5）。

(3) アフリカ国家の脆弱性

アフリカ地域における地域統合について、第2章第2節で言及したように、しばしばその前提となる国家の脆弱性が問題として指摘される。ザートマン (Zartman, 1995) は国家としての三つの機能、すなわち主権的権威、意思決定を行なうための実体を備えた組織、アイデンティティの象徴を備えていない国家を「崩壊国家」という概念のもとで整理した[4]。さらにロトバーグ (Rotberg, 2003; 2004) はアフリカ諸国の脆弱性の位相を「弱い国家」、「失敗しつつある国家」、「失敗国家」、「崩壊国家」に分類した[5]。これらの国家においては暴力の横行により国家の主権がさまざまな形で脅かされており、国内における安定的な統治はおろか他国との安定的な外交関係の構築にも影響が及び、域内協調を阻害する要因となりうる。

2. OAUにおける難民問題に対する協調の促進と停滞

(1) アフリカ各地で深刻化する難民問題

アフリカにおける大規模な難民の発生は1960年前後の植民地独立闘争に端を発し、現在まで断続的に続いている。これらの難民への国際的な関心の高まりの契機は、アルジェリア独立戦争（1954－1962）に求められる。その後、続発した独立戦争によって1960年の時点でアフリカ全体で9000人だった難

民の数は1964年には127万人へと急増した。さらに難民の多くが隣接する周辺国へと流入し、アフリカ諸国は難民の出身国であると同時に一次庇護国となる状態に陥った。

　一方、独立後間もない一次庇護国は大規模な難民の受入れに伴う負担に苦しみ、域外アクターの援助や介入を求めた。1968年の時点で、それまでに独立を果たしていた40カ国のうち22カ国が1951年難民条約に加盟していたことからも[6]、アフリカ諸国の難民ガバナンスへの期待を窺い知ることができる。

(2) 規範設定者としてのOAUと難民に特化した法制度の整備

　アフリカ諸国の期待に反して、第3章で示したとおり、国際的な難民ガバナンスはヨーロッパ偏重をその特徴としており、紛争のために自国を逃れた多くのアフリカ難民は国際的保護に必要な「迫害」要件を満たさなかった。そのため、UNHCRによるアフリカの難民への援助活動は国連総会決議に基づいた「斡旋」と呼ばれる緊急援助や物質的援助にとどまり[7]、難民は大陸内の一次庇護国に設置された難民キャンプや難民セトルメントと呼ばれる難民保護区にとどまることを余儀なくされた。難民保護区では医療や教育などの公共サービスが提供され、例えばポルトガルからの独立闘争とその後長きに渡り内戦が続いたアンゴラからの大量の難民の一次庇護国となったザンビアは1966年に学校や診療所を備えた保護区を設置し、難民には耕作地が与えられていた[8]。

　一方、国際ガバナンスから十分な解決方法が示されない状況はアフリカによる地域条約の作成の機運をもたらした。1963年の時点でOAUは規範設定者として地域条約の策定に着手し[9]、OAU閣僚会議はアフリカの難民問題に関する勧告を行なうOAU特別難民委員会（OAU special committee on refugees）の設置を決定した[10]。さらに閣僚会議は法律家による委員会を設立し条約の草案作成を命じた[11]。すなわち閣僚会議が加盟国間の合意形成の場として機能するのみならず、特別難民委員会に情報収集や草案の起草など事務機能を担わせたことにより早期の合意形成と条約の締結が可能となり、1969年に

OAU難民条約の採択に至ったのである。

　OAU難民条約は1951年難民条約に対しアフリカの問題の特殊性を補完する役割を果たし、「迫害のおそれのある者」に加え「外部からの侵略、占領、外国の支配または出身国若しくは国籍国の一部若しくは全体における公の秩序を著しく乱す事件の故に出身国または国籍国外に避難所を求めるための常居所地を去ることを余儀なくされた者」も含めて「難民」を定義した（OAU難民条約第1条2項）。これにより紛争を逃れてきた者は迫害の有無に関わらず難民の地位を申請する権利を得た。さらに1951年難民条約が難民の庇護を受ける権利を認めなかったのに対し、OAU難民条約は加盟国が「難民を受け入れるため及び定住を保障するために…最善の努力」を傾ける旨を確認した。

　さらにOAU難民条約は加盟国間の関係にも十分に配慮していた。アフリカの難民は国内の民族対立や分離独立に伴って発生しており、難民への対応は出身国と一次庇護国間の安全保障問題に発展することが懸念された。それゆえ同条約には「庇護の付与は平和的かつ人道的行為であって、いかなる加盟国によっても非友好的行為とみなされてはならない」（同上第2条2項）と規定されたほか、「署名国は、各自の領域に居住する難民がOAU加盟国間の緊張を引き起こすような活動によって、…加盟国を攻撃することを禁止することを約束する」旨が定められた（同上第3条2項）。すなわちOAU難民条約は難民の受入れの中立性を強調し一次庇護国と出身国との摩擦の回避を図るものであった。加えて「加盟国は、庇護を継続して与えることを困難と認める場合、直接及びOAUを通じて他の加盟国に訴えることができ、当該他の加盟国はアフリカ連帯及び国際協力の精神によって庇護を与える加盟国の負担を軽減する適当な措置を取らねばならない」と規定し（同上第2条4項）、加盟国間の責任分担の義務を定めた。こうしてOAU難民条約はアフリカ固有の課題を克服し条約の締約国に十分な加盟の動機を与え、1989年末までに44カ国の加盟国を獲得するに至った。

　OAUでは条約の起草と併行して難民問題を扱う専門組織の創設が進められ、1968年に難民の居住地と教育に関する事務局（Bureau for the Placement and Education on Refugees：BPEAR）が設立された[12]。その後、難民が増加の一途を辿った1980年代を通してアフリカ諸国はOAUにおける協調を促進させるためそれらの組織の強化を図った。閣僚会議はOAU事務局長に対し国家難民機構（National Refugee Machineries）の設置を命じ[13]、OAU特別難民委員会に対して負担分担の方法を精査するよう要請した[14]。その後、OAU特別難民委員会は構成国を増加させ[15]、BPEARに変えて新設された難民局（Bureau for Refugees：BR）にはOAU特別難民委員会の指導のもとでの難民政策やプログラムの策定の権限を付与された[16]。また、閣僚会議決議では毎年難民問題に言及し加盟国や国際社会へ向けたアピールが繰り返され、とくに加盟国に対しては1951年難民条約や1967年議定書への署名やBPEARやBRへの協力が要請され、難民をめぐる域内の国家間摩擦の解消が図られた。

(3) 域内協調の停滞と外部対話チャンネルとしての役割
(i) OAUの限界とソフトローと二重基準による協調の維持

多くの国家の独立後もアフリカでは紛争が断続的に発生し、加盟国はOAUによる紛争解決を期待した。OAUには紛争当事国の要請に基づき、域内の紛争を平和的に解決する任務を負う仲介・調停・仲裁委員会（第7条）と加盟国間における防衛・安全保障政策の調和の任務を負う防衛委員会（第20条）が備えられている。しかしながら両委員会の対象事案は加盟国間の紛争に限定されていたため、実際に機能した事例は数えるほどであった[17]。

さらにOAUには域内の問題はまずOAUによって解決を試みるという「OAU第一原則」（OAU First Principle）が存在したが[18]、間もなく域外アクターの介入に取って替わられている。その要因として指摘されるのがOAUの安全保障能力や強制力の欠如である。1964年のコンゴ内戦でもOAUによる紛争解決が試みられたが、コンゴは強制力を持たないOAUの決定の受け入れを拒否し自ら旧宗主国であるベルギーやアメリカに対し介入を要請した。さらに白人少数支配が続くローデシア問題についてはOAU自体がイギリスに介入を要請するなど[19]、OAU自身が限界を露呈した。他方で加盟国やOAUによる域外への介入要請は域外勢力の排除と国家主権というOAU

の基本原則に反するものとして加盟国間の対立を生み、対立が他の問題に波及することによってOAUにおける協調は困難に直面した。また1960年代のローデシア問題に関連して採択された対イギリス断交決議の履行国は9カ国にとどまるなど[20]、OAUの強制力の欠如が協調の停滞を招く事例も相次いだ。

OAUによる難民問題に対する協調促進にむけた取り組みもまた、強制力に欠け履行が加盟国に委ねられるという弊害に直面した。さらに域内の難民問題への関与は難民の出身国と一次庇護国双方に対する内政干渉にあたることが懸念され、OAUは内政不干渉の原則を貫徹し、ソフトローの形態と二重基準を採用することにより協調を維持しようとした。すなわち、OAUは難民を発生させた南アフリカやローデシア（現ジンバブエ）の少数派白人政権を公然と批判したのに対し、難民の発生を伴うアフリカ人政権の迫害に対しては沈黙を貫き、問題喚起を通じた人権の推進という間接的な関与形態を好んで用いた[21]。このような二重基準に基づく対応はOAU加盟国間の協調の維持に貢献した[22]。

なお、一部の加盟国の間ではアフリカ人政権下の人権侵害に対する地域的関与を模索する動きが始まった。1979年に国際的な議論が開始され、OAUは「OAU人権憲章」（African Charter of Human Rights and Rights of Peoples）の起草と[23]、人権に関するアフリカ委員会（African Commission on Human Rights）の設置に着手した。こうしたOAUの動向は、加盟国の独裁的指導者の退陣を促したが[24]、その後のアフリカ諸国の情勢を見る限り、OAUの努力によって加盟国間で人権規範が共有されたとは言い難く、アフリカにおける難民問題に対する協調は人権規模とは異なる規範によって推進されていると考えられる。

(ii) **増加する難民とOAUを用いた国際的な負担分担の模索**

アフリカにおける難民の数は1960年代末までに17万人に減少したものの1970年に100万人を超え、1979年には306万人に達し、難民の受入れに困窮する加盟国にとって域外アクターとの連携は問題解決手段として魅

力的に映った。OAU加盟国は域外アクターを含めた国際的な負担分担の構築のため、OAUに域外アクターとの対話機能を求めた[25]。加盟国間の協調が停滞する背後で、OAU首脳会議はOAUに加え、国連アフリカ経済委員会 (the Economic Commission for Africa：ECA) や UNHCR、ILO、UNESCO、UNDPなどの国連機関のほか民間団体を含む域外アクターを構成員に迎えた難民と帰還民、国内避難民の援助と保護に関する協力委員会 (Coordinating Committee on Assistance and Protection to Refugees, Returnees and Internally Displaced People：CCAR) を設置した。CCARには域外アクターとOAUの調整を行なう権限のほか[26]、難民問題との関連においてBPEARの活動を諮問・調査し、補助する権限が与えられた。

さらに加盟国は難民の経済的自立を促す開発援助の実施を求めて交渉を重ね[27]、1979年の「アフリカの難民の状況に関する汎アフリカ会議」(Pan-African Conference on the Situation of Refugees in Africa) で「総合的な開発と自立」の実現へ向けた機運が一層の高まりを見せた[28]。1981年には国連システムのサポートを受け域外国を含む99カ国が参加する「第1回アフリカ難民援助国際会議」(ICARA I) が開催された。会議の目的はアフリカの難民問題に対する国際的関心を喚起し、難民事業に対し国際的な負担分担制度を構築し、一次庇護国を援助することであった。会議の結果、緊急援助に対する資金提供については合意されたが、一次庇護国が求めるインフラ整備に対する援助は認められなかった。

そこで国連総会は再び会議の招集を決定し[29]、1984年に107カ国のほかキューバやエルサルバドルをオブザーバーに迎えて「第2回アフリカ難民援助国際会議」(ICARA II) が開催され、1980年代半ばに登場した「難民援助と開発」(Refugee Aid and Development) という概念に基づいた戦略が取り上げられた。国連、OAU、UNHCR、UNDPによる共同技術チームは総額3億6000万USドルにのぼる128個のプロジェクト案を用意し会議に臨んだものの、多くが資金負担をめぐる国家間の対立や国際機関間の不調和により不十分な結果に終わった[30]。加えて会議直後に発生したエチオピアにおける飢饉と難民の発生は緊急人道援助の必要性を喚起し、長期的な取り組みを要する

開発への関心を低下させた[31]。

同時に、アフリカの難民問題はしばしば大国間政治の影響に晒された。たとえばオガデン戦争の渦中に親ソ路線に転換したエチオピアから隣接するスーダンやソマリアに逃れた難民に対して、アメリカをはじめとする西側諸国は積極的な援助を行なった。それに対し大国間政治に関係のない国や地域の難民に対する国際的な関心の低下が加速し、難民の見捨てられが生じた。その間も難民の数は増加の一途を辿り、1989年には480万人に達したにもかかわらず、1980年代を通じてUNHCRの活動資金はほとんど変動せず[32]、むしろ難民一人当たりに対する国際社会からの援助額は減少した。それに応じてUNHCRはアフリカを対象とするプログラムを削減したにも関わらず1989年末の時点で38万USドルの赤字を計上することになり、さらなるアフリカ難民援助の停滞を招いた。

こうした国際的な難民の見捨てられに対し、OAUは加盟国に対し負担分担を要請する窓口としても機能した。1980年にはOAU事務局と国連システム間で会議が開催され、加盟国に対しソマリアやスーダンなどの難民に対して緊急援助を行なうよう要請した。また1983年にOAU事務局長と民間団体の間で南部アフリカの難民に関する初の会合が開かれ、翌年の首脳会議は加盟国に対し同地域への物質的、経済的、技術的援助を呼びかけた。さらにOAUは「OAU特別難民基金」(OAU Special Refugee Contingency Fund：SCFAR)を設立し、内外を問わず難民援助資金の確保に乗り出した[33]。

3. ポスト冷戦期における地域機構の強化と難民ガバナンスの拡充

(1) OAUにおける難民問題への対応

(i) 冷戦の終結とアフリカ難民問題の変化

冷戦の終結はアフリカの難民問題にも大きな変化をもたらした。まず、難民の発生原因の一つであった冷戦の代理戦争の終結により、大規模な難民の帰還が生じた。他方で、独裁的な指導者による汚職や、資源配分の不平等、貧困層の増加によりアフリカ各地で政情が不安定化し内戦に陥った結果[34]、

大規模な難民が新たに発生し、1990年から5年間でアフリカ全体の難民の数は600万人前後で推移した。

それに対し冷戦構造の崩壊は欧米諸国におけるアフリカ外交の優先順位を低下させ、軍事的援助の減少などの関与の消極化を招き、1991年のソマリア内戦への国際的な介入の失敗によってそうした動きはさらに加速した[35]。国連においてもアフリカの安全保障への関与の在り方が再検討されることとなった。1998年に国連事務総長が提出した『アフリカにおける紛争の原因ならびに恒久平和と持続可能な開発の促進』の中では、国連は地域機構による平和維持活動を支持するとの立場が明らかにされた[36]。同様にアフリカの難民への関心も低下し、第4章で示した通りその傾向は拠出金の減少に顕著に表れた[37]。

(ii) **難民問題に対する域内協調の模索と対外的アピールの継続**

まず、冷戦終結に伴う難民の大規模な帰還の開始に対して、OAUは具体的な関与の道を模索し始めた。1988年には、「南部アフリカにおける難民、帰還民、強制移住者に関する国際会議」（International Conference on the Plight of Refugees, Returnees and Displaced Persons in Southern Africa：SARRED）が開催され[38]、その運営委員会に宣言の履行監視の権限が与えられた。またナミビアへの難民の帰還事業に関連して、帰還民への開発事業をモニタリングするOAUオブザーバーミッションの継続を指示した[39]。それに対し、内戦に伴い新たに難民が増加する状況に対しては、OAUの既存の枠組みを用いた解決の道が模索された。1989年の閣僚会議決議ではOAU特別難民基金に対するOAU通常予算の割当額の引き上げが明記され[40]、国際社会や民間団体の拠出を加え年間60万USドルの活動予算が見込まれることとなった[41]。またOAU難民委員会は1990年に「ハルツーム宣言」（the Khartoum Declaration on Africa's Refugee Crisis）を採択し、国家・準地域・大陸・国際レベルでの難民問題への取り組みについて提言した[42]。

さらにOAUは内外からの協調を引き出すための対話チャンネルとして機能し、OAU閣僚会議は域内の難民問題に積極的に言及した。例えば、ルワ

ンダにおいて80万人の犠牲者を出した1994年のフツ系住民によるツチ系住民の大虐殺とその後のツチ系住民組織の首都制圧により200万人超のフツ系住民が周辺国へ難民となって流出すると、一次庇護国の一つであるザイールに設けられた難民キャンプはルワンダへの抵抗の軍事拠点となった。UNHCRは国連に兵士の武装解除や民間人との分離を要請したが、国連安全保障理事会は緊急措置を支持せず、困難を極めた難民援助は「キャンプ治安担当ザイール保安隊」などザイール国内の人的資源に頼らざるを得なかった。このような状況がOAU内でも憂慮され、1995年のOAU閣僚会議決議を介した国際社会に対する援助要請へとつながった[43]。

　以上のようなOAUを通じた対外的アピールの一方で、域内における加盟国間の協調は遅々として進展しなかった。その要因として、難民の受入れへの関与がOAUにおける内政不干渉原則に抵触することや、難民問題が深刻化したことで多くの国が難民の受入れに疲弊していたことが挙げられる[44]。すなわち、一次庇護国であるアフリカ諸国は自国の負担の軽減は望んでも、他国の難民問題に対して進んで関与する動機を有していなかったのである。

(iii) 安全保障手続きの強化と難民問題への対応

　多発する内戦と難民の増加によりOAU加盟国間では地域的安全保障メカニズムの必要性が説かれ始め、OAUは合意形成の場として再び機能し始めた。加盟国はOAU事務局長に対して紛争対応メカニズムに関する調査報告の任務を与え、各国の指導者がOAUにおける安全保障への取り組みについて公に発言するなど[45]、OAU内外で様々な取り組みが進められた。その結果、1993年には常設の「紛争予防・管理・解決メカニズム」(Mechanism on Conflict Prevention, Management and Resolution：MCPMR) が創設され、紛争予防および解決、平和維持および平和創造機能が与えられた。またOAU事務局長には人的・物的資源を動員し紛争対応を主導する権限が付与されたほか、MCPMRの財源はOAUの通常予算の5％を充当した「アフリカ平和基金」[46]とその他寄付金によって賄うことが規定された[47]。OAU加盟国の大きな期待を背負ったMCPMRは1998年のエチオピア・エリトリア紛争の際に代表

団の派遣や紛争両当事国の交渉を行ない一定の成果を出した。

　他方でMCPMRの限界も顕在化するようになった。その原因の一つが内政不干渉の原則である。1996年のブルンジ内戦への有志国による軍隊派遣はブルンジによる公的な要請を法的根拠とするなど[48]、当事国の介入要請の有無が制度の実効性に影響を与えた。加えて財源不足もMCPMRを制約する原因となった。MCPMRの活動資金の充当元となるOAU通常予算自体が慢性的な拠出不足に陥っていたことからは、MCPMRへの予算配分が十分でなかったことが推測される[49]。また、1990年代にアフリカにおけるサブ・リージョナルな安全保障メカニズムの発達はOAUにおける諸国の連帯や組織力の強化の妨げになったともいわれる[50]。

　また安全保障問題との関連で難民問題が提起され、1995年第2回MCPMR会議において難民と強制移住者に関する会議の開催が提案された。しかしながら加盟国の合意形成には至らず、加盟国間の協調の取り組み自体が依然として内政不干渉原則によって阻害されていたことが難民問題に対する協調にも影響していたことがわかる。

(2) 強化されたAUを用いた域内協調の促進
(i) AUにおける独立性の向上と安全保障領域における手続きの強化

　内戦の多発による混乱が続く中、リビアのカダフィ（Gaddafi）は1999年のOAU臨時首脳会議において内戦の原因が植民地支配によって確定された国境線にありアフリカ諸国の統一が内戦の終結に有効であると説き、パン・アフリカニズムに立脚した「アフリカ合衆国」構想を提唱した。その主張はOAU改革の契機となり、統一の前段階として地域統合の必要性を唱える他の指導者によってOAUの強化が図られた。急進的な変革を回避しOAUの既存の制度的枠組みを漸進的に拡大する方策は加盟国の合意を得て変革を可能にした。こうしてOAUは2002年にAUへと発展改組を遂げ、活動目的にはアフリカ諸国の一層の統一と連帯の促進、アフリカの政治的・経済的・社会的統合の実現、アフリカの平和・安全保障・安定の促進、民主主義やグッドガバナンスの促進、持続的な経済・社会・文化開発が掲げられた。それら

の目的の達成のため、AUには最高機関である首脳会議を頂点とし、閣僚執行理事会、常駐代表委員会（Permanent Representatives' Committee：PRC）およびAU委員会（AU Commission）が設置された。

　内政不干渉原則がOAUにおける域内協調の障害となっていた点に鑑み、AUでは独立性の強化が図られた。PRCは加盟国大使級の常駐代表で構成され定期的に開催される諮問機関で、統合の促進に寄与することが期待された。AU委員会には対外的にAUを代表し政策の提案や執行を行なう機関として機能し、さらにAU委員長は諸会議に対し注意喚起を促す権限のほか、紛争解決や予防、紛争後の平和構築などのための特使の派遣権限が付与された。こうしたAU委員長の権限は問題への迅速な対応を可能にし、AUの問題解決能力を向上させる。さらに初代AU委員長を国家元首経験者が務めることで、加盟国のみならず域内の他の地域機構に対するAUのプレゼンスを高めた。

　さらに、AUでは域内大国のプレゼンスや加盟国の利害関係の影響を回避するための合意形成手続きが採用された。アフリカにおける平和・安全保障を推進するため、第1回AU首脳会議で満場一致で設立が決定された平和安全保障理事会は地理的な配慮のもとで選出された15カ国で構成されている。しかし、問題当事国が理事国である場合は理事会のいかなる会合、決定過程にも参加が認められない。但し事前に理事会に対し主張の機会が与えられ、同様の措置が非理事国である問題当事国に対しても認められる。すなわち、当該措置は理事国のみに制度が利することを防止し、非理事国から理事会決定への協調を引き出すことを可能にしている。また加盟国内の問題に対するAU首脳会議の決定に基づく介入手続きの整備は、内政不干渉の原則を克服し各国の戦争犯罪やジェノサイド、人道に対する罪などの重大事案へ介入するための法的根拠を付与した[51]。

(ⅱ) **難民に関する法制度の強化とAU主導による域内協調促進の試み**

　AUへの改組の過程で生じた制度強化は難民問題への協調にも影響を及ぼした。2000年のOAU閣僚会議決議で採択された包括的実行計画

(Comprehensive Implementation Plan for Protection Activities in Africa：CIP) は加盟国に対し難民発生原因の特定や難民保護の強化、恒久的解決方法の模索を促すなど、具体的な提案を行なった[52]。さらにAUへの改組とともに難民問題を扱う部局も刷新され、より強固なものへと変化した。AU委員会の政治委員のもとに設置された人道問題・難民・強制移住者局 (Humanitarian Affairs, Refugees, Returnees and Internally Displaced Persons Division：HARDP) は難民問題に関する様々な調整や活動の任務を負った。またOAU特別難民委員会の権限は常駐代表委員会の下に新設された難民に関する下位委員会に移管され、同委員会は加盟国の人道状況の調査を実施したほか、多くの外部資金を獲得するため国際社会に訴えた。またPRCは2011年よりAU難民基金に対する加盟国の貢献を2%から4%に引き上げることを提言し[53]、協調の促進を図った。中でも経済大国である南アフリカがアパルトヘイト体制の終焉によりOAUへ加盟したことの影響は大きく、同国は1998年より基金への貢献を開始し、2007年にはおよそ1万3000USドルを拠出している[54]。さらに同国はOAU難民条約、1951年条約、1967年議定書へ次々に加入し、難民問題への協調姿勢を見せた。

　また、AUは規範の形成においても重要な役割を果たしている。2006年の首脳会議後に提言された「ワガドゥグ宣言」(The Ouagadougou Declaration) は難民に対する市民権や永住権の付与などに関する加盟国の法制度上の不備が、長期化難民の問題の恒久的解決の妨げになっていると指摘し、域内での第三国定住の受入れの実施を加盟国に勧告した[55]。さらに2009年には国内避難民に対する保護と援助について法的根拠を策定し加盟国の協調を促すため、グローバルなガバナンスに先んじて、「アフリカにおける国内避難民の保護と援助に関するAU条約」(the AU Convention for the protection and assistance of Internally Displaced Persons in Africa、以下、AU国内避難民条約と表記) を採択した[56]。同条約は加盟国に対して国内避難民の保護および人道援助義務や、AUや国連、その他の人道援助機関の権限を尊重する義務を明記する一方で (AU国内避難民条約第5章)、国際機関などに対しては活動先の国内法の遵守義務や中立性や独立性を担保する義務を明記した (同上第6章)。2010年10月

の時点でAU加盟国のうち31カ国がすでに署名を済ませているが、同時点で批准国は7カ国にとどまり発効に必要な批准国数に満たず、AUは加盟国へ早期批准を求めている[57]。

このような難民問題に特化した組織強化と法制度化の目覚ましい進展の一方で、加盟国による協調は遅延している。AUでは長期化難民を対象とした具体的な制度手続きが定められておらず、加盟国は問題の当事国間で調整を行ない、手続きを一から作る必要がある。AU国内避難民条約もまた、当事国に対して国際機関やAUに対する協力義務を定め、国内避難民を抱える当事国が加盟によって不利益を被ることが予想される。すなわち、AUにおける難民問題を扱う法制度化の進展は、難民問題のもつ二国間の政治的問題への発展可能性や内政的側面をかえって先鋭化させ、国家間による協調を困難にする面も持ち合わせているといえる。

(iii) 安全保障措置を用いた難民問題への関与

他方で、イシューリンケージを用いて、安全保障を達成するための手続きの一環として難民問題の解決に向けた協調が模索されている。難民の帰還事業を平和構築の分野で扱う動きは1990年代以降に任務内容が多様化した第二世代のPKOの中で登場し、しばしばPKOと連携して展開するAUミッションもまた難民の帰還事業に従事することとなった。難民保護活動は兵士による攻撃から文民を保護することを通じて紛争の再燃化を防止し、出身国のみならず紛争の越境が懸念される一次庇護国にも利益をもたらす。さらに、難民の帰還事業は一次庇護国の負担を軽減させる。他方で、出身国にとっても難民や国内避難民の帰還事業は平和構築の主要命題の一つである選挙の実施のために不可欠な事業であり、自国の復興のため多大な利益をもたらすものである。例えばブルンジでは1993年に紛争が激化し、国内外を合わせた避難民の総数は100万人にのぼった。2000年に和平合意が結ばれ暫定政権が発足したことを受け、翌年にブルンジ、タンザニア、UNHCRの間でブルンジ難民の帰還に関する三者間合意が結ばれ、2004年から難民の帰還事業が開始された。AUは改組後初となるアフリカ連合ブルンジミッション(the

African Union Mission in Burundi：AMIB）を派遣し、停戦の監視や元兵士の武装解除、動員解除及び社会復帰のほか、難民や国内避難民への人道援助に従事する権限が付与され、3つのタンザニア内の難民キャンプおよび8つのブルンジ内の国内避難民キャンプからの帰還業務のほか[58]、彼らの再定住・復興事業にも従事した[59]。

さらに内政不干渉原則を克服し強化されたAUのもとで実施される軍事行動は、アフリカが直面する失敗国家の問題に対しても処方箋を提供する。失敗国家の一つとして挙げられるソマリアではアフリカ連合ソマリア・ミッション（African Union Mission in Somalia：AMISOM）が展開されており、政府機能が形骸化している同国において治安維持などの任務にあたっている。さらにAMISOMのマンデートには難民および国内避難民に対する帰還援助などの人道的活動も含まれており、ソマリア国内に設置された国内避難民キャンプに対する物資の提供など機能不全に陥ったソマリア政府に代わり同国国民の保護を代行している[60]。

B. 経済統合体である準地域機構における協調

4. 西アフリカにおけるECOWASの形成と協調の停滞

(1) 大国主導によるECOWASの成立と植民地遺制の併存

大陸レベルでの地域内協調枠組みの構築と並行して、アフリカでは地域内小地域における枠組みの形成も活発であった[61]。とりわけ1975年に創設されたECOWASは[62]、その活動を国際的に高く評価されている。その端緒は1964年に当時のリベリア大統領が西アフリカ地域における統合を提唱したことに始まり、ビアフラ戦争（1967－1970）の影響で統合に向けた動きが一時中断したものの、ナイジェリアとトーゴによる主導のもとECOWASの創設へと結実した。ECOWASは域内の関税障壁の撤廃や域内および域外の貿易促進など経済活動のあらゆる部門における統合の推進を目的とし、同地域に位置する16カ国により創設された。さらなる経済統合の達成のために1979年の最高会議において「人の自由移動ならびに居住と営業の権利

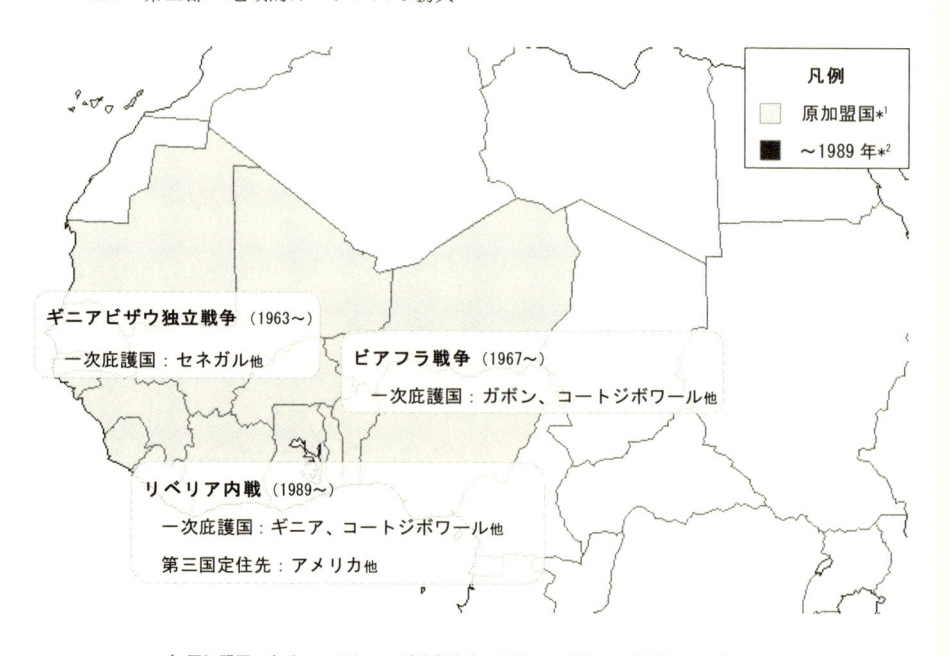

184　第Ⅲ部　地域的ガバナンスの勃興

凡例
□ 原加盟国*¹
■ ～1989年*²

ギニアビザウ独立戦争（1963～）
一次庇護国：セネガル他

ビアフラ戦争（1967～）
一次庇護国：ガボン、コートジボワール他

リベリア内戦（1989～）
一次庇護国：ギニア、コートジボワール他
第三国定住先：アメリカ他

*¹ 原加盟国であるモーリタニアが通貨統合に反発し、2002年に脱退している
*² カーボ・ベルデが1977年に加盟しているが、図中には記載されていない

図6　ECOWAS加盟国と本章に登場する難民問題（一部抜粋）

に関する議定書」[63]（Protocol Relating to Free Movement of Persons, Residence and Establishment、以下、自由移動に関する議定書と表記）が採択され、域内における移動の自由化に向けた法的枠組みの策定が開始された。後にECOWASにおける難民問題への協調にも影響を及ぼすことになる（**図6**）。

　他方で、同地域には植民地支配の影響が色濃く残っていた。旧仏領諸国は1974年に西アフリカ経済共同体（La Communauté économique de l'Afrique de l'Ouest：CEAO）を発足させ独自の協調枠組みの強化を図り、旧宗主国であるフランスも旧植民地の完全な独立はフランスの国益を損なうとの観点から、旧植民地との緊密な二国間関係を構築に資する旧仏領諸国の行動を支持した[64]。このようなフランスとの経済連携の存在はのちに域内協調を停滞させる要因として働いた。

(2) 安全保障領域への拡大と協調の停滞

　1967年のビアフラ戦争を機に域内安全保障メカニズムの必要性が喚起され、ECOWASに安全保障機構としての機能を付与する動きが加速した。その主導的役割を果たしたのはECOWASの創設を主導したナイジェリアとトーゴであった。ナイジェリアは同地域一の人口を誇り、石油資源に恵まれた経済大国である。しかしながら同国からの分離独立を掲げたビアフラ戦争に際し他のアフリカ諸国がビアフラの独立を承認したことは、同国に地域的安全保障政策の重要性を認識させた。他方で、近隣諸国との関係の悪化に苦慮していたトーゴはナイジェリアとの関係強化と地域統合による自国の安全保障の確保に関心を寄せていた[65]。両国はECOWASを合意形成の場として用い、「相互不可侵に関する議定書」[66]および「防衛における相互援助に関する議定書」[67]の調印に漕ぎ着けた。域内大国の主導下で進められた安全保障メカニズムの策定であったが、議定書は当該国の国家元首がECOWAS最高会議の議長に対し書面による要請を行なうことを安全保障措置の発動の必要条件として規定し、加盟国に裁量権に留保することにより加盟国の合意を得るソフトローの形態を採用していた。

　しかしながら、間もなくECOWASを用いた地域統合は停滞することとなった。その原因の一つに旧仏領諸国が植民地遺制のもとでの協調とECOWASにおける協調を併用していたことが挙げられる。さらに、統合を主導したナイジェリアにおける対外政策の変化もECOWASの停滞に影響した。同国経済は1980年代の石油市況の低迷により大きな打撃を受け、また国境地域の石油資源をめぐるカメルーンとの対立が武力衝突へと発展し、両国の関係の悪化は統合に歯止めをかけた。さらにナイジェリア経済の悪化は1983年に外国人労働者への国外退去措置につながり域内諸国の強い反発を招き[68]、ECOWASにおける地域統合の停滞に拍車をかけることとなった。

(3) 冷戦期における西アフリカ地域の難民問題と地域的協調の不在

　西アフリカ地域はECOWASの創設以前より難民問題に晒されていた。旧ポルトガル領ギニアビザウでは激しい植民地独立闘争が繰り広げら

れ、1963年に3万人にのぼる難民がセネガルへと流出した。これらの難民はUNHCRの援助を受けたセネガルの庇護を享受し、1973年のギニアビサウ独立戦争後に実施されたUNHCR主導の難民帰還事業では[69]、400万USドルにのぼるプログラムが立案された[70]。またナイジェリアでは1967年にビアフラ戦争が勃発し、200万人が移動を余儀なくされ5万人以上の難民が近隣諸国に逃れた。UNHCRは難民の流入を受けた赤道ギニアの要請を受け、同国内のおよそ4万人の難民を援助し、1970年の内戦終結後は、ガボンやコートジボワールなどからの帰還を援助した[71]。

　しかしながらECOWASの成立以後1980年代を通して、西アフリカにおける難民問題は他のアフリカ地域と比して小規模であり、大々的な国際的援助を要するものではなかった。同時に前節で指摘したように域内の協調が様々な領域において頓挫していたことに鑑みれば、難民問題に関して域内協調を推進する動きが見られなかったことも当然の帰結である。そうした状況下で、ナイジェリアはリベリアやシエラレオネなどからの難民の一次庇護国としてもUNHCRの援助を受けた[72]。1980年の時点で10万人いた難民は数年のうちに減少し、1980年代末まで同国内の難民の数は5000人前後で推移した。他の西アフリカ諸国では、1980年代半ばに一時的にベナン国内の難民の数が4000人近くまで上昇したものの、コートジボワール、ガーナ、リベリア、シエラレオネのいずれにおいても難民の数は数百人単位で推移した[73]。

5. ポスト冷戦期における地域機構の活性化と難民に対する協調の進展

(1) 多発する内戦と難民の増加

　冷戦終結以降、西アフリカ地域では内戦が断続的に発生し、難民問題をめぐる状況は一変した。第一次リベリア内戦(1989-1997)は1990年の時点で既に73万人を超える難民を発生させたほか、マリやシエラレオネ、トーゴからも1990年代前半に難民の流出が相次ぎ、それぞれ20万人から30万人に達した。その結果、ECOWAS加盟国の難民受入れ数は、1990年の時点で

コートジボワールで27万人、ギニアで32万5000人、シエラレオネで13万人にのぼった。ベナンやガーナ、リベリアにおいても、1992年頃から難民が急増し、一時は10万人を上回るほどであった[74]。一次庇護国における難民の数は地域全体で一時140万人に達したが、1990年代半ば以降、帰還事業等を通して徐々に減少し始めた。それにもかかわらず、2009年末の時点で、地域全体でいまだ15万人近い難民が庇護を享受しており、さらに国内避難民の数は52万人に達している[75]。

(2) 安全保障枠組みを用いた難民問題に対する協調の試み
(ⅰ) 大国主導による安全保障手続きの強化

西アフリカ地域における冷戦終結以降の地域的安全保障メカニズムの構築には、第3節1項でOAUにおける安全保障制度構築の要因として指摘した国際的・地域的要因に加え、西アフリカ地域特有の要因も影響している。一つ目は旧宗主国フランスとの関係の希薄化であり、フランスは1990年代以降軍隊を撤退させるなど西アフリカ地域への関与を消極化させ[76]、旧仏領諸国が対仏関係に代わる協調枠組みを希求する契機となった。二つ目は加盟国間の問題であり、リベリア内戦の主要な反政府勢力である「国民愛国武装戦線」がシエラレオネやギニアなどの近隣諸国の反政府勢力を支援するなど、地域の紛争が互いに連動しており[77]、地域的な解決を必要としていた。

ECOWASにおける安全保障メカニズムの運用再開は、ECOWAS停戦監視団（ECOWAS Ceasefire Monitoring Group：ECOMOG）の誕生という形でナイジェリアによって主導された。その原因の一つに、域内紛争が同国に及ぼす影響に対する強い懸念があったことが挙げられる。ナイジェリアは他の域内諸国と同様に、難民の受入れに伴う負担や小型武器流入による国内の治安悪化に晒されており、紛争の解決を希求していた。加えて、当時のナイジェリア軍事政権による人権弾圧は国際的批判を浴びており[78]、他国の反民主主義的な軍事政権への介入は欧米諸国との関係を打開するうえで有用な手段と考えられた[79]。当初ECOMOGは1981年の防衛における相互援助に関する議定書の定める手続きを踏まない介入形態を採っていた。すなわち、第一次

リベリア内戦ではECOWASが設置した調停常任委員会(Standing Mediation Committee：SMC)がリベリア大統領による派兵要請を受けECOMOGの派遣を決定したが、旧仏領諸国はSMCがECOMOGの派遣権限を持たないとして反発し[80]、コートジボワールやトーゴは独自に調停を試みるなど[81]、域内の協調は円滑には進まなかった。

　他方で、ナイジェリア主導のECOMOGは同国に大きな負担を強いた。シエラレオネ内戦への介入にかかる一日あたりの費用の90%をナイジェリアが負担したことが同国国民の不満を招き他の加盟国のただ乗りへの批判が高まる中で[82]、ナイジェリアは他国との負担分担に関心を寄せた。また当時フランスがナイジェリアとの関係を深化させていたことは、旧仏領諸国のナイジェリアへの歩み寄りの誘因となった。対立する両者はECOWASを合意形成の場として交渉を進め、1999年の「紛争予防・管理・解決・平和維持・安全保障メカニズム議定書」[83] (Protocol relating to the Mechanism for Conflict Prevention, Management, Resolution, Peace-keeping and Security、以下、メカニズム議定書と表記)の採択に結実した。メカニズム議定書にはECOMOGの役割や派遣手続きが明記され(メカニズム議定書第6章)、平和維持に加え紛争予防や紛争後の平和構築を含む紛争管理システムの構築が謳われている。特に9カ国から形成される調停安全保障理事会(Mediation and Security Council：MSC)には、派兵に関する決定など平和と安全保障に関するあらゆる権限が付与されている(同上第10条)。さらにECOWAS事務局長は仲介や調停のための人材リストを作成し、必要に応じて顧問会議(同上第20条)を招集しMSCを補完することが規定されている。

　また、ECOWASには加盟国による合意事項の履行を確保するための手続きも備えられた。メカニズム議定書に基づき早期警報システム(同上第58条)が作られ、政治・安全保障担当委員(Office of the Commissioner for Political Affairs, Peace and Security：PAPS)のもと4カ国に設置された地域事務所に平和と安全や人道・政治問題に対する監視及び紛争予防の任務が付与された。また、PAPSのもとに平和維持・安全保障局(Department of Peace Keeping and Regional Security：DPKRS)が設置され、PAPSの活動を補佐する任務が与

えられた (同上第16条)。さらに人間開発・ジェンダー担当委員 (Office of the Commissioner for Human Development and Gender) の下には人道・社会問題局 (Department of Humanitarian and Social Affairs) が設置され[84]、メカニズム議定書の実現のためのさまざまな活動に従事する任務を負った。

　加えて、法制度化以降のECOMOGは当初のものに比べて小規模なものとなり、加盟国の任意による派兵というソフトローの形態を採用していた。他方で、域内大国であるナイジェリアが派兵やモニタリングなどの合意事項を率先して履行するなど積極的な協調姿勢を見せたことが他の旧仏領諸国との間での信頼醸成に資し、協調促進の一端を担った。こうして法制度化されたECOMOGを携えECOWASは域内紛争への介入を進めた。

(ii) **安全保障に関する手続きを用いた難民問題への協調**

　ECOWASにおける難民問題をめぐる地域内協調は上に記した安全保障領域における統合の進展との関連で開始された。すなわち、国連平和維持活動と連携して展開されるECOMOGは人道援助活動や難民保護に従事することになったのである。メカニズム議定書策定前の1990年にリベリアに派遣されたナイジェリア主導によるECOMOGは難民と国内避難民合わせて130万人の保護に当たり、物資の提供や兵士と民間人の分離のほか人道活動家の警護を行なった[85]。また1990年代後半のギニアに拠点を置く反政府勢力とリベリア政府軍の武力衝突に際し、ECOWAS防衛・安全保障委員会はメカニズム議定書に基づきナイジェリア兵776名を含む1767名で構成されるECOMOGの展開を決定した[86]。新たに派遣されたECOMOGには国境の防衛だけでなく、人道援助機関および難民の安全確保のための活動を行なう権限が付与された[87]。さらに2002年のリベリア内戦やコートジボワール内戦に際しては「ECOWASリベリア派遣団」(ECOWAS Mission in Liberia：ECOMIL) や「ECOWAS平和維持ミッション」(ECOWAS Mission in Cote d' Ivoire：ECOMICI) が派遣され平和維持活動や人道援助活動にあたった[88]。

　難民発生の初期段階においては、国境付近の難民は一次庇護国の安全保障を脅かす存在であるため、難民の保護は自国の安全保障政策との関連で加盟

国の高い関心を集める。さらにECOMOGによる難民流出への対応は、難民の受入れに伴う自国の安全保障への影響を防止する役割をも担う。また難民や国内避難民の帰還は出身国における公平な選挙の実施のために不可欠な事業でもある。近隣諸国の国内情勢が自国の治安と密接に関連する同地域において、難民問題への協調は出身国と一次庇護国双方の安全保障上の利益となるという構造的要因がECOWASにおける安全保障措置を用いた難民への関与を可能にした。

またECOWASは加盟国の負担軽減のための国際的援助を引き出す対外的なアクターとしても機能している。ECOWAS事務局長は2001年の声明の中で、ギニアーリベリア国境の紛争による難民の増加が西アフリカ地域の不安定化要因になると指摘し、難民が隣接するマリやコートジボワールに流入する可能性を示唆した。事務局長は紛争の影響の拡大を懸念し、独自に行なった調査の結果をもとに、国連安全保障理事会に対して周辺国への不安的化工作の嫌疑に基づき対リベリア制裁の実施を求めた[89]。事務局長の独立した行動は加盟国に難民発生の危険性を喚起し協調を引き出すのみならず、域外に対しても援助の必要性を訴え、ドイツからはECOMOGの活動資金として25万USドルを引き出した[90]。また1991年以降内戦により3年間で100万人以上の国内外への避難民を発生させたシエラレオネで1999年に和平合意が締結されると、ECOWASは翌年から始まった難民や国内避難民の帰還事業に対する援助をUNHCRやその他の人道援助機関や関係国政府に呼び掛けた[91]。

さらにシエラレオネ難民はギニア、リベリアをはじめ周辺国に分散しており、帰還事業には国家間の調整も必要とされ、ECOWASがその役割を担った。2001年に開かれたMSCではシエラレオネ難民の帰還の条件が議題に上り[92]、ECOWASは一次庇護国と出身国の交渉と合意形成を促進に努めた。

一方、人道・社会問題局のもとに設置され、加盟国の政府関係者や非政府組織の関係者などの文民による平和支援活動と緊急対応メカニズムとしての役割が期待されるECOWAS緊急対応チーム（ECOWAS Emergency Response Team：EERT）[93]もまた、難民問題の解決に貢献している。上述したシエラレ

オネ難民の帰還事業の終了に伴い難民としての法的地位が停止することを受け、EERTは難民に変わる法的地位の保障や居住・就業の権利付与を加盟国に勧告した。さらにEERTは民間の専門家の危機対応能力の強化のためワークショップを積極的に実施し、具体的な人道援助活動に関する議論に加えて、難民や国内避難民の発生原因や早期予防についても議論が交わされている[94]。

(3) 経済的措置を用いた難民に対する協調の試み
(i) 経済領域における脱宗主国依存と域内協調の促進

アフリカの周縁化は経済領域でも生じ、1991年から2年間でフランスの対アフリカ貿易は13％減少した[95]。さらにフランスが対ナイジェリア投資を増大させると同時に旧仏領諸国の共通通貨CFAフランの切り下げを行なったことは、旧仏領諸国に対し脱仏依存と域内経済統合の重要性を喚起した[96]。加えて安全保障領域における旧仏領諸国とナイジェリアの歩み寄りは加盟国間の信頼を醸成し、地域の安定化への期待はECOWASを用いた経済統合に向けた交渉再開につながった。そして、1993年に調印された「西アフリカ諸国経済共同体修正条約」(The Revised Treaty of the Economic Community of West African States)[97]のもとで、ECOWAS加盟国は具体的な経済統合への道を歩み始めることとなった。

現在では、加盟国間の経済統合に向けて、ECOWAS全体での通貨統合や貿易自由化計画(ECOWAS Trade Liberalization Scheme)に基づく域内の関税免除に向けた取り組みが進められている[98]。同時に人の自由移動についても議論が進展し、2000年にECOWAS共通旅券の導入が決定された[99]。これにより域内に居住する者は、ECOWAS内に居住する者は本国の発行する旅券またはECOWAS共通旅券のいずれかと必要な予防接種の証明書を携行することにより、査証や入国許可の取得なしに90日を限度として他の加盟国へ入国することが可能となった[100]。

(ii) イシューリンケージによる経済制度の難民問題への転用

1990年以降の多発する紛争によるアフリカ全体の経済的損失は3億US

ドル、年間の損失は平均1800万USドルにのぼり、武力紛争は国家経済を15％縮減するとされている[101]。さらに武力紛争によって発生する難民もまた地域全体の経済的損失を招く。こうした経済問題と難民問題のイシューリンケージはECOWASにおける経済領域での協調のための手続きを難民問題に転用することを可能にした。まず、加盟国は難民の移動を含めた国境管理の重要性について認識し、特に2000年以降、各種会議の中で経済政策との関連で難民問題に言及するようになった。例えばECOWASと国連西アフリカ事務所の間で2004年に交わされた覚書は違法な検問所と幹線道路における強奪は市民の安全を脅かすだけでなく、地域全体の経済成長を妨げていると指摘した。さらに両者の間ではギニアの国境地域の国内避難民や難民に対する早急な定住事業の必要性についても合意され、両者の具体的な協力分野として、情報の共有や共同プログラムの実施、ECOWASに対する能力強化などが挙げられた[102]。

また、ECOWASは域内の人的経済統合を円滑に進めるため、域外アクターと加盟国を媒介する役目を担った。上記の覚書に先立ち、ECOWASはIOMとの間で2002年に共同合意を締結した。文書には移民政策に関する技術協力のほか互いのプログラムに関する相談や相互代表の派遣、情報交換の実施などが明記された。ECOWAS事務局長は1985年の自由移動に関する議定書に言及し、加盟国による非協力的な態度が議定書の実現を困難にしていると述べ、IOMとの協力は域内の自由移動の達成に資するとの見解を示した[103]。これに対し、IOMは移民手続きを用いて頭脳流出の域内への還流を促すほか、アフリカの経済的発展につながる送金を促進する方法を模索するとし、ECOWAS加盟国間の対話の促進、情報の共有、国境における行政組織の強化のために協力することを表明した。具体的な両機関の移民政策における協力分野の一つとして、ギニアやリベリア、シエラレオネにおける居住する難民や国内避難民が挙げられている[104]。

さらに、加盟国はECOWASを交渉の場として自由移動に関する議定書を難民や帰還民に拡大適用し、難民問題の恒久的解決方法の一つである難民の一次庇護国定住を実現するための具体的な合意形成を進めている[105]。現に

2007年のECOWASとUNHCRとナイジェリア、シエラレオネ、リベリアによる多者間合意に基づき、ナイジェリアに居住するリベリア難民5619人とシエラレオネ難民1673人のナイジェリアへの定住が決定された。同合意は帰還促進事業に登録されずにナイジェリアに滞在し続けた難民から難民としての法的地位を取り除く代わりに、同国には彼らに対して自国民と同等の就労、教育等の諸権利が認められるECOWAS市民の地位を付与することが要求された。他方で難民の出身国であるリベリア政府およびシエラレオネ政府に対しては、両国からの難民に対し旅券を発行することが要求された。さらに、3カ国にECOWAS、UNHCRを加えた多機能チームが組織され、難民からECOWAS市民への移行様式と時期について決定する任務を担った[106]。また、2008年のECOWAS閣僚理事会では難民とその他のECOWAS市民を平等に扱うことが提言され、ナイジェリアとニジェールで実施されている国民の越境移動を促進する二国間共同プロジェクトに言及し、より一層の加盟国による協調を喚起した[107]。その結果、2009年にはナイジェリアに居住する難民に対して出身国から旅券が発行されたほか、同様の措置がガンビアのシエラレオネ難民に対しても実施された[108]。こうして旅券の発行を受けた難民は労働移民としての新たな地位を取得し、一次庇護国から滞在を許可されることとなった。

　こうした移動手続きの難民への拡大適用が可能になった背景には、自由移動に関する議定書の適用対象が「共同体市民」(A Citizen of the Community)、すなわち加盟国国民であり、加盟国政府によって発行された旅券を持つ難民は議定書に規定された権利を享受することができるという緩やかな規定を採用していたことにある。それゆえ、国境管理を域内の経済統合の重要課題と位置づけるECOWASにおいて新たな制度設計を行なうことなく、難民問題の新たな解決方法として一次庇護国や出身国の協調を引き出すことが可能となった。長期化難民を労働移民として扱い自立を促すことは一次庇護国にとっても新たな労働力の確保につながる。現在多くのアフリカ諸国が長期化難民の問題に直面しているが、各国に居住する難民のほとんどが労働の権利を付与されておらず非合法の労働に従事している。他方で、長期化難民によ

る非合法な労働は受入れ地域社会の経済に深く浸透しており、難民を移民と見做し合法的な労働機会を提供することは地域社会にとっても利益となることが期待される。他方で労働移民としての滞在許可費用の支払い能力の問題や、反移民感情など問題も山積しており、ただちに長期化難民問題の解決へとつながるわけではないことも言及しておかねばならない。しかしながら当該手続きは解決の道が閉ざされた長期化難民問題に新たな可能性を提供し、ECOWASにとどまらない国際規模でのガバナンスの発展が大いに期待されているといえる。

6. 小括

アフリカにおける地域的難民ガバナンスの拡充は、専門的な制度化の進展と併行して、他の領域を扱う制度手続きを難民問題へ拡大利用あるいは転用することにより進展し、複合的な難民ガバナンスを構築しつつある点において特徴的である。

冷戦期間中、アフリカにおける地域統合は、その過程で国家主権の優越を余儀なくされた。加えてOAUやECOWASは双方とも域外大国の影響下におかれ、域内の協調を促進できず、主として域外アクターへの対話機能を果たしていたに過ぎなかった。

しかしながら冷戦の終結によるアフリカの周縁化を契機に、加盟国は自国の利益追求の場としての役割を地域機構に求め、両機構とも合議体として加盟国間の合意形成の場として機能した。さらに加盟国は地域機構に対して様々な権限を付与し独立性を向上させることによってガバナンスの強化を図り、そのことは難民をめぐる協調にも変化をもたらしている。

他方で、AUとECOWASにおいてはイシューリンケージに相違が見受けられる。まず、両機構にみられる安全保障手続きの難民問題への拡大利用は難民問題を平和構築活動の一環とみなす国際的潮流の中で生じた。それに対し、ECOWASは経済的な取決めを難民問題へ転用するなど独自の手続きを構築し、国際的な高い評価を得ている。こうしたECOWASにおけるガバナ

　　　　　　　　　　　　　　　　　　　　　　　　第 7 章　アフリカ　195

ンスの充実は大陸レベルでの地域統合を司る内政不干渉原則がそれほど強く打ち出されていなかったこと、域内大国が独善的か否かを問わず、積極的にガバナンスへの協調姿勢を打ち出したことにより可能となったといえる。

　以上のようなアフリカ地域機構における地域的難民ガバナンスの生成のプロセスは、国家機能が脆弱な地域にあっても、地域機構がさまざまな機能を代替することにより、国家間が協調しガバナンスを構築することが可能であることを示唆している。

註
1　Loescher and Milner, 2008, p. 21.
2　Neuberger, 1986, p. 9.
3　小田、1991、10頁。
4　William, ed., 1995.
5　崩壊国家に関する詳細は、Rotberg, ed. 2003a; 2003b.を参照のこと。
6　国連難民高等弁務官事務所、2001、302－305頁。
7　「斡旋」については第3章第3節2項を参照のこと。
8　著者がザンビア西部州にあるマユクワユクワ難民定住地で2008年4月から7月にかけて実施した現地調査に基づく（中山、2014）。
9　国連難民高等弁務官事務所、2001、56頁。
10　同委員会は当時ルワンダ、ブルンジ、コンゴ、ウガンダ、タンガニーカ、スーダン、セネガル、ナイジェリア、ガーナ、カメルーンの10カ国の代表で構成されていた。OAU, CM/Res.19（II）, *Resolutions and Recommendations of the Second Ordinary Session of the Counsil of Ministers held in Lagos (Nigeria),* from 24 to 29 February 1964.
11　OAU, CM/Res.52（IV）, *The Council of Ministers meeting in its Fourth Ordinary Session in Nairobi (Kenya),* from 26 February to 9 March 1965.
12　OAU, CM/Res.141（X）.
13　同組織の設置は汎アフリカ会議で決定された。
14　OAU, CM/Res.814（XXXV）, *The Council of Ministers of the Organization of Africa Unity meeting in its Thirty-fifth, Ordinary Session in Freetown (Sierra Leone),* from 18 to 28 June 1980.
15　1980年以前に発表されたOAU公式文書では10カ国、1982年の文書では15カ国と記載されている。
16　OAU, CM/Res.915（XXXVIII）, *The Council of Ministers of the Organization of African Unity, meeting in its Thirty-eighth Ordinary Session in Addis Ababa (Ethiopia),* from 22 to 28 February 1982.
17　小田、1991、153頁。
18　Henrikson, 1996, p. 137.

19　Williams, 2007, p. 270.
20　外務省『わが外交の近況』10、1966年。原文はhttp://www.mofa.go.jp/mofaj/gaiko/bluebook/1966/s41-contents.htm（2012年1月7日閲覧）。
21　Williams, 2007, p. 268.
22　Welch, 1981, pp. 401-403.
23　OAU人権憲章は1981に採択され、1986年に施行された。
24　1971年に大統領に就任したイディ・アミン政権下のウガンダにおける人権侵害は、1975年にボツワナ、モザンビーク、タンザニア、ザンビアの4カ国の首脳がウガンダの首都カンパラにおけるOAU首脳会議をボイコットしたことによって、OAUにおいて議論の対象となった。
25　Crisp, 2001, p. 5.
26　OAU, CM/Res.346（XXIII）, 11 June 1974.
27　難民に対する経済的自立を促す「地区開発アプローチ」（Zonal Development Approach：ZDA）と呼ばれ、1968年のアフリカ難民問題会議で既に概念化されており、ザイールやブルンジにおける難民支援活動の中で用いられた。ZDA以後、難民に対する開発援助の議論は次第に衰退したが、難民の急増を受けて1970年代末に再び関心を集めることとなった。
28　国連難民高等弁務官事務所、2001、142頁。
29　UN, A/Res/37/197, 18 December 1982.
30　Gorman, 1993.
31　Crisp, 2001, p. 5.
32　国連難民高等弁務官事務所、2001、167頁、図7.7。
33　OAU, CM/Res.1022（XLIII）.
34　六辻、2004。
35　ソマリアへの国際的介入の失敗はDoyle and Sambanis, 2006に詳しい。.
36　UN, *The Causes of Conflict and the Promotion of Durable Peace and Sustainable Development in Africa : Report of the Secretary-General to the United Nations Security Council,* 16 April 1998.
37　詳細は第4章第2節2項を参照のこと。
38　OAU, CM/Res.1150（XLVIII）, *The Council of Ministers of the Organization of African Unity, meeting in its Forty-eighth Ordinary Session, in Addis Ababa (Ethiopia),* from 19 to 23 May 1988.
39　OAU, CM/Res.1206（L）, *The Council of Ministers of the Organization of African Unity, meeting in its Fifty-first Ordinary Session in Addis Ababa (Ethiopia),* from 22 to 28 July 1989.
40　OAU, CM/Res.1241（L）, *The Council of Ministers of the Organization of African Unity, meet-ing in its Fiftieth Ordinary Session in Addis Ababa (Ethiopia),* from 17 to 22 July, 1989.
41　O'brien, 2000.

42 OAU, BR/COM/XV/55.90, *The OAU Seventeenth Extraordinary Session o the Commission of Fifteen on Refugees, Meeting in Kharatoum (Republic of Sudan),* from 22-24 September 1990.
43 OAU, CM/Res.1583（LXII）, *The Council of Ministers of the Organization of African Unity, meeting in its Sixty-Second Ordinary Session in Addis Ababa (Ethiopia),* from 21 to 23 June 1995.
44 かつて寛大な庇護政策で知られたタンザニアの政府高官はルワンダ危機の際に「難民の庇護はこれまでになく重荷となり、より多くの痛みを伴うようになった。・・・」と発言している（UNHCR、1998、15頁）。
45 青木、2000、116－117頁。
46 1993年のOAU外相会議において年間100万USドル規模の基金の設置に言及されている。*Africa Research Bulletin Political, Social and Cultural Series,* Basil Blackwell LTD.,30（11）, 1st-30th November 1996, pp. 11207-11208.
47 青木、2000、117頁。
48 同上論文、120頁。
49 同上論文、121頁。
50 片岡、2004、5頁。
51 同上論文。
52 OAU and UNHCR, *Special OAU/UNHCR Meeting of Government and Non-Government Technical Experts on the 30th Anniversary of the 1969 OAU Refugee Convention: Report Conarkry, Guinea, 27-29 March 2000,* 27-29 March 2000.
53 African Press Organizatron, *Implementation of the outcomes of the AU Special Summit on Refugees, Returnees and Internally Displaced Persons in Africa African Union Ministers have adopted an Action Plan,* 8, June 2010. 原文はhttp://appablog.wordpress.com/2010/06/08/implementation-of-the-outcomes-of-the-au-spe-cial-summit-on-refugees-returnees-and-internally-displaced-persons-in-africa-african-union-ministers-have-adopted-an-action-plan/で入手可能（2012年1月7日閲覧）。
54 AU, *Press Release,* 30 April 2007.
55 AU, *Information Note: Special Summit of Heads of State and Government on Refugees, Returnees and Internally Displaced Persons in Africa,* 16 October 2009.
56 AU, *Invitation: AU Contribution to Refugees, Returnees and IDPs,* 25 June 2010.
57 批准国はウガンダ、シエラレオネ、チャド、中央アフリカ、ザンビア、ガボン、ソマリアの7カ国。
58 Murithi, 2007, p. 19.
59 AU, Central Organ/MEC/AMB/4（LXXXVI）, *Eighty-Sixth Ordinary Session of the Central Organ of the Mechanism for Conflict Prevention, Management and Resolution at Ambassadorial Level, Addis Ab-aba (Ethiopia),* 29 October 2002.
60 AU, *Press Release: AMISOM Police Donates Food, Clothes to Disabled IDPs,* 13 November 2012. AMISOMの活動の詳細はAMISOMホームページhttp://amisom-au.

org/を参照のこと。
61 南アフリカ地域で1980年に創設された「南部アフリカ開発調整会議」（Southern African Development Coordination Conference）が1992年に発展改組した「南部アフリカ開発共同体」（Southern African Development Community：SADC）、アフリカの角地域においては1986年に創設された「政府間早魃開発機構」（Inter-Governmental Authority on Drought and Development：IGADD）が1996年に再活性化（revitalization）されて発足した「政府間開発機構」（Inter-Governmental Authority on Development：IGAD）などがあげられる
62 ECOWAS, *Treaty of the Economic Community of West African States (ECOWAS)*, 28 May 1975.
63 ECOWAS, *A/P 1/5/79, Protocol Relating to Free Movement of Persons, Residence and Estab-lishment,* 29 May 1979.
64 片岡、2000、118頁。
65 落合、2002、13頁。
66 ECOWAS, *Protocol on Non- Aggression,* 2 April 1978.
67 ECOWAS, *A/SP3/5/81, Protocol Relating to Mutual Assistance on Defense,* 29 May 1981.
68 望月、1988、129頁。
69 UN, Resolution 3340 (XXIX), 17 December 1974.
70 Loeschenr 2001, p. 162.
71 国連難民高等弁務官事務所, 2001, 47頁。
72 Bamgbose, 2008, p. 132.
73 国連難民高等弁務官事務所, 2001, 311－313頁。
74 同上書、311－315頁。
75 UNHCR, 2010b.
76 大林、1996。
77 NPFLはシエラレオネの革命統一戦線（Revolutionary United Front：RUF）やギニアのギニア民主運動（Rally for Democratic Force of Guinea：RDFG）を支援していたといわれている。International Peace Institute, 2002, *The Infrastructure of Peace in Africa: Assessing the Peace Building Capacity of African In-stitutions,* p.10.
78 ナイジェリアはイギリス連邦首脳会議により加盟国としての資格停止処分を受けるなど、ナイジェリアに対する批判は激しさを増していた。
79 六辻、2004、26頁。
80 SMCへの介入要請後、常設仲介委員会外相会議での検討がなされている。落合、1999。
81 六辻、2004、27頁。
82 International Peace Institute, 2002, pp. 29-30.
83 原文はhttp://www.comm.ecowas.int/sec/index.php?id=ap101299&lang=enで入手可能（2012年1月7日閲覧）。

84 同局は人道問題局 (Department of Humanitarian Affairs) が2007年に改称したものである。
85 ECOMOGの平和構築活動はHerbert, 1996/1997.に詳しい。
86 ECOWAS, *Press Releases: N°: 4/2001 ECOMOG Troops to Deploy within few Weeks,* 14 January 2001.
87 ECOWAS, *Press Releases: N°: 110/2000 ECOWAS to Deploy 1,676 Monitors to Guinea/Libe-ria/Sierra Leone Borders,* 27 December 2000.
88 UN, S/RES/1497, 1 August 2003.
89 ECOWAS, *Press Releases: N°: 18/2001 ECOWAS Reiterates Stance against Immediate Sanctions on Liberia,* 16 February 2001.
90 ECOWAS, *Press Releases: N°: 12/2001 German Government to Provide $250,000 to Airlift ECOMOG Troops,* 5 February 2001.
91 ECOWAS, *Press Releases: N°: 87/2001 Donors Urged to Support Repatriation of Sierra Leonean Refugees,* 21 November 2001.
92 ECOWAS, *Press Releases: N°: 45/2001 Meeting Reinvigorates Sierra Leone Peace Process,* 3 May 2001.
93 ECOWAS, MSC/reg.2/01/08, 16 January 2008. EERTの詳細についてはhttp://www.comm.ecowas.int/dept/stand.php?id=e_e3_brief&lang=enを参照のこと（2012年1月7日閲覧）。
94 ECOWAS, *Press Releases: N°: 65/2007 Workshop to Improve Emergency Capability of Managers,* 11 July 2007.
95 大林、1996、76頁。
96 同上論文、85－91頁。
97 1995年に発効した。ECOWAS, *Revised Treaty of the Economic Community of West African States (ECOWAS),* 24 July 1993.
98 通貨統合の詳細についてはECOWASホームページhttp://www.wami-imao.org/english/welcome.htmを参照のこと（2012年1月7日閲覧）。
99 ECOWAS, 2000, *Executive Secretary's Report: Report 2000.* 原文はhttp://www.comm.ecowas.int/sec/i-ndex.php?id=es-rep2000-3-2&lang=enで入手可能（2012年1月7日閲覧）。
100 2010年までに同制度はベナン、セネガル、ニジェール、ギニア、ナイジェリア、リベリア、シエラレオネ、ガーナで導入されている。
101 AU, SP/ASSEMBLY/PS/RPT (I) , *Report of the Chairperson of the Commission: Enhancing Africa's Resolve and Effectiveness in Ending Conflict and Sustaining Peace,* 30-31 August 2009.
102 ECOWAS, *Press Releases: N°: 44/2004 ECOWAS UNOWA Plan Strategies for Peace Security and Development in West Africa,* 31 May 2004.
103 事務局長は、加盟国政府による違法な検問所や形式的官僚主義的な行政が議定書の実現の妨げになっていると懸念を示した。

104 ECOWAS, *Press Releases: N°: 60/2002 ECOWAS, Migration Organisation Sign Cooperation Agreement,* 31 July 2002.
105 UNHCR, *UNHCR Global Report 2008,* (Geneva: UNHCR, 2009), p. 82.
106 ECOWAS, *Press Releases: N°: 72/2007 Liberian and Sierra Leonean Refugees in Nigeria for Inte-gration,* 7 August 2007.
107 ECOWAS, *Press Releases: N°: 046/2008 ECOWAS Council of Ministers Charge Member States on Free Movement,* 18 May 2008.
108 Long, 2009, p. 10.

終章：重層化する難民ガバナンスのゆくえ

1. ガバナンスの重層化をもたらすさまざまな要因

　本書は近代主権国家体制の成立以降、国際関係が複雑に変化する中で、難民ガバナンスが成立から60年を経て、専門領域や地理的範囲を異にする多様なレジームや国際機構・地域機構、その他の各種枠組みが複雑に交錯する水平型複合体へと変化し重層化していくメカニズムについて分析してきた。先行研究が指摘するように、出身国、一次庇護国、第三国、ドナー国という利害関係を異にする国家間の協調に向けた一連のプロセスである難民ガバナンスの形成と発展は確かに国家のパワー・規範・国家の選好によって推進されてきた。しかしながらパワー配分の変化や規範の衝突、国家の選好の変化はしばしばガバナンスを膠着状態に陥らせてしまう。そうしたガバナンスの危機は、国家による戦略的なガバナンスの利用とそれを促す国際機構・地域機構の各種機能によって巧みに回避されてきた。

　難民ガバナンスの重層化は、UNHCRのもとでの難民救済機能の拡充、難民問題を扱うガバナンスの多様化、地域的ガバナンスの台頭の3つの変化を伴って進行している。まず第一のUNHCRのもとでの難民救済機能の拡充について第3章および第4章で明らかにしたように、難民ガバナンスはその変容の過程で大国による恣意的な利用から脱却し国家主導による分権型ガバナンスからUNHCR主導による集権的ガバナンスへと変化した。さらに難民ガバナンスは集権化の過程で、難民問題以外の様々な領域を対象とするガバナンスを含む重層的なガバナンスへと変化を果たした。重層化した難民

ガバナンスのもとでは、人権、移民、安全保障などの多様な規範を有する複数のガバナンスによって国家間協調の枠組みが提供されるが、UNHCRによるガバナンス間の調整が、それらの共生を可能にしている。地域的ガバナンスの台頭を扱った第5章から第7章では、難民ガバナンスの地域化がグローバルなガバナンスの不備を補う形で開始され、さらに冷戦終結以降グローバルなガバナンスと対等な関係を築く形で発展していく過程を明らかにした。

　上記の3つのプロセスは、それぞれが単独で生じているのではなく相互に交錯しながら同時進行してきた。それらの変化を引き起こす誘因の一つは難民問題の構造に由来するもの、すなわち難民の発生要因、量的規模、拡散の規模、難民の移動実態であった。ガバナンス形成以後、次々と発生する新たな難民問題はガバナンス変革を要求し、ガバナンスはそれに柔軟に対応してきた。もう一つの誘因は国家間のパワー配分の変化や非ヨーロッパ諸国という新たなアクターの登場など、実際に協調を行なう主体となる国家間関係の変化とそれに伴う各国の動機の変化に求められる。

2. 多様なガバナンス機能による国家主権問題の克服

　ガバナンスの成熟が見られる経済や金融、安全保障の領域と異なり、難民問題は一国内における外国人の処遇という国内管轄事項を対象としている点において、ガバナンスの形成および維持に対し国家主権原則との相克という大きな障害を抱えている。

　難民ガバナンスを包含する国際人権ガバナンスは一国内の人権侵害や人道危機に介入あるいは干渉することによって状態の改善を求め、ガバナンスへの協調は内政干渉の形態をとる。同様に、ガバナンスへの協調は自国内の人権問題への干渉を容認することになり、主権との衝突の問題に直面するが、難民ガバナンスもまた同様の問題に直面する。他方で、自国民に対する処遇をめぐって浮上しその直接的な影響が一国内で完結する人権問題と異なり、難民問題は越境性を持つことによって問題が国際化しやすいという性質を有

する。それに対し、難民ガバナンスは難民発生の要因となった難民の出身国における人権侵害や人道危機に対しては中立的な立場を採ることによってそれらの国家からの協調を確保している。確かに冷戦期間中に西側諸国によって共産主義を批判する目的でガバナンスが利用されたという実態はあるが、その際もガバナンスは難民発生原因とされる共産主義政権そのものに対する干渉や改善の要求は行なっていない。さらに、ポスト冷戦期の難民ガバナンスが一次庇護国における難民の保護のみならず出身国への帰還民へと任務内容へ拡大した際も、出身国に対し一貫して中立的な立場から関与を行なっている。このような難民ガバナンスの中立性は国家主権との衝突を回避するうえで有効に機能する。

　また一般的に人権ガバナンスのもとでの一国の人権侵害状態の解消にむけた協調は、概ね司法的介入の形態、すなわち国家から独立して機能する裁判所による介入が行なわれる。したがって、構成国による実質的な軍事行動を要する人道的介入を除いては、人権ガバナンスへの協調に対する構成国の負担は限定的なものにとどまる。それゆえガバナンスはハードローやフォーマルなガバナンス形態を採用してもなお、国家による協調を確保することが比較的容易であるといえる。それに対し、難民ガバナンスのもとでの協調は、人権侵害や人道危機によって発生した難民に対する国際的な負担分担を志向する。したがって国家は協調に際して難民の受入れに伴う社会経済的負担や、資金的貢献に伴う負担を負わなければならない。それゆえ難民ガバナンスは構成国による負担分担を促す手続きを備えることが人権ガバナンス以上に要求されており、他方でソフトローの形式を採用することにより国家から協調を引き出しやすいように制度設計されている。また難民ガバナンスはフォーマルな手続きとインフォーマルな手続きの双方を内包することにより、難民問題に柔軟に対応している。すなわちフォーマルな手続きは国家の選好やガバナンスが依拠する規範が変化した際にガバナンスが安定的に機能するためのセイフティネットとして機能し、インフォーマルな手続きは新たに生起した難民問題に対して国家の利害対立を越えた合意形成のための交渉の場として機能する。こうして難民ガバナンスは人権ガバナンスの一角をなすもので

ありながら、協調の形態や手続き、協調の志向性において異なる方式を採用することによって、国家主権との相克を巧みに回避したガバナンスへと発展を遂げた。さらに難民問題を対象としない複数のレジームやルールが複合的にガバナンスを構成することによって、難民ガバナンスは国家の利害関係の変化によって引き起こされるガバナンスの膠着を回避することもできる。

3. 大国主導のガバナンスにおける負担分担の試み

　グローバルレベルか地域レベルかを問わず、難民ガバナンスの形成過程において、軍事力や経済力を有する強大な国家の意思がガバナンスの採用するルールに影響する。それぞれのガバナンスは難民の国際的保護や問題の恒久的解決を標榜しながら、グローバルレベルにおいてはガバナンス形成にアメリカの意向が多分に反映され、地域レベルにおいてもヨーロッパではフランスやドイツ、西アフリカではナイジェリアといった地域大国主導のもとで進められた。これらの大国は自国の利益に資するようなガバナンスの形成を画策し、ガバナンスの恣意的な利用を可能にすることでその目的を達成しようとした。とりわけ大国の利益追求のための行動はしばしば対立国や中小国の反発を招くが、難民ガバナンスを介することによって、その動機に関わらず大国の行動は正当化される。アメリカによる東側陣営などの敵対国からの難民の受入れや資金援助、ヨーロッパ諸国による非ヨーロッパ難民の締め出しなども、それぞれグローバルな難民ガバナンスやEUの共通庇護制度のもとで正当化されてきた。しかしながらECOWASにおいて顕著にみられたように、地域大国によって主導されたガバナンスは、他国の反発を招くほか、しばしば他国によるただ乗りの問題に直面する。難民ガバナンスもまた形成時や変革の過程でその危機に晒されたが、大国はガバナンス形成の段階で第三国やドナー国としての自国の負担を最小化するための手続きを取り入れ、負担に関する国家の裁量を確保することによって、ただ乗り問題を克服することに成功している。その手法は、ガバナンスへの資金拠出手続きにおいて加盟国の合意を要求したり、行動に関する最低基準を設定するなど多岐に渡る。

それに対し、国際的な発言力に乏しい難民問題の出身国や一次庇護国は国際機構や地域機構の外部対話機能を用いて、大国による負担を求めている。さらに協調に消極的な大国に対しては国際機構や地域機構を介して履行状況を露わにすることによって翻意を促し、負担分担を試みている。他方で、域内大国による協調の存否がガバナンスのもとでの協調の実効性を左右することもまた自明のことであり、域内大国をいかにガバナンスに取り込み、またその影響力をいかに制限するかが地域内協調の成否を左右する主要命題の一つとなってくる。

4. 難民ガバナンスにおける規範の意義

難民ガバナンスの形成と発展は、難民に対する国際規範の発展の歴史でもある。主権国家体制のもとで、外国人である難民に対し自国領域内で庇護を与えるという国際的な人権規範は、大国間のパワー闘争が先鋭化するガバナンスの誕生以前より難民の受入れを行なってきた国家の行動の背景に存在したといえるだろう。また1980年代以降、とりわけヨーロッパにおいて外国人に対し排他的な政策がとられ始めたのに対し、一部の難民に対して人権・人道的配慮により庇護が与えられた。さらに、大国間のイデオロギー闘争が終結したのちも、ガバナンスのもとでの難民問題の非当事国による協調が維持されている背景に、人権や人道に対する規範が国家間で共有されていることの影響があることは否定できない。すなわち難民に対する庇護や援助の必要性を導出する人権・人道規範は、国家がガバナンスを用いる積極的な動機を持たない場合に、協調を選択する動機づけとなりうる。他方で、難民問題への関与をめぐって、国益を伴うその他の利害関係や人権・人道規範を上回る動機が存在する場合、人権・人道規範は希薄化し、当該難民に対する協調が阻害される場合がある。

他方で、国家における人権規範の成熟はガバナンスの必要条件ではないことが本書から明らかとなった。それを裏付けるように、グローバルな難民ガバナンスの構成員には人権規範の浸透した先進国のみならず、難民問題の当

事国でしばしば難民発生の元凶となる出身国も含まれる。さらには東南アジアやアフリカなど人権規範の定着が遅延する地域においても独自の難民ガバナンスの形成の端緒がみられる。これらの地域では、難民問題に対し経済面や安全保障面からアプローチするイシューリンケージによる協調が試みられている。とりわけ地域機構は難民に特化しない様々な領域を扱う性質のものであり、既存の手続きの利用を通じたイシューリンケージが比較的容易である。

さらに、地域的に共有される規範や認識もまた地域的ガバナンスの発展に寄与する。ASEANは民族構成やアイデンティティ、さらには植民地支配経験の異なる国家によって構成されている。東南アジア諸国間の異質性は、難民の受入れにみられる消極さの原因の一つであるが、ASEAN Wayと称される強固な国家主権意識と東南アジアにおける緩やかな協調の伝統は、難民問題への地域統合の波及に対し両義的影響を有する。一方では、加盟国内において発生し域内で受入れられている難民問題に対する域内の負担分担に向けた動きはASEAN Wayによって阻害されている。他方で、同機構が有するインフォーマルな対話メカニズムは地域に限定されない広域な対話を可能にし、域外との協調による問題解決の端緒となる可能性を秘めている。

それに対し、アフリカ地域に存在する「アフリカ的社会主義」やそれに派生する連帯意識の共有は、アフリカにおける域内協調の伝統を規定し、その素地を提供している。さらに、同地域において植民地独立に際して画定された国境が国境を跨いだ民族分布の構図を生み出したため一次庇護国の国民の中に難民に対する同胞意識があったことや、植民地支配以前からのアフリカにおける人口移動の歴史などが影響している。

1990年代に民主化の第三の波が到来し、アジア・アフリカ各国で複数政党制や普通選挙制といった民主主義制度が導入されたことは、両地域における国家主権意識の変革に影響を与え、難民問題に対する国家間の協調の進展に少なからず影響を与えた。しかしながら依然として双方の地域には権威主義的支配体制を堅持する国家が残存し、協調の成否の鍵を握っている。とはいうものの、権威主義体制を取り巻く国際環境は厳しさを増しており、権威

主義国家にとってガバナンスへの協調姿勢を示すことが自国の利益をもたらす側面もあるだろう。

5. 国際機構・地域機構によるガバナンスの拡充

　難民の構造的変化や国家間の利害関係の変化、規範の希薄化に呼応したガバナンスの変革を引き起こし今日までのガバナンスの存続を可能にしたのは、独立した国際機構・地域機構と合意形成を可能にする集権的な制度手続きの存在である。それらの活動から、ガバナンスのもとでの国家間の協調を維持・促進する国際機構・地域機構の独立性に由来する機能は以下のようにまとめられる。

　まず国際機構・地域機構は国家間の交渉の場として機能するだけでなく、問題領域に関する様々な情報を提供することにより、利害関係を有する国家間の調整や合意形成を可能にする。国家はガバナンスの拡充についても、国際機構・地域機構を媒介として合意を形成し、承認を与えることとなる。また国際機構・地域機構は自らアジェンダ設定者となり、ガバナンスの拡充や機構本体への権限付与に関する国家間交渉の機会をも提供する。その結果、国際機構・地域機構は問題の変化に対応し自律的な変化を遂げ、国家から独立したアクターとしてのプレゼンスを拡大させることとなる。また国際機構・地域機構は、ソフトローの形態を採るガバナンスにおいて、国家による合意内容の履行監督者としての役割を担う。また国際機構・地域機構は国家の履行の一部を代替することによって、国家の履行を担保する役割をも担う。このような機能は、合意内容に対する他国の履行への不信感を軽減させ、国家間の信頼の醸成に貢献している。

　さらに、難民問題を扱うガバナンスが重層化する過程において、国際機構・地域機構は交錯するガバナンス間の調整役としても機能している。他の組織との連携の試みは、問題の構造的要因に応じた複合的な協調枠組みを要求する国際社会のニーズに応えるのみならず、国際機構・地域機構による新たな規範の創出をも可能にしている。

さらに、難民ガバナンスの重層化の特徴である地域的ガバナンスの台頭もまた、各地における地域機構の発展と共に徐々に進展した。地域機構それ自体は難民問題を専門に扱うために形成されたものではない。特定の領域を扱うために作られたガバナンスは、専門化したルールや組織を持ち、その領域において強いプレゼンスを発揮するものの、他の領域に対してはそのルールや組織を利用できない、いわば狭小性をもつ。それに対し、地域機構は一般的な加盟国間の合意形成手続きや、それを補助するための常設の組織を備えており、特定の分野に関しては別途機構内に専門組織を設置する構造をとっている。したがって地域機構は新たな問題群に対する協調に向けた加盟国間の合意形成を促す場として機能し、地域的ガバナンスの形成に貢献することができる。さらに特定の問題領域と他の問題領域のイシューリンケージや手続き上の重複による既存の手続きの拡大利用や転用による新たな問題領域を扱うガバナンスの形成・拡充もまた、さまざまな領域を扱う地域機構の特性と合致している。すなわちイシューリンケージのもととなる他の領域における地域内協調の進展が、翻って他の特定の問題領域に対する協調の進展をも引き起こすのである。

6. 持続的なガバナンス構築への期待

　本書の冒頭で、難民問題とそれを扱うガバナンスの特異性について、安全保障領域や経済領域と異なり、難民問題それ自体が国内管轄事項であり国家間の互恵的な合意形成が困難な領域であることを指摘した。それゆえ、難民ガバナンスのもとで協調を行なう国家には、共通した利益や目的がなく、国家はそれぞれの立場から異なる動機のもとで協調を行なわなければならない。

　難民ガバナンスにおいて、国家間の協調が維持されてきた背景には、独立性を備えたUNHCR、EUやASEAN、AU、ECOWASといった国際機構・地域機構の存在が大きく影響する。単に意思決定手続きや行動規範を設定したガバナンスの形態では難民問題のように本来は国内管轄事項であり国家間の利害関係が異なる領域において協調関係を今日まで維持、発展させること

終章：重層化する難民ガバナンスのゆくえ　209

はできなかったであろう。確かに、冷戦の終結は従前のガバナンスを規定していた難民問題の構造的要因、国家間関係を大きく変化させ、ガバナンス変革の契機の一つとなった。他方で、その変革を可能にした要因は、ガバナンスそれ自体、とりわけUNHCRという国際機構に対して冷戦期より国家が付与していた権限に由来するものであった。また地域機構の冷戦終結以降のプレゼンスの増大もまた、単に冷戦の終結という現象によって引き起こされたものではない。その変化を可能にするような手続きが、それ以前から地域機構に備わっていたからである。そうした授権関係のもとで、国際機構・地域機構は異なる利害関係を有する国家の選好に配慮しながら、ガバナンスへの協調があらゆる国家に利益を還元するものとなるよう、各種機能を果たし、ガバナンスの維持・発展へと貢献しているのだ。

　主権国家は依然として世界規模で生じるさまざまな問題領域において主要なアクターとして重要な役割を果たしている。他方で、グローバリゼーションが進展し、国境概念が希薄化した今日、国境を越えた人口移動の流動化は新たな問題を生起させ、国籍に囚われない、個人を対象とした国際的な協調の枠組みを必要としている。そのような状況において、本書が明らかにしてきた、難民問題をめぐる国家間協調の変容とガバナンスの重層化のメカニズムは学術的にも実務的にも大きな意義がある。

　グローバリゼーションの進展とそれに伴うボーダレス化は、流動的な人口移動を誘発し、難民をはじめとする強制移動の要因を複雑化させた。政治的要因に限定されない、経済的困窮や貧困による移動の増加は、将来的な難民ガバナンスにおける対象領域の拡大を誘発する可能性を秘めている。他方で、将来起こり得る新たな難民危機に対し、ガバナンスが持続性を持ちながら発展を遂げるためには、トランスナショナルなアクターである国際機構・地域機構の機能が一層重要となってくる。国内管轄事項である個人に対し、国家主権を乗り越え、さらには異なる動機を有する国家間の調整をどのように行ない、協調を実現するのか。その鍵を握るのは国際機構・地域機構といった国家から独立して機能するアクターが、自律的な活動を可能にする手続きを備えつつ、国家の協調をいかに確保できるかどうかに大きく左右される。国

際機構や地域機構は単なる手続きを超えて、独立して機能するアクターとしてそのプレゼンスをますます拡大させていくことになるだろう。

あとがき

　私が難民という存在に初めて触れたのは、1994年のルワンダ大虐殺である。当時小学生だった私は目を疑うような映像に大きな衝撃を受けた。隣人同士が命を奪い合うような状況の中でやむ無く慣れ親しんだ故郷を去らねばならない人々が世界にはいるのだということを知り、戦争の恐ろしさに慄くと同時に、平和な日本に生を受けたことを改めて感謝した。

　それから十数年の歳月を経て、京都大学大学院アジア・アフリカ地域研究研究科在学中に初めてアフリカに渡航し、難民と呼ばれる人たちと直接対峙する機会を得た。そこで、日本で報道される悲壮な姿とは異なり、苦境の中で逞しく生きる彼らの姿を目の当たりにし、私の知る難民が氷山の一角に過ぎないことを思い知らされた。同時に、彼らに支給される食糧の中に"Gift of Japan"の文字を見つけ、どこか安堵した気持ちにもなった。そして、日本人と遠く離れたアフリカに暮らす難民とを繋ぐ不思議な赤い糸の存在に魅入られ、その糸を辿ってみたいという思いに駆られたことが、国際関係学の道に進むことを決意させるきっかけとなった。

　これまでの国際関係学の発展の中で、数多くの研究者が戦争の原因を明らかにし、平和を実現するための方策を見出そうとしてきたが、戦争下で翻弄される難民についてはあまり顧みられて来なかった。しかしながら、戦争下を生きる人々に思いを馳せることこそが真の平和の探求に繋がるのであり、我々が国際関係を学問するうえで必要な眼差しではないだろうか。

　本書は難民問題に対して形成されたグローバル・ガバナンスを取り上げ、とりわけ国家と国際機構・地域機構がいかにして問題に対処しているのかについて考察した。本書でも再三指摘したように、難民問題の当事国とそれ以

外の国家には大きな断絶があり、双方による協調は容易にもたらされるものではない。しかしながら難民ガバナンスの目的でもある難民の国際的保護や恒久的解決は両者の協調なくしては達成できず、両者の橋渡し役となる国際機構・地域機構に大きな期待が寄せられるのだ。

また本書はとりわけ地域的なガバナンスの台頭を高く評価している。今日のグローバリゼーションの進展はあらゆる事象に関して世界を均質化させるわけではない。むしろグローバリゼーションは地域固有の問題の取りこぼしを生み、問題解決を一層困難にしてしまう危険性を孕んでいる。地域的ガバナンスの台頭はそうした懸念を払拭してくれるであろう。

とはいえ、本文中でも取り上げたように、難民の中には長期化難民と呼ばれ解決の道を閉ざされた人々が依然として多数存在する。重層化した難民ガバナンスのもとで、彼らに対する処方箋が供される日が一日も早く来ることを願ってやまない。

なお、書下ろしとなる第5章を除き、本書は京都大学大学院法学研究科博士号取得論文が基となっており、博士論文の一部はこれまでに公刊した複数の論文を加筆修正又は一部抜粋し再構成したものであり、原文は下記の通りである。

第1章　中山裕美(2010)「アフリカにおけるリージョナリゼーションの展開－難民問題を扱う制度的枠組みの変容－」『国際政治』159号、87－100頁.

第3章・第4章　中山裕美(2011)「国際難民制度の成立と変容－国家・制度間関係に着目して－」『法学論叢』169巻5号107－124頁；170巻2号、90-113頁；170巻3号、67－88頁.

第7章　中山裕美(2012)「アフリカ地域機構における国家間協調の比較分析－難民問題への協調枠組みの拡大－」『法学論叢』171巻2号、61－91頁；171巻4号、44－66頁.

また、本書の執筆に当たっては、学会や研究会などでの報告を通じて多くの先生方からご示唆をいただいた。とりわけ恩師である京都大学大学院法学研究科の鈴木基史先生には学部時代に国際関係学の魅力を教えていただいて以来、十年もの長きに渡り御指導を賜った。この場を借りて心から感謝申し

上げたい。また中西寛先生、酒井啓亘先生には論文執筆に際し、的確なご助言をいただいた。京都大学大学院アジア・アフリカ地域研究科の太田至先生には研究のいろはと研究者としての心構えを学ばせていただいた。同研究科での経験は私の研究者としての矜持の源となっている。また、東信堂の下田勝司氏には短いスケジュールの中で、公刊のためにご尽力いただき大変感謝している。なお本書の公刊には平成25年度京都大学総長裁量経費による法学研究科若手研究者出版助成事業による補助を受けた。

　最後に、本書の刊行は家族の支えと協力無くしては成し得なかった。これまで研究活動を見守り、時に叱咤激励してくれた家族に、この場を借りて心からの感謝の気持ちを伝えたい。

　2014年2月

中山裕美

引用・参考文献

＜欧文文献＞

Abbott, Kenneth W. and Duncan Snidal, (1998), "Why States Act through Formal International Organizations," *The Journal of Conflict Resolution,* 42(1), pp. 3-32.

Abbott, Kenneth W. and Duncan Snidal, (2000) "Hard and Soft Law in International Governance," *International Organization,* 54(3), pp. 421–456.

Acharya, Amitav (2001), *Constructing a Security Community in Southeast Asia: ASEAN and the Problem of Regional Order (Politics in Asia)*, London and New York: Routledge.

Bamgbose, Adele J. (2008), "The United Nations High Commission for Refugees and its Concern for African Refugees," *Journal of Social Sciences,* 17(2), pp. 127-138.

Barnett, Michael (2011), "Humanitarianism, Paternalism, and the UNHCR," in Betts, Alexander and Gil Loescher eds. (2011), *Refugees in International Relations,* Oxford: Oxford University Press, pp. 105-132.

Barnett, Michael N. and Martha Finnemore (1999), "The Politics, Power, and Pathologies of International Organizations," *International Organization,* 53(4), pp. 699-732.

Betts, Alexander and Gil Loescher eds. (2011), *Refugees in International Relations,* Oxford: Oxford University Press.

Carrington, William J. and Pedro J. F. de Lima (1996), "The Impact of 1970s Repatriates from Africa on the Portuguese Labor Market," *Industrial and Labor Relations Review,* 49(2), pp. 330-347.

Cels, Johan (1989), "The Refugee Policies of West European Governments: A Human Rights Challenge at our Doorsteps," in Dilys M. Hill, ed., *Human Rights and Foreign Policy,* London: Macmillan, pp.169-174.

Closa, Carlos (1992), "The Concept of Citizenship in the Treaty on European Union," *Common Market Law Review,* 29(6), pp. 1137-1169.

Commission on Global Governance (1995), *Our Global Neighborhood: The Report of Commission on Global Governance,* Oxford: Oxford University, 1995.

Crisp, Jeff (2001), "Mind the Gap! UNHCR, Humanitarian Assistance and the Development Process," *New Issues in Refugee Research,* 43, pp. 1-22.

Doyle, Michael W. and Nicholas Sambanis (2006), *Making War and Building Peace,* Princeton: Princeton University Press.

European Asylum Support Office (2012), *2011 Annual Report on the Situation of Asylum in the European Union and on the Activities of the European Asylum Support Office,* Luxembourg Publications Office of the European Uhion.
Finnemore, Martha and Kathryn Sikkink (1998), "International Norm Dynamics and Political Change," *International Organization,* 52(4), pp. 887-917.
Goodman, Ryan and Derek Jinks (2004), "How to Influence States: Socialization and International Human Rights Law," *Duke Law Journal,* 54(3), pp. 621-703.
Goodwin-gill Guy S. (1983), *The Refugees in International Law,* 2nd ed., (1996), New York: Oxford University Press, pp. 32-40.
Gorman, Robert F. (1993), "Linking Refugee Aid and Development in Africa," in Robert F. Gorman ed., *Refugee Aid and Development: Theory and Practice,* London: Greenwood Press, pp. 61-82.
Grieco, Joseph M. (1993), "Understanding the Problem of International Cooperation: The Limits of Neoliberal Institutionalism and the Future of Realist Theory," in David A. Baldwin ed., *Neorealism and Neoliberalism: The Contemporary Debate,* New York: Columbia University Press, pp301-338.
Haas, Ernst B. (1980), "Why Collaborate?: Issue-Linkage and International Regimes," *World Politics,* 32(3), pp. 357-405.
Haddad, Emma (2008), "The External Dimension of EU Refugee Policy: A New Approach to Asylum?" *Government and Opposition,* 43(2), pp. 190–205.
Hammerstad, Anne (2000), "Whose Security? UNHCR, Refugee Protection and State Security after the Cold War," *Security Dialogue,* 31 (4), pp. 391-403.
Hansen, Randall (2003), "Migration to Europe since 1945: Its History and its Lessons," *The Political Quarterly,* 74(s1), pp. 25-38.
Hathaway, James C. (1990), "A Reconsideration of the Underlying Premise of Refugee Law," *Harvard International Law Journal,* 31(1), pp. 129-147.
Henrikson, Alan (1996) "The Growth of Regional Organizations and the Role of the United Nations," in Louise Fawcett and Andrew Hurrell, *Regionalism in World Politics: Regional Organization and International Order,* Oxford: Oxford University Press, pp. 122-168. 菅英輝・栗栖薫子訳「地域機構の成長と国連の役割」『地域主義と国際秩序』九州大学出版会.
Herbert, Howe (1996/1997), "Lessons of Liberia: ECOMOG and Regional Peacekeeping," *International Security,* 21(3), pp. 145-176.
Herz, John H. (1950), "Idealist Internationalism and the Security Dilemma," *World Politics,* 2(2) pp. 157-180.
Katzenstein, Peter J. (1997), "The Smaller European States, Germany, and Europe", in Peter .J. Katzenstein ed., *Tamed Power: Germany in Europe,* New York: Cornell University Press, pp. 251–304.

Keohane, Robert O. (1984), *After Hegemony: Cooperation and Discord in the World Political Economy*, Princeton: Princeton University Press. 石黒馨・小林誠訳（1998）『覇権後の国際政治経済学』晃洋書房.

Keohane, Robert O. and Joseph S. Nye (1977), *Power and Interdependence,* 3rd ed. (2001), New York: Longman. 滝田賢治訳（2012）『パワーと相互依存』ミネルヴァ書房.

Kindleberger, Charles P. *The World in Depression 1929-1939,* Barkeley: University of California Press, 1973. 石崎昭彦・木村一朗訳（1982）『大不況下の世界1929－1939』東京大学出版会.

Krasner, Stephen D.(1982), "Structural Causes and Regime Consequences: Regimes as Intervening Variables," *International Organization,* 36(2), pp. 185-205.

Krasner, Stephen D. (1993), "Sovereignty, Regimes, and Human Rights," in Volker Rittberger and Peter Mayer eds., *Regime Theory and International Relations,* Oxford: Clarendon Press, pp. 139-167.

Kumin, Judith (2008), "Orderly Departure from Vietnam: Cold War Anomaly or Humanitarian Innovation?" *Refugee Survey Quarterly,* 27(1), pp. 104-117.

Kunz, Egon F. (1973), "The Refugee in Flight: Kinetic Models and Forms of Displacement," *International Migration Review,* 7(2), pp. 125-146.

Lee, Luke T. (1996), "Internally Displaced Persons and Refugees: Toward a Legal Synthesis?" *Journal of Refugee Studies,* 9(1), pp. 27-42.

Loescher, Gil (1993), *Beyond Charity: International Cooperation and Global Refugee Crisis,* Oxford: Oxford University Press.

Loescher, Gil (2001), *The UNHCR and World Politics,* Oxford: Oxford University Press.

Loescher, Gil and James Milner (2008), "Understanding the Problem of Protracted Refugee Situations," in Gil Loescher, James Milner, Edward Newman and Gary Troeller, eds., *Protracted Refugee Situations: Political, Human Rights and Secuirty Implications,* Tokyo: United Nations University Press, pp. 20-42.

Long, Katy (2009), "Extending Protection? Labour Migration and Durable Solutions for Refugees," *New Issues in Refugee Research,* 176, pp. 1-31.

Maas, Willem (2005), "The Evolution of EU Citizenship," Memo for Princeton workshop on The State of the European Union, 8, pp. 1-17.

McDowell, Linda (2003), "The Particularities of Place: Geographies of Gendered Moral Responsibilities among Latvian Migrant Workers in 1950s Britain," *Transactions of the Institute of British Geographers,* New Series, 28(1), pp. 19-34.

Moravcsik, Andrew (1999), "Negotiating the Single European Act: National Interest and Conventional Statecraft in the European Community," *International Organisation,* 45(1), pp.19-56.

Moravcsik, Andrew (2000), "The Origins of Human Rights Regimes: Democratic Delegation in Postwar Europe," *International Organization,* 54(2), pp. 217-252.

Murithi, Tim (2007), "The Responsibility to Protect,as Enshrined in Article 4 of the Constitutive Act of the African Union," *African Security Review,* 16(3), pp. 14-24.

Neuberger, Benyamin R. (1986), *National Self-determination in Postcolonial Africa,* Boulder: Lynne Reinner.

North, Douglass C. (1990), *Institutions, Institutional Change and Economic Performance,* Cambridge: Cambridge University Press. 竹下公視 (1994)『制度・制度変化・経済効果』晃洋書房.

O'brien, David (2000), "The Search for Subsidiarity: The UN, African Regional Organizations and Humanitarian Action," *International Peacekeeping,* 7(3), pp. 57-83.

Petersen, William (1985), "A General Typology of Migration,"*American Sociological Review,* 23(3), pp. 256-266.

Rosenau, James N. (1992), *Governance without government: Order and Change in World Ploitics,* Cambridge: Cambridge University Press.

Ross, Russell R. ed. (1990), *Cambodia: A Country Study,* Washington, D.C: The Division: For sale by the Supt. of Docs., U.S.G.P.O, 3rd ed.

Rotberg, Robert. I. ed. (2003a), *State Failure and State Weakness in a Time of Terror,* Washington, D.C.: Brookings Institution Press.

Rotberg, Robert I. ed. (2003b), *When States Fail? : Causes and Consequences,* Princeton: Princeton University Press.

Sandholz, Wayne and John Zysman (1989), "1992: Recasting the European Bargain," *World Politics,* 42(1), pp.95-128.

Snidal, Duncan (2002), "Rational Choice and International Relations," in Walter Carlsnaes and Thomas Risse and Beth A. Simmons eds., *Handbook of International Relations,* London: SAGE, pp. 73-94.

Snyder, Jack (2011), "Realism, Refugees, and Strategies of Humanitarianism," in Alexander Betts and Gil Loescher eds., *Refugees in International Relations,* Oxford: Oxford University Press, pp. 29-52.

Suhrke, Astri (1998), "Burden-sharing during Refugee Emergencies: The Logic of Collective versus National Action," *Journal of Refugee Studies,* 11(4), pp. 396-415.

Suhrke, Astri and Kathleen Newland (2001), "UNHCR: Uphill into the Future," *International Migration Review,* 35(1), Special Issue: UNHCR at 50: Past, Present and Future of Refugee Assistance, pp. 284-302.

UNHCR (1995), "Strategy for Survival," *Refugee Magazine,* 100.

UNHCR (1997), "Afghanistan: The Unending Crisis-The Biggest Caseload in the World," *Refugee Magazine,* 108.

UNHCR (2000), *Agenda for Protection*, Geneva: UNHCR.
UNHCR(2001), "Special OAU/UNHCR Meeting of Government and Non-Government Technical Experts on the 30th Anniversary of the 1969 OAU Refugee Convention: Report Conakry, Guinea, 27-29 March 2000," *Refugee Survey Quarterly*, 20(1), pp. 3-12.
UNHCR (2002a), *Global Report 2001*, Geneva: UNHCR.
UNHCR (2002b), *Statistical Year Book 2001*, Geneva: UNHCR.
UNHCR (2003a), *Framework for Durable Solutions for Refugees and Persons of Concern*, Geneva: UNHCR.
UNHCR (2003b), *Global Report 2002*, Geneva: UNHCR.
UNHCR (2004), *Global Report 2003*, Geneva: UNHCR.
UNHCR (2005), *Global Report 2004*, Geneva: UNHCR.
UNHCR (2009a), *Global Report 2008*, Geneva: UNHCR.
UNHCR (2009b), *Global Trend 2008: Refugees, Asylum Seekers, Returnees, Internally Displaced Persons*, Geneva: UNHCR.
UNHCR (2010a), *Global Report 2009*, Geneva: UNHCR.
UNHCR (2010b), *Statistical Year Book 2009*, Geneva: UNHCR.
Wallensteen, Peter (1993), "Armed Conflict at the End of the Cold War, 1982-1992," *Journal of Peace Research*, 30(3), pp. 331-346.
Weiner, Myron (1985), "On International Migration and International Relations," *Population and Development Review*, 11(3), pp. 441-455.
Weiner, Mayron (1996), "Bad Neighbors, Bad Neighborhoods: An Inquiry into the Causes of Refugee Flows," *International Security*, 21(1), pp. 5-42.
Weiner, Mayron (1998), "The Clash of Norms: Dilemmas in Refugee Policies," *Journal of Refugee Studies*, 11(4), pp. 433-453.
Welch, Claud E. (1981), "The OAU and Human Rights: Toward A New Definition," *Journal of Modern African Studies*, 19(3), pp.401-420.
Wendt, Alexander (1999), *Social Theory of International Politics*, Cambridge: Cambridge University Press.
Widgren, Jonas (1990), "International Migration and Regional Stability," *International Affairs*, 66(4), pp. 749-766.
Williams, Paul D. (2007), "From Non-Intervention to Non- Indifference: The Origins and Development of the African Union's Security Culture," *African Affairs*, 106(423), pp. 253-279.
Widgren, Jonas (1989), "Asylum Seekers in Europe in the Context of South-North Movements," *International Migration Review*, 23(3), Special Silver Anniversary Issue: International Migration an Assessment for the 90's, pp. 599-605.
Young, Oran R. (1996), "Institutional Linkages in International Society: Polar

Perspectives," *Global Governance,* 2(1), pp. 1-24.
Zartman, William I. ed. (1995), *Collapsed States: The Disintegration and Restoration of Legitimate Authority,* Boulder: Lynne Rienner.
Zolberg, Aristide R. Astri Suhrke and Sergio Aguayo (1986), "International Factors in the Formation of Refugee Movements," *International Migration Review,* 20(2), Special Issue: Refugees: Issues and Directions, pp. 151-169.

＜日本文献＞

青木一能 (2000)「冷戦後アフリカにおける紛争対応メカニズム－OAUの展開を中心にして－」『国際政治』123，110－126頁．

阿部浩己 (1995)「難民法の軌跡と展望－変容する政治的機能－」『神奈川法学』30(1)，83－130頁．

石南國（2001）「第2次世界大戦後の世界人口」『城西大学大学院研究年報』17，1－12頁．

岡部みどり (2005)「人の移動をめぐる共同国境管理体系とEU」木畑洋一編『ヨーロッパ統合と国際関係』日本経済評論社，137－172頁．

大隈宏（1980）「EEC共通開発援助政策の胎動」『成城法学』10，37－72頁．

大林稔 (1996)「冷戦後のフランスの対アフリカ政策」林晃史『冷戦後の国際社会とアフリカ』アジア経済研究所，65－99頁．

岡部みどり (2005)「人の移動をめぐる共同国境管理体系とEU」木畑洋一編『ヨーロッパ統合と国際関係』日本経済評論社，137－172頁．

小田英郎 (1991)「国家建設と政治体制」小田英郎編『アフリカの21世紀第3巻アフリカの政治と国際関係』勁草書房，3－32頁．

落合雄彦 (1999)「ECOMOGの淵源－アフリカにおける『貸与される軍隊』の伝統－」『アフリカ研究』55，1999年，35－49頁．

落合雄彦 (2000)『西アフリカ諸国経済共同体（ECOWAS）』国際協力事業団・国際協力総合研究所．

片岡貞治 (2000)「フランスの新たな対アフリカ政策」『国際政治』159，116－130頁．

片岡貞治 (2004)「AU（アフリカ連合）と「平和の定着」」『平成15年度外務省委託研究「サブサハラ・アフリカにおける地域間協力の可能性と動向」』日本国際問題研究所，1-22頁．

金丸輝男編 (1995)『ECからEUへ－欧州統合の現在－』創元社．

岸守一 (2000)「転換期の国連難民高等弁務官－人道行動の成長と限界－」『外務省調査月報』4，1-41頁．

柄谷利恵子(2004)「「移民」と「難民」の境界：作られなかった「移民」レジームの制度的起源」『広島平和科学』26、47－74頁。

黒柳米司 (1995)「「人権外交」対「エイジアン・ウェイ」軟着陸を求めて」『国際問題』422，31-45頁．

黒柳米司 (2003)『ASEAN35年の軌跡－'ASEAN Way'の効用と限界－』有信堂高文社.
黒柳米司編 (2005),『アジア地域秩序とASEANの挑戦－「東アジア共同体」をめざして－』, 明石書店.
小泉康一 (2009)『グローバリゼーションと国際強制移動』勁草書房.
国連難民高等弁務官事務所 (1996)『世界難民白書1995－解決をもとめて－』読売通信社.
国連難民高等弁務官事務所 (1998a)『世界難民白書1997／1998－人道行動の課題－』読売新聞社.
国連難民高等弁務官事務所 (1998b)『難民 Refugee』1998年第3号（通巻110号）, UNHCR日本・韓国地域事務所.
国連難民高等弁務官事務所 (1999)『難民 Refugee』1999年第1号（通巻113号）, UNHCR日本・韓国地域事務所.
国連難民高等弁務官事務所 (2000b)『緊急対応ハンドブック』UNHCR日本・韓国地域事務所. UNHCR (2006)『Refugee is…』vol.1, UNHCR駐日事務所.
国連難民高等弁務官事務所 (2001b)『世界難民白書2000－人道行動の50年史－』時事通信社.
国連難民高等弁務官事務所 (2007)『UNHCR研修テキストシリーズ 2難民認定研修テキスト』UNHCR駐日事務所.
鈴木基史 (2000)『国際関係（社会科学の理論とモデル2）』東京大学出版会.
高見智恵子 (2001)「女性難民申請者の認定手続きの現状と諸問題」難民問題研究フォーラム編『難民と人権－新世紀の視座－』現代人文社, 144－162頁.
滝澤三郎 (2007)「難民と国内避難民をめぐる最近のUNHCRの動き－［強制移動のサイクル］の観点から－」『国際公共政策研究』12(1), 75－92頁.
辰巳浅嗣編 (2004)『EU－欧州統合の現在－』創元社.
中坂恵美子 (2010)『難民問題と『連帯』－EUのダブリン・システムと地域保護プログラム－』東信堂.
中山裕美 (2014)「アフリカの難民収容施設に出口はあるのか」内藤直樹・山北輝裕編『社会的包摂／排除の人類学』昭和堂, 103-121頁.
中山裕美 (2010)「アフリカにおけるリージョナリゼーションの展開－難民問題を扱う制度的枠組みの変容－」『国際政治』159, 87－100頁.
前田幸男 (2009)「パスポート・ビザからみた統治性の諸問題－「e－パスポートによる移動の加速・管理の深化」と「アフリカ大陸への封じ込め」－」『国際政治』155, 126－147頁.
町田敦子・西岡由美 (2006)「フランスにおける外国人労働者受入れ制度と社会統合」『欧州における外国人労働者受入れ制度と社会統合－独・仏・英・伊・蘭5カ国比較調査－（労働政策研究報告書59）』労働政策研究・研修機構, 74－111頁.

望月克哉 (1988)「ナイジェリアの対外関係 (1960 － 85)」『国際政治』88，124 －139頁．

山本哲史 (2002)「難民保護の方法論転換－国連難民高等弁務官事務所の難民流出予防活動－」『国際開発研究フォーラム』21，149 － 166頁．

山本武彦 (2005)「序章リージョナリズムの諸相と国際理論」山本武彦編『地域主義の国際比較－アジア太平洋・ヨーロッパ・西半球を中心にして－ (早稲田大学現代政治経済研究所研究叢書22)』早稲田大学出版部，1-28頁．

山本直 (2006)「EUにおける人権保護の展開」『北九州市立大学外国語学部紀要』第117号，63 － 85頁．

山本吉宣 (2008)『国際レジームとガバナンス』有斐閣．

六辻彰二 (2004)「西アフリカ諸国経済共同体の紛争管理メカニズム」『平成15年度外務省委託研究「サブサハラ・アフリカにおける地域間協力の可能性と動向」』，日本国際問題研究所．23-44頁．

索 引

欧字

ACP 諸国	120
ARF	160, 161
ASEAN Way	46, 140, 163, 206
BPEAR	173
BR	173
CPA	73, 74, 151, 152, 154
EC	110, 117
ECOMOG	187-190
ECOWAS 共通旅券	191
ECSC	110, 112, 114
EEC	110, 114, 116, 118-120
ExCom	65-67, 77, 85, 87, 96, 97
FRONTEX	125-127
ICARA I	75, 175
ICARA II	75, 78, 175
ICEM	115, 117
IGCR	59, 62
IOM	22, 71, 116, 131, 192
IRO	60, 61, 62, 114
MCPMR	178, 179
MSC	188, 190
OAU 特別難民委員会	171, 173, 181
OAU 特別難民基金	176, 177
OAU 難民条約	15, 27, 71, 172
ODP	73, 149
PKO	22, 182
PMC	148, 160
PRC	180, 181
QIPs	94, 154
UNHCR 諮問委員会	61, 65, 69
UNRRA	59-61
UNRWA	17, 64, 118
ZOPFAN 構想	143, 144

あ行

斡旋	66, 171
アムステルダム条約	123, 125, 127
アルジェリア独立戦争	67, 116, 170
安全地帯	86, 93
安全な第三国	126
安全保障	6, 7, 21, 22, 26, 27, 34, 47, 51, 99, 102, 110, 140, 144, 167, 172, 189, 190
安全保障メカニズム	160, 178, 179, 185, 187
アンゴラ	171
イシューリンケージ	46, 49, 60, 67, 118, 119, 130, 163, 182, 192, 194, 206, 208
一時的保護	91, 121, 131
一次庇護国定住	24, 192
入れ子型	28-30
インドシナ難民	36, 72, 73, 117, 119, 143, 144, 147-152, 156
インフォーマル	23, 45, 46, 148, 158, 159, 162, 163, 203, 206
越境犯罪	14, 158, 160, 161
オガデン戦争	176

か行

開発	6, 49, 51, 75, 96, 102, 175
開発援助	36, 78, 93, 94, 97, 120, 121, 175
ガバナンスの膠着	9, 30, 46, 204
カルタヘナ宣言	15, 27
帰還民	66, 78, 86, 87, 94, 96, 100, 167, 177, 203
ギニアビザウ独立戦争	186
規範の衝突	30, 34
旧宗主国	41, 74, 117, 120, 140, 153, 168, 173, 184, 187
旧ユーゴスラビア紛争	121, 122

強制移動	14, 15, 209	植民地支配	15, 65-67, 139, 140, 168, 179, 184, 206
共通市場	110, 118, 132		
共通庇護制度	127-129, 132, 204	植民地独立闘争	4, 41, 65, 67, 69, 170, 185
共同決定手続き	111, 123, 128		
緊急援助	24, 49, 92, 96, 120, 130, 147, 175, 176	人権規範	7, 8, 20, 21, 26, 30, 36, 37, 49, 68, 86, 93, 99, 109, 131, 146, 152, 159, 174, 205, 206
グローバル・ガバナンス	23		
権威主義国家	5	水平型	30, 83, 102, 201
権威主義的支配	17, 20, 36, 41, 206	スクリーニング	73, 126, 151, 152
現実主義	33, 35	正当化	48, 67, 68, 79, 99, 132, 151, 152, 204
恒久的解決	17, 24, 25, 33, 92, 96, 97, 130, 161, 181, 192, 204	セイフティネット	74, 203
構成主義	33	争点化	8, 156, 157, 159, 161-163
高等弁務官	24, 51, 57, 58, 59, 61-64, 66, 67, 69, 70, 79, 85-87, 102, 146, 147	組織的帰還	84, 154
		ソフトロー	44, 45, 57, 58, 63, 65, 77, 90, 111, 127, 128, 132, 174, 185, 189, 203, 207
国際的保護	24, 33, 68, 70, 92, 93, 96, 129, 171, 204		
国籍国	14, 15, 17, 18, 22, 24, 25, 84	ソマリア内戦	177
国内避難民	18, 42, 66, 77, 85-88, 95, 97, 100, 101, 167, 181-183, 187, 190, 192	**た行**	
国家主権	6, 8, 58, 83, 110-112, 115, 123, 124, 129, 146, 162, 170, 173, 194, 202-204, 206, 209	第一の柱	127, 123
		第1回インドシナ難民会議	73, 149
		大国間政治	7, 8, 34, 57, 74, 176
根本的な要因	25, 78, 130	第三国定住	17, 19, 22, 24, 61, 67, 72-74, 88-90, 96, 101, 148, 152, 153, 155, 157
さ行			
		第三の柱	123-125
最低基準	45, 128, 129, 132, 204	第2回インドシナ難民会議	73, 151
査証	14, 73, 88, 125, 126, 191	代理戦争	5, 72, 75, 83, 176
シェンゲン協定	88, 124	対話機能	50, 150, 162, 175, 194, 205
事実上の難民	66, 76, 118	対話メカニズム	148, 161, 163, 206
失敗国家	42, 49, 170, 183	ただ乗り	35, 62, 188, 204
失敗国家指数	42	ダブリン条約	89, 126
自発的移動	14	地域統合	6, 8, 26, 27, 158, 170, 179, 185, 206
自発的帰還	24, 84, 154		
自由移動	110, 115, 124, 125, 129, 131, 191, 192	地域保護プログラム	130
		長期化難民	8, 17, 95-97, 99-101, 139, 167, 181, 182, 194, 155, 193
自由移動に関する議定書	184, 192, 193		
自由主義的制度論	33, 43	調整役	17, 25, 51, 67, 68, 71, 99, 152, 207
重層化	6, 7, 13, 102, 201, 207-209	特定多数決制	111, 112, 123, 128
植民地	17, 68, 119, 121	途上国政策	119, 120

取引費用	43, 99, 102	ブルンジ内戦	179
		平和構築活動	90, 92, 154, 160, 194

な行

内政不干渉	36, 140, 159, 162, 168, 170, 174, 178-180, 183, 195
内戦	5, 69, 83-85, 121, 176, 177, 186
ナンセン旅券	58
難民援助と開発	78, 175
人間の安全保障	98
ノン・ルフールマン	24, 127, 145

ま行

マーストリヒト条約	112, 123-125
マンデート難民	98
ミャンマー難民	36, 99, 101, 155-157, 159, 162
メカニズム議定書	188, 189

や行

ユダヤ難民	4, 59, 64

は行

ハードロー	44, 45, 129, 132, 203
パワー	7, 35, 43, 45, 51, 52, 79, 80, 102, 127, 201, 202
ハンガリー動乱	65, 69, 70, 71, 114
ビアフラ戦争	183, 185, 186
庇護申請者	18, 23, 76, 78, 84, 89, 91, 114, 121, 122, 126, 128, 157
避難民	4, 59-61, 115
フォーマル	23, 45, 46, 203
フォーラムショッピング	51
不法移民	23, 89, 159, 161

ら行

リビア内戦	126
リベリア内戦	186-189
旅券	14, 117, 118, 193
ルワンダ	177, 178
例外的援助	120
レジーム	13, 23, 26, 28, 45, 204
労働力	61, 68, 76, 114-116
ロシア革命	4
ロシア難民	58

著者紹介

中山裕美（なかやま　ゆみ）

1983年、宮崎県生まれ。
京都大学法学部卒業。京都大学大学院アジア・アフリカ地域研究研究科アフリカ地域研究専攻修士号取得退学、地域研究修士。
京都大学大学院法学研究科博士後期課程修了、博士（法学）。
現在、京都大学大学院法学研究科助教。

主な論文に「アフリカの難民収容施設に出口はあるのか」（内藤直樹・山北輝裕編『社会的包摂／排除の人類学―難民・開発・福祉―』昭和堂、2014年、103－121頁．）「アフリカ地域機構における国家間協調の比較分析―難民問題への協調枠組みの拡大―」（『法学論叢』171巻2号、2012年、61－91頁；171巻4号、2012年、44－66頁．）「国際難民制度の成立と変容―国家・制度間関係に着目して―」（『法学論叢』169巻5号、2011年、107－124頁；170巻2号、2011年、90－113頁；170巻3号、2011年、67－88頁．）「アフリカにおけるリージョナリゼーションの展開―難民問題を扱う制度的枠組みの変容―」（『国際政治』第159号、2010年、87－100頁．）がある。

難民問題のグローバル・ガバナンス

2014年3月31日　　初　版第1刷発行　　　　　　　　　　　〔検印省略〕
　　　　　　　　　　　　　　　　　　　　　　　　定価はカバーに表示してあります。

著者©中山裕美　発行者　下田勝司　　　　　印刷・製本／中央精版印刷株式会社

東京都文京区向丘1-20-6　　郵便振替 00110-6-37828
〒113-0023　TEL(03)3818-5521　FAX(03)3818-5514　　　　発行所　株式会社 東信堂
Published by TOSHINDO PUBLISHING CO., LTD.
1-20-6, Mukougaoka, Bunkyo-ku, Tokyo, 113-0023, Japan
E-mail : tk203444@fsinet.or.jp　http://www.toshindo-pub.com

ISBN978-4-7989-1225-7　C3032　Ⓒ NAKAYAMA Yumi

東信堂

国際法新講〔上〕〔下〕	田畑茂二郎	〔上〕二九〇〇円 〔下〕二七〇〇円
ベーシック条約集 二〇一四年版	編代表 田中・薬師寺・坂元	二六〇〇円
ハンディ条約集	編代表 田中・薬師寺・坂元	一六〇〇円
国際人権条約・宣言集〔第3版〕	編代表 松井・薬師寺・徳川	三五〇〇円
国際機構条約・資料集〔第2版〕	編集代表 香西茂 編集代表 安藤仁介	三二〇〇円
判例国際法〔第2版〕	松井芳郎	三八〇〇円
国際環境法の基本原則	松井芳郎	三八〇〇円
国際民事訴訟法・国際私法論集	高桑昭	六五〇〇円
国際機構法の研究	中村道	八六〇〇円
条約法の理論と実際	坂元茂樹	四二〇〇円
国際立法——国際法の法源論	村瀬信也	六八〇〇円
21世紀の国際法秩序——ポスト・ウェストファリアの展望	R・フォーク 川崎孝子訳	三五〇〇円
軍縮問題入門〔第4版〕	黒澤満編著	三八〇〇円
宗教と人権——国際法の視点から	N・レルナー 百合子訳	三二〇〇円
ワークアウト国際人権法	元W・ベネデック編 坂・徳川編訳	三〇〇〇円
——人権を理解するために		
難民問題と『連帯』——EUのダブリン・システムと地域保護プログラム	中坂恵美子	二八〇〇円
難民問題のグローバル・ガバナンス	中山裕美	三三〇〇円
国際法から世界を見る——市民のための国際法入門〔第3版〕	松井芳郎	二八〇〇円
国際法〔第2版〕	浅田正彦編著	二九〇〇円
国際法/はじめて学ぶ人のための〔新訂版〕	大沼保昭	三六〇〇円
国際法学の地平——歴史、理論、実証	中川淳司 寺谷広司編著	一二〇〇〇円
国際法と共に歩んだ六〇年——学者として裁判官として	小田滋	六八〇〇円
小田滋・回想の海洋法	小田滋	七六〇〇円
グローバル化する世界と法の課題	位田中安 隆田村藤 一道介仁	八三〇〇円
〔国際共生研究所叢書〕		
国際社会への日本教育の新次元	関根秀和編	一三〇〇円
国際関係入門——共生の観点から	黒澤満編	一八〇〇円
国際共生とは何か——平和で公正な社会へ	黒澤満編	二〇〇〇円

〒113-0023 東京都文京区向丘1-20-6　TEL 03-3818-5521　FAX03-3818-5514　振替 00110-6-37828
Email tk203444@fsinet.or.jp　URL:http://www.toshindo-pub.com/

※定価：表示価格（本体）＋税

東信堂

《現代国際法叢書》

国際法における承認──その法的機能及び効果の再検討	王志安	五二〇〇円
国際社会と法	高野雄一	四三〇〇円
集団安保と自衛権	高野雄一	四八〇〇円
国際「合意」論序説──法的拘束力を有しない国際「合意」について	中村耕一郎	三〇〇〇円
法と力──国際平和の模索	寺沢一	五二〇〇円

武力紛争の国際法	真山全編	一四二六〇円
国連安保理の機能変化	村瀬信也編	二七〇〇円
海洋境界確定の国際法	村瀬信也編	二八〇〇円
国際刑事裁判所〔第二版〕	江藤淳一編 村瀬信也	二八〇〇円
自衛権の現代的展開	洪瀬恵子編	近刊
国連安全保障理事会	村瀬信也編	二八〇〇円
集団安全保障の本質	松浦博司	三三〇〇円
海の国際秩序と海洋政策	栗林忠男 秋山昌廣編著	四六〇〇円
相対覇権国家システム安定化論──東アジア統合の行方	柘山堯司	二四〇〇円

国際政治経済システム学──共生への俯瞰	柳田辰雄	一八〇〇円
イギリス憲法Ｉ　憲政	幡新大実	四二〇〇円
イギリス債権法	幡新大実	三八〇〇円
根証文から根抵当へ	幡新大実	二八〇〇円
判例・ウィーン売買条約	井原宏 河村寛治編著	四二〇〇円
グローバル企業法	井原宏	三八〇〇円
国際ジョイントベンチャー契約	井原宏	五八〇〇円
シリーズ《制度のメカニズム》		
アメリカ連邦最高裁判所	大越康夫	一八〇〇円
衆議院──そのシステムとメカニズム	向大野新治	一八〇〇円
フランスの政治制度〔改訂版〕	大山礼子	二〇〇〇円
イギリスの司法制度	幡新大実	二〇〇〇円

〒113-0023　東京都文京区向丘1-20-6
TEL 03-3818-5521　FAX 03-3818-5514　振替 00110-6-37828
Email: tk203444@fsinet.or.jp　URL: http://www.toshindo-pub.com/

※定価：表示価格（本体）＋税

東信堂

宰相の羅針盤（改訂版）──総理がなすべき政策	村上誠一郎＋21世紀戦略研究室	一六〇〇円
福島原発の真実──日本よ、浮上せよ！　このままでは永遠に収束しない──原子炉を「冷温密封」する！	村上誠一郎＋原発対策国民会議	二〇〇〇円
3・11本当は何が起こったか──まだ遅くない──原子炉を「冷温密封」する！	丸山茂徳監修	一七一四円
オバマ後のアメリカ政治──科学の最前線を教材にした暁星国際学園「ヨハネ研究の森コース」の教育実践	吉野孝 編著	二五〇〇円
二〇一二年大統領選挙と分断された政治の行方	吉野孝 編著	二四〇〇円
オバマ政権と過渡期のアメリカ社会──選挙、政党、制度メディア、対外援助	前嶋和弘 編著	二六〇〇円
オバマ政権はアメリカをどのように変えたのか──支持連合・政策成果・中間選挙	吉野孝・前嶋和弘 編著	二六〇〇円
2008年アメリカ大統領選挙──オバマの勝利は何を意味するのか	吉野孝・前嶋和弘 編著	二四〇〇円
政治学入門	前嶋和弘 編著	一八〇〇円
政治の品位──日本政治の新しい夜明けはいつ来るか	内田満	二〇〇〇円
「帝国」の国際政治学──冷戦後の国際システムとアメリカ	山本吉宣	四七〇〇円
国際開発協力の政治過程──国際規範の制度化とアメリカ対外援助政策の変容	小川裕子	四〇〇〇円
アメリカ介入政策と米州秩序──複雑システムとしての国際政治	草野大希	五四〇〇円
グローバル・ニッチトップ企業の経営戦略	難波正憲・福谷正信・鈴木勘一郎 編著	二四〇〇円
最高責任論──最高責任者の仕事の仕方	大串正樹	一八〇〇円
現代に甦る大杉榮──自由の覚醒から生の拡充へ	樋尾向一年寛	二八〇〇円
大杉榮の思想形成と「個人主義」	飛矢﨑雅也	二九〇〇円
〈現代臨床政治学シリーズ〉		
リーダーシップの政治学	石井貫太郎	一六〇〇円
アジアと日本の未来秩序	伊藤重行	一八〇〇円
象徴君主制憲法の20世紀的展開	下條芳明	二〇〇〇円
ネブラスカ州における一院制議会	藤本一美	一六〇〇円
ルソーの政治思想	根本俊雄	二〇〇〇円
海外直接投資の誘致政策──インディアナ州の地域経済開発	邊牟木廣海	一八〇〇円
ティーパーティー運動──現代米国政治分析	末次俊之・藤本俊美	二〇〇〇円

〒113-0023　東京都文京区向丘1-20-6　TEL 03-3818-5521　FAX03-3818-5514　振替 00110-6-37828
Email tk203444@fsinet.or.jp　URL:http://www.toshindo-pub.com/

※定価：表示価格（本体）＋税